BLACK&DECKER®

La Guía Completa sobre

BALDOSA DE CERÁMICA

Primera Edición en Español

Incluye nuevos productos y técnicas de instalación

Creative Publishing international

MINNEAPOLIS, MINNESOTA
www.creativepub.com

400 First Avenue North, Suite 300
Minneapolis, Minnesota 55401
1-800-328-3895
www.creativepub.com

Impreso en China

10 9 8 7 6 5 4 3 2 1

Library of Congress Cataloging-in-Publication Data: (on file)
Biblioteca del Congreso. Información de esta publicación catalogada: (en archivo)

Presidente y Director: Ken Fund

Home Improvement Group

Editor y Director: Bryan Trandem
Editor Administrador: Tracy Stanley
Editor Principal: Mark Johanson

Director Creativo: Michele Lanci-Altomare
Directores de Arte y Diseño: Brad Springer, Jon Simpson, James Kegley

Director de Fotografía: Joel Schnell
Director de Escenografía: James Parmeter
Administradores de Producción: Linda Halls, Laura Hokkanen

Editor y Edición: Carter Glass
Diseño del interior: Danielle Smith
Editor: Betsy Matheson Symanietz
Corrector: Drew Siqveland

Traducción al idioma Español: Edgar Rojas-EDITARO
Edición en Español: Edgar Rojas, María Teresa Rojas
Diagramación: Edgar Rojas

La Guía Completa sobre Baldosa de Cerámica
Creado por: Los editores de Creative Publishing International, Inc., en colaboración con Black & Decker®.

AVISO A LOS LECTORES

Para una mayor seguridad, sea cuidadoso, precavido y utilice el buen sentido común cuando siga los procedimientos descritos en este libro. La editorial y Black & Decker no pueden asumir ninguna responsabilidad por daños causados a la propiedad ni a las personas debido al mal uso de la información aquí presentada.

Las técnicas mostradas en la obra son de característica general para varios tipos de aplicaciones. En algunos casos, será necesario el uso de técnicas adicionales no presentadas en el libro. Siempre siga las instrucciones de los fabricantes incluidas en los productos ya que al apartarse de las instrucciones podría cancelar las garantías. Los proyectos a lo largo de esta obra varían según los niveles de conocimiento requeridos: algunos quizás no son apropiados para el usuario promedio, y otros pueden requerir de asistencia profesional.

Consulte al departamento de construcción de su localidad para la información de permisos de construcción, códigos, y otras normas y reglas relacionadas con su proyecto.

Contenido

La Guía Completa sobre
Baldosa de Cerámica

Contenido
(Cont.)

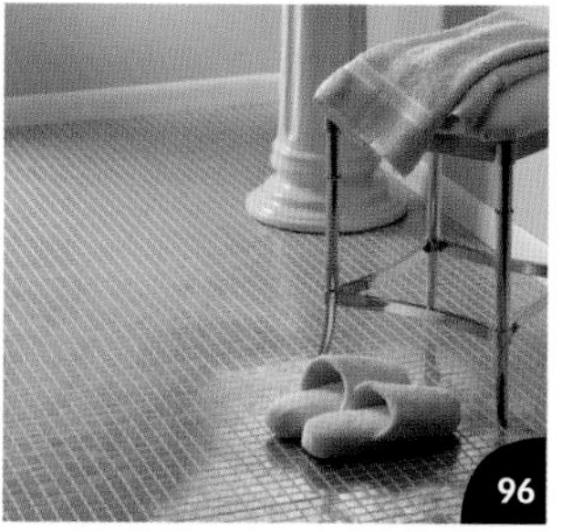

184

188

193

194

212

223

230

Introducción

Los materiales para la construcción cambian y evolucionan con rapidez. Las nuevas composiciones químicas, los sistemas avanzados de instalación, y la inmensidad de productos que insinúan toda clase de rápidos beneficios, hace difícil tener un claro entendimiento de todas las cosas que ponemos en las casas. La baldosa de cerámica es algo diferente. Aún cuando los nuevos diseños, colores y formas pueden variar un poco en los modelos que aparecen año tras año, la baldosa tiene una característica durable que permanece constante durante todo el tiempo que habite su vivienda.

La instalación de baldosa es uno de los proyectos más populares llevados a cabo por los dueños de casas por muchas razones, pero el principal atractivo es que la baldosa es un material manejable que ofrece muy buenos resultados con una inversión relativamente poca. Debido a las características del material y al proceso de instalación, puede realizar el trabajo según sus necesidades. Si comete algún error durante la labor, no es difícil repararlo y comenzar de nuevo.

En esta obra, *La Guía Completa sobre Baldosa de Cerámica,* podrá encontrar información clara acompañada de bellas fotografías que le mostrarán paso a paso la forma exacta de trabajar con este material. La forma del diseño, la instalación de bases, la forma de cortar y armar baldosas, la postura, cómo aplicar lechada y sellador, son varias de las técnicas que aprenderá a lo largo de este libro para llevar a cabo un gran trabajo.

Los proyectos presentados muestran el uso de la baldosa en casi que todas las posibilidades al interior de la vivienda. Sin duda alguna su uso en los pisos es quizás el más popular, y aquí encontrará las instrucciones completas de cómo instalar la baldosa como un profesional. Las paredes también son un área muy común para colocar el material, especialmente en los baños, duchas, y paredes traseras de las encimeras en las cocinas. La superficie de las encimeras chapadas con baldosa tienen grandes ventajas sobre otros materiales, ya sea en las cocinas, los baños, o en las áreas exteriores de recreación (como cocinas exteriores). Las superficies horizontales de los patios también son buenos candidatos para el uso de la baldosa sin importar el clima. Aquí también aprenderá cómo llevar a cabo este tipo de proyectos.

Debido a que la baldosa de cerámica es un material altamente decorativo, puede ser usada para la fabricación de otros elementos que no tienen uso práctico y sólo son construidos con propósitos decorativos. Entre estos se resaltan los marcos de espejos, cuadros de mosaicos y macetas cubiertas con baldosa. Aquí también encontrará las instrucciones en secuencia de cómo fabricar su propia cerámica desde su base de arcilla.

Finalmente, toda superficie de baldosa requerirá de un mantenimiento y reparación ocasional. El último capítulo de esta obra lo guiará en la forma de cómo aplicar lechada sobre viejas superficies, cómo reemplazar una baldosa quebrada en la pared y otros casos similares. Esta información es esencial para mantener la baldosa reluciente con el pasar del tiempo.

Variedad de proyectos con baldosas

En este espacio acogedor, las baldosas decorativas embellecen la parte frontal de la chimenea enmarcada a su vez con hileras de ladrillo. El piso es una combinación de piezas grandes de baldosa no vidriada con elementos de cerámica que acentúan un estilo mediterráneo en el patio. Los diferentes accesorios dispersados por el resto del espacio mantienen el estilo de color blanco azulado creado por las baldosas de la chimenea.

Este baño moderno de gran tamaño está dividido por baldosas en áreas funcionales específicas. La ducha sin puertas está demarcada por un espacio cubierto con piezas en línea recta. El vestíbulo está señalado por un borde y el color opuesto de la pared y los extremos. El espejo sobre el lavamanos está enmarcado por hileras de baldosas instaladas en forma diagonal. El área del lavamanos está definida por baldosas de diferente tamaño y forma.

Los murales con decoraciones de flores suntuosas están esparcidos a lo largo del fondo blanco en este baño exótico.

La baldosa en mosaico de dos colores ofrece un dramático fondo a esta entrada moderna.

Con este tipo de paisaje, el mejor diseño interior es aquel que va más allá de sus límites. Esta baldosa azulada en mosaico se acompasa con el color de las montañas sin competir por atención.

La baldosa en mosaico con multitud de líneas de lechada es altamente resistente a las resbaladas. Un borde define el límite de este corredor llevando la vista hacia la siguiente habitación.

Las elevaciones de las escalares son generalmente invisibles. Por medio de esta baldosa colorida hecha a mano, la escalera se convierte en un elemento más allá de lo normal.

Los bordes le dan vida a las paredes e interrumpen espacios que de lo contrario tendrían un color monótono y aburrido.

Las piedras cortadas para imitar las rocas de río crean en el baño una superficie original. Las piedras (unidas a una malla de base) son muy fáciles de instalar. El color de la lechada puede mezclarse o enfatizar el tono de las piedras.

La baldosa de color terracota (natural) es fabricada presionando arcilla sin refinar y luego horneándola en moldes. El color es determinado por los minerales del terreno en donde es fabricada. La baldosa terracota hecha a máquina se instala de igual manera que la baldosa convencional, pero la tradicional (con irregularidades y formas desiguales) requiere de una instalación más cuidadosa. La terracota no vidriosa que es porosa y absorbente debe ser tratada con sellador antes de ser instalada en lugares con posible humedad (como en entradas).

Los trabajos creativos con baldosa pueden ser de gran impacto en espacios pequeños. Estas piezas hechas a la medida para el espacio detrás de la encimera traen vida al área reducida del baño donde existen muy pocas oportunidades de crear un diseño llamativo.

El color dorado al exterior de esta vivienda es reflejado de los tonos veteados de la baldosa del piso, y acentuados a su vez por el color amarillento soleado de los muebles de patio.

La baldosa rectangular, (o baldosa "subway"), combina la ducha con sus alrededores. Todo el espacio se ilumina aún más debido a la colorida baldosa en mosaico instalada sobre la pared por encima del lavamanos. La repisa al interior de la ducha da la apariencia que la pared con mosaico continúa por detrás de la ducha. El piso también en mosaico ofrece un complemento visual.

Las baldosas instaladas en forma artística van más allá de un mosaico armónicamente creado, y se convierten en un diseño contemporáneo abstracto y llamativo. Las piezas de piedra natural crean formas escalonadas que se elevan desde la tina cubriendo el espacio de este baño iluminado.

La baldosa común de colores sólidos es de gran impacto cuando se combinan con objetos y accesorios de colores similares y contemporáneos.

Combinar baldosa en mosaico de varios colores y tamaños produce elegantes diseños. Los patrones pueden ser creados fácilmente colocando baldosas sobre una malla de base. También es posible conseguir bordes prefabricados. La baldosa en mosaico es muy resistente a las resbaladas debido a la cantidad de uniones que la componen.

La baldosa en mosaico —pequeñas piezas coloridas de cerámica, terracota, porcelana o cemento— pueden ser instaladas en paredes y pisos para formar patrones de diseño o para dar un toque de color especial. Este tipo de baldosa puede ser costosa, pero cubrir apenas unos cuantos pies cuadrados de pared (como en este ejemplo), ofrecen una excitante herramienta de decoración a muy bajo precio.

Fundamentos de la baldosa de cerámica

La baldosa es un material muy sencillo: es una pieza de arcilla vidriosa y horneada. Pero, ir a un almacén para escoger la baldosa correcta para su proyecto, es mucho más que una simple compra. ¿Qué es lo que desea? ¿Cerámica o porcelana? ¿Para la pared o el piso? ¿Baldosa cuadrada o en mosaico? ¿Con o sin acentos? Antes de empezar a pensar en cosas como el color o el diseño, hay unas cuantas preguntas que necesita responder. Las siguientes páginas son una básica introducción a la gran variedad de formas de baldosa, tamaños y funcionalidad que encontrará en los almacenes especializados. Si estudia un poco, podrá tomar unas cuantas decisiones por adelantado y así ahorrar tiempo y simplificar el proceso en el momento de la compra.

Después de cubrir lo referente a los materiales, encontrará la información sobre las habilidades básicas para trabajar con cualquier tipo o estilo de baldosa. Esto consiste básicamente en aprender a cortar las piezas a la medida. Sin duda alguna requerirá de otras habilidades para llevar a cabo este tipo de proyectos, y debido a la variedad, será cubierto en cada proyecto presentado.

En este capítulo:

Baldosa para pisos

Los pisos de baldosa deben ser más que atractivos; también deben ser durables y resistentes. Los pisos deben soportar el peso de los muebles, el tráfico constante, y los impactos esporádicos de los objetos que caen sobre el mismo. La baldosa es construida para tolerar este tipo de presión. La mayoría de estos pisos también pueden soportar el peso de gabinetes y encimeras. Aún cuando es un poco más pesado y grueso que la baldosa para paredes, muchos estilos pueden ser utilizados en ambas superficies. Sin embargo las piezas de acabado para las encimeras y paredes no siempre están disponibles, y esto limita sus opciones.

Cuando vaya a comprar la baldosa, tenga en cuenta las clasificaciones establecidas por el Instituto de Estándares Nacional Americano (National Standards Institute), o por el Instituto de Porcelana Esmaltada (Porcelain Enamel Institute) —ver abajo—. Si no tiene a su disposición esta información, consulte con el vendedor para asegurarse que la baldosa que va a adquirir es recomendada para su proyecto.

Antes de iniciar la compra determine dónde va a instalar la baldosa y qué es lo que quiere llevar a cabo. ¿Va a estar expuesta a la humedad? ¿Desea que el piso determine el color de toda el área o quiere que se combine con el existente? La gama de posibilidades es simplemente abrumadora, así que establezca ciertas pautas antes de ir de compras para simplificar todo el proceso.

Las baldosas para pisos son gruesas y casi siempre más grandes que las de paredes. Por lo general tienen un espesor entre ¼ y ½".

Clasificaciones de la baldosa para pisos ▸

Esta baldosa por lo general viene con clasificaciones sobre la capacidad de absorber agua y con especificaciones del Instituto de Porcelana Esmaltada (PEI). Las clasificaciones indican la forma como debe ser usada y si necesita o no ser sellada contra la humedad. La absorción es un aspecto importante. Si la baldosa absorbe agua, es propensa al moho y mildiú y puede ser difícil de limpiar. La baldosa es clasificada como no-vidriosa, semi-vidriosa, vidriosa o impermeable en incrementos contra la resistencia al agua. La no-vidriosa es muy porosa. La semi-vidriosa es usada en lugares secos y a veces húmedos. La vidriosa puede usarse sin importar el grado de humedad. La impermeable se usa en restaurantes, hospitales y aplicaciones comerciales donde el aspecto sanitario es importante.

El número PEI identifica el grado de desgaste e indica la forma como debe ser usada la baldosa. Las clasificaciones 1 y 2 indican que la baldosa es recomendada sólo para el uso en paredes. La 3 y 4 indica que es recomendada para los trabajos en las viviendas (paredes, encimeras y pisos). La mayoría de estas baldosas tienen clasificaciones de absorción y PEI, pero algunas (especialmente las importadas y baldosas artísticas) pueden no tenerla. Consulte con el vendedor si no está seguro.

También puede tener otra clasificación dependiendo el distribuidor. Alguna es clasificada de 1 a 3 según la calidad del fabricante. El 1 indica un grado estándar, el 2 indica menos vidriosa y problemas en los tamaños. El 3 indica problemas mayores y uso sólo para decoración. La baldosa para exteriores a veces es sólo clasificada según su resistencia al congelamiento. Por último, pueden incluirse números de coeficiente de fricción. Entre más alto sea el coeficiente, será más resistente a resbaladas. Un coeficiente seco de .6 es lo mínimo aceptado por las normas del "Americans with Disabilities Act" (Ley a favor de minusválidos).

Baldosa para paredes

A diferencia de la baldosa para pisos, la baldosa para paredes no tiene que soportar el peso de muebles o aguantar el tráfico continuo de pisadas. Por tal razón puede ser más delgada, tiene acabados más lujosos, y en algunos casos, es menos costosa. Al instalarse, los bordes de las baldosas por lo general quedan expuestos y los fabricantes ofrecen piezas de acabado para cubrirlos. Las piezas por lo general están diseñadas con pestañas alrededor de los bordes para mantenerlas separadas equidistantemente. Es posible utilizar baldosas para el piso en las paredes, pero debido a su peso tienden a resbalarse durante la instalación. Puede usar listones de soporte para solucionar este problema. En cuanto a la baldosa para piso, no es posible encontrar la misma variedad de piezas de empate para los bordes y es más difícil cubrirlos.

Sin embargo, la baldosa de las paredes no debe ser usada en las encimeras o en los pisos porque no resistirá el sobrepeso o los impactos. Si tiene dudas en cuanto a la capacidad de la baldosa que va a utilizar en el proyecto, consulte con el distribuidor o lea las normas del Instituto de Estándares Nacional Americano (National Standards Institute), o del Instituto de Porcelana Esmaltada (Porcelain Enamel Institute). La baldosa para pared puede ser un acabo discreto, o puede ser el centro de atención si se utiliza en un diseño elaborado. La baldosa para piso viene en toda clase de estilos, desde delicados hasta exuberantes, así que trate de imaginar el efecto que desea antes de ir de compras a un almacén especializado.

Las baldosas de pared tienen por lo general ¼" de espesor y no tienen más de 6 × 6" de tamaño (la baldosa de 4 × 4" es la más común). Las piezas livianas se resbalan menos durante su instalación.

Clasificaciones de la baldosa para paredes ▸

La mayoría de la baldosa utilizada en las paredes viene clasificada con etiquetas que indican la capacidad de absorber agua. Al igual que la baldosa para pisos, la baldosa para paredes absorbente es propensa al moho y mildiú y puede ser difícil de limpiar. La baldosa es clasificada como no-vidriosa, semi-vidriosa, vidriosa o impermeable en incrementos contra la resistencia al agua. Estas clasificaciones indican si la baldosa necesita ser sellada o puede instalarse tal y como viene. La no-vidriosa y la semi-vidriosa absorben grandes cantidades de agua y deben ser selladas en lugares húmedos (baños). El sellador puede alterar la apariencia del material y es recomendable hacer una prueba antes de comprar la baldosa.

Existen otras clasificaciones a tener en cuenta cuando compre la baldosa. Dependiendo del distribuidor, alguna es clasificada de 1 a 3 en cuanto a la calidad de fábrica. El 1 indica un grado estándar apropiado para todo tipo de instalaciones. El grado 2 indica menos vidriosa y problemas en los tamaños, pero la baldosa es estándar en su estructura. El 3 puede tener pequeñas irregularidades en el tamaño y es adecuada sólo para la decoración en las paredes. Las piezas que vienen con imperfecciones de fábrica pueden ser más difíciles de instalar en forma precisa. Si vive en zonas de frío extremo y está buscando baldosa para paredes exteriores, debe considerar la clasificada contra el congelamiento. Si este tipo de clasificación no está estipulado en el empaque, debe consultar con el distribuidor. Alguna baldosa de colores puede venir clasificada por medio de gráficas que indica el grado de variación de una pieza a otra (en la mayoría de los casos tendrá alguna variación).

Clases de baldosa

La baldosa de porcelana es fabricada presionando arcilla refinada en la forma deseada y cocinándola en hornos a altas temperaturas. El material resultante es extremadamente duro, absorbe poca o nada de agua, y no se mancha o cubre de moho. Esta porcelana viene en toda clase de formas y tamaños y debido a su color blanco de base, puede teñirse con infinidad de colores y se consigue en diseños ilimitados. También puede estamparse con texturas en el momento de prensarse para crear una superficie resistente a las resbaladas adecuada para pisos en lugares húmedos. La porcelana es teñida mezclando tinturas con la arcilla en lugar de aplicarlas sobre la superficie brillante. Esto significa que el color se mezcla con todo el espesor de la pieza. Este proceso permite al fabricante crear texturas más delicadas y complejas al interior de las piezas. La baldosa de porcelana puede ser prensada de tal forma que es casi imposible distinguirla de la piedra cortada que es por lo general más costosa pero menos durable. La porcelana es de muy fácil mantenimiento. Su fino acabado e impermeabilidad mantiene la mugre y las manchas alejadas facilitando su limpieza. *Nota: La lechada puede manchar los materiales porosos y debe tener cuidado al aplicarla. Siempre siga las instrucciones del fabricante.*

La baldosa de cerámica vidriosa es hecha de arcilla prensada a la forma deseada por una máquina, vidriada, y luego cocida en un horno. La cubierta vidriosa hecha con una variedad de elementos de vidrio y metal proporciona el color y crea una superficie dura y brillante. Para fabricar un piso resistente a las resbaladas, la superficie puede llevar una textura, tener un diseño con algo de relieve, o las partículas de vidrio pueden incluir otros materiales no resbalosos. La baldosa vidriosa por lo general absorbe muy poca o nada de agua haciéndola fácil de mantener y resistente al moho. Si la superficie es dura y a prueba de rayones, y si la baldosa es instalada correctamente, puede durar décadas.

La baldosa de vidrio es una opción interesante para las paredes y en algunos casos puede ser utilizada sobre los pisos. Está disponible en gran variedad de colores, grados de transparencia, formas y tamaños. Debido a que la mayoría de estas piezas son algo transparente, es importante utilizar un adhesivo blanco para baldosa para no afectar la apariencia del material después de instalado. El vidrio es impermeable pero puede ser rayado y quebrado, y no debe ser instalado donde puede ser golpeado por el vaivén de puertas o rayado por el tráfico de pisadas (vea las páginas 25 y 25).

Las baldosas de metal son muy costosas (el pie²), pero si adiciona unas cuantas a la instalación de la baldosa de vidrio o porcelana, puede tener un gran impacto. La instalación es igual a las baldosas comunes y están disponibles en tamaños y espesores para acomodarlas en la mayoría de diseños. Se consiguen con superficies finas, pulidas o burdas, y con diseños en relieve. Algunos metales pueden perder su color con el tiempo y exponerse a la humedad.

La baldosa de piedra natural se consigue en varios materiales como el mármol, el granito, la laja, y otras piedras más exóticas cortadas a precisión en varios tamaños, y pueden ser instaladas como las baldosas fabricadas. Debido a que la piedra es un material natural, es de esperarse las variaciones en color, textura y diseño. Algunos fabricantes ofrecen baldosas de piedra con algún tipo de acabado. Fuera de ofrecer baldosa pulida, los almacenes tienen a su disposición variedad de acabados con diseños y texturas disparejos que dan al material un acabado atractivo y a prueba de resbaladas. Con la excepción del granito, la piedra natural tiende a ser muy porosa y requiere de un tipo de sellado para evitar que se manche. No todos los productos son resistentes a la corrosión y debe consultar al respecto antes de hacer la compra. Cierto tipo de piedra es muy suave y puede rayarse con facilidad por el uso normal.

La baldosa de terracota evoca la imagen rústica de patios en México o de plazoletas en el Mediterráneo. Estas imágenes son apropiadas porque la terracota es originaria de esas regiones. La baldosa es tradicionalmente hecha prensando arcilla no refinada al interior de moldes de varias formas y luego son cocidas en hornos ("terracota" significa "tierra cocida"). El color de la baldosa —marrón, rojo o amarillo— es el resultado de minerales encontrados sólo en estos lugares. La terracota hecha a máquina es de un tamaño constante y puede ser instalada como cualquier otra baldosa. La baldosa tradicional (especialmente la baldosa "saltillo" de México hecha a mano) tiene irregularidades y formas desiguales y requiere de una instalación más cuidadosa. Estas variaciones y apariencia rústica la hace aún más llamativa y son muy resistentes a las resbaladas. La terracota no vidriosa (porosa y absorbente) debe ser tratada con sellador antes de ser usada en lugares húmedos.

La baldosa en mosaico es hecha con materiales de cerámica, terracota, piedra u otro tipo de baldosa cortada en piezas pequeñas. Las piezas por lo general son montadas sobre una base de malla para permitir la instalación de muchas piezas integradas en una sola unidad. Los tableros pueden ser de un solo color o la combinación de un patrón o imagen. También pueden conseguirse tiras individuales de mosaico para crear un acento decorativo. Dependiendo del material puede requerir poco mantenimiento o la aplicación periódica de algún sellador. Por lo general es muy resistente a las resbaladas debido a la gran cantidad de líneas cubiertas con lechada.

Las baldosas de cemento son en realidad piezas creadas con concreto. Pueden ser fabricadas prácticamente en infinidad de colores y texturas porque el cemento puede ser teñido, pintado y moldeado con facilidad. Puede tener un acabado similar al mármol o piedra, o ser prensado con diseños en relieve. Es una opción económica debido a su bajo costo y durabilidad, pero debe tener en cuenta varios aspectos. La superficie del cemento sin terminar es muy porosa y se mancha con fácilmente. Ciertos tipos de cerámica de cemento no son recomendables para usar en exteriores debido a que se quiebra con el congelamiento. Este material debe ser tratado periódicamente con selladores para preservar su apariencia y evitar la acumulación de moho.

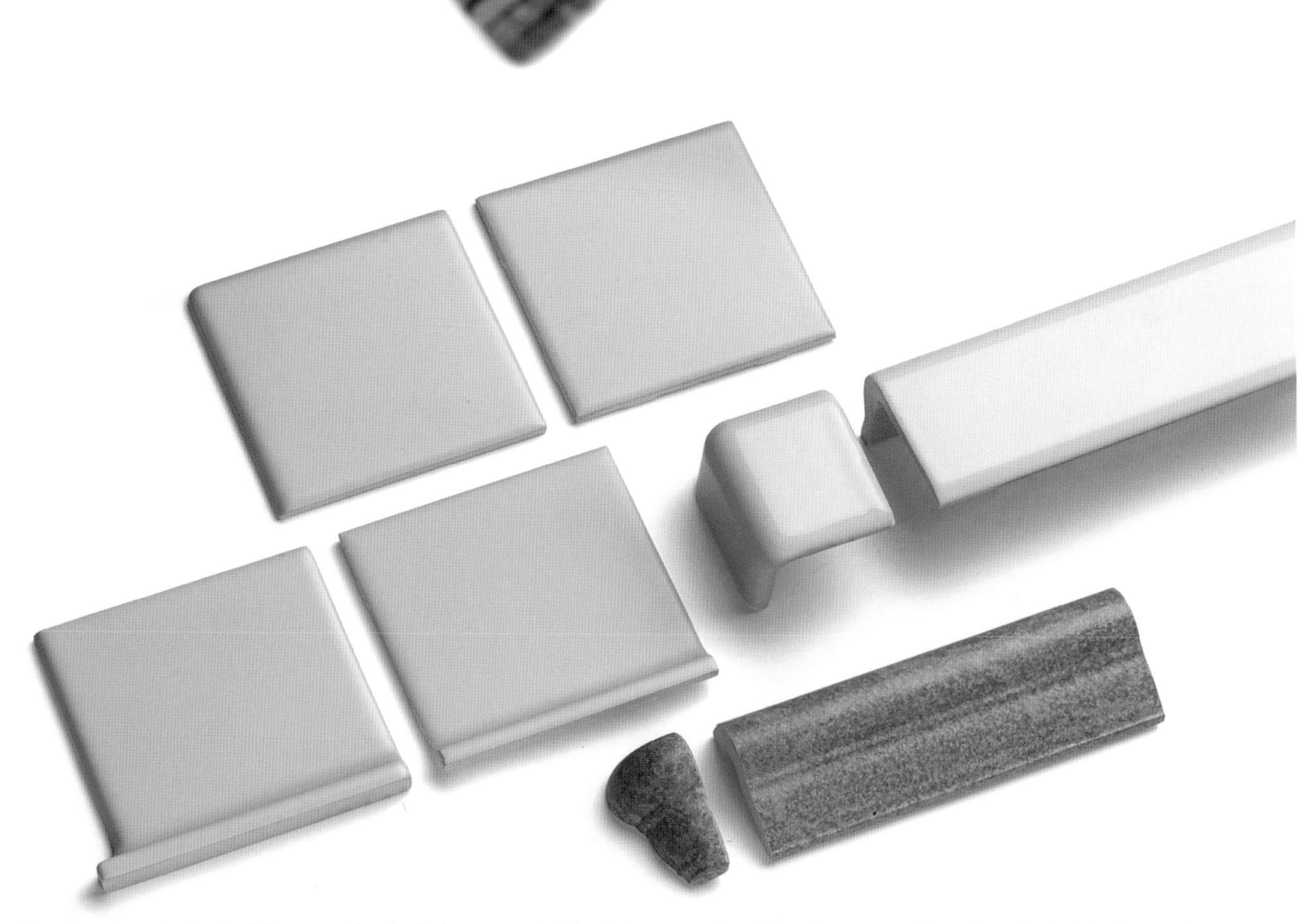

Los bordes de las baldosas están diseñados para cubrir los lados expuestos de las piezas especialmente en las instalaciones sobre encimeras y paredes. Las piezas son usadas para acabar los bordes de paredes cubiertas parcialmente con baldosas. Las piezas esquineras o de forma redonda se usan para cubrir curvas y esquinas de baldosa. Otras piezas decorativas sirven para acentuar las baldosas alrededor de los bordes. Consulte con su distribuidor sobre la disponibilidad de estas piezas en el momento de planear su proyecto.

Compra de baldosa y materiales de instalación

Antes de seleccionar o comprar los materiales debe establecer exactamente cuánto y qué necesita para hacer el trabajo. Dibuje el diseño del lugar para que le sirva como referencia tanto a usted como a quien le ayuda con el proyecto.

Para estimar la cantidad de baldosa que necesitará para cubrir un piso, calcule los pies cuadrados del área y adicione un cinco por ciento como desperdicio. Por ejemplo, en un espacio de 10 × 12 pies, el área total es 120 pies^2. Adicione cinco por ciento (6 pies^2) como desperdicio. Por lo tanto deberá comprar baldosa suficiente para cubrir 126 pies^2.

Las cajas de baldosas por lo general indican la cantidad de pies^2 que van a cubrir. Divida el total de pies^2 que va embaldosar por el total de pies^2 contenidos en la caja para determinar la cantidad de cajas necesitadas para el proyecto. Por ejemplo, si la caja contiene 10 pies^2, necesitará 13 cajas para cubrir un piso de 10 × 12 (según este ejemplo).

Calcular la cantidad de baldosa que va a necesitar para cubrir una pared es un poco más complicado. Establezca cuánto espacio de cada pared va a ser embaldosado. En las duchas, calcule el espacio por lo menos seis pulgadas por encima de la salida de agua de la regadera. Es normal instalar la baldosa cuatro pies por encima de las otras paredes del baño, pero a veces es también atractivo embaldosar todas las paredes por completo.

Para calcular la cantidad total de baldosa necesaria mida cada pared y multiplique el ancho por el alto de las áreas que desea cubrir. Reste los pies^2 de las puertas y ventanas. Repita la operación en cada pared y luego sume todas las cantidades para determinar los pies^2 totales. Adicione 5 por ciento como desperdicio. Calcule el número de cajas necesarias (los pies^2 del proyecto divididos por los pies^2 contenidos en cada caja).

Las piezas para cubrir los bordes (molduras) son vendidas por pie lineal y calculadas de esa misma forma. Haga los cálculos con cuidado porque los costos se acumulan con rapidez. Vea la página 21 para mayor información sobre los tipos y estilos de bordes o molduras.

Antes de comprar la baldosa confirme con el distribuidor cuáles son las condiciones para retornar el material. La mayoría de almacenes permiten devoluciones de baldosas nuevas con reembolso total. En cualquier caso, tenga esto en cuenta: comprar un poco más de material no es un problema. Quedarse sin el material suficiente antes de acabar el proyecto puede ser un gran problema si la baldosa que está utilizando ya no está disponible o los colores no empatan.

Los almacenes especializados o los depósitos de materiales para construcción tienen disponibles todos los materiales necesarios para el proyecto. Es recomendable llevar a casa varias muestras para comparar el color y tamaño con el lugar donde van a ser instaladas.

EJEMPLO DE LA BALDOSA NECESITADA

Pared 1:	8 × 8 pies	64.00 pies^2
	– puerta 2.5 × 6.5	16.25 pies^2
	=	47.75 pies^2
+ Pared 2:	8 × 10 pies	80.00 pies^2
+ Pared 3:	8 × 8 pies	64.00 pies^2
	– ventana 2 × 4 pies	8.00 pies^2
	=	56.00 pies^2
+ Pared 4:	4 × 10 pies	40.00 pies^2
	Cubierta total de la pared	223.75 pies^2
	+ 5% de desperdicio	11.18 pies^2
	Total de baldosa necesaria	235.00 pies^2
	÷ por la cantidad de baldosa en cada caja (el tamaño de las cajas puede variar)	10 pies^2
	= Número de cajas necesitadas	24 cajas

Sugerencias para comprar la baldosa

Utilice el dibujo del área para identificar todas las clases de borde o moldura que necesitará (ver arriba). Compruebe que las piezas que necesita están disponibles y seleccione una combinación que cumpla con las especificaciones del proyecto.

Compre toda la baldosa, herramientas y materiales antes de comenzar para evitar viajes innecesarios. Compruebe que todos los elementos se combinan apropiadamente entre sí y con el proyecto en general.

Es posible diseñar y pintar sus propias baldosas en muchos almacenes especializados. Ordene la baldosa del tamaño correcto, cocida pero no vidriosa. Luego podrá pintar o estampar diseños sobre las piezas y después hacerla hornear.

Mezcle las piezas de las diferentes cajas. Las variaciones tenues de color no serán tan notorias si mezcla las baldosas a lo largo de todo el proyecto ya que aparecerán como si el color cambiara de un área a otra.

Baldosa de vidrio ▸

En su mayoría olvidada en medio de la gran variedad de baldosas de cerámica y piedra, la baldosa de vidrio merece una seria atención debido a su efecto dinámico que puede causar en las cocinas o baños. La elegancia y los colores lujosos del material pueden crear una superficie verdaderamente única y espectacular.

El secreto del atractivo de la baldosa de vidrio es su color. Los pigmentos son adicionados en el momento de la producción del vidrio formando así parte inherente del material —el color no desaparecerá, gastará o cambiará—. Sin importar la durabilidad del color, la superficie de vidrio puede quebrarse. Sin embargo, el espesor de las piezas asegura que el material no se averiará con el uso normal.

La instalación de las baldosas de vidrio es un poco más complicado que trabajar con baldosas de piedra o cerámica. El objetivo es crear una base blanca brillante sobre la cual resaltará el color de las piezas. Por tal razón algunos fabricantes instalan las piezas sobre una base blanca y todos especifican el uso de una membrana blanca por debajo de la baldosa para evitar las rajaduras así como una capa blanca de cemento delgado que sirve como base. Las piezas de vidrio son cortadas con una sierra de agua al igual que las piezas de piedra, pero el disco de corte debe ser diamante y especial para cortar vidrio. Al final el piso es cubierto con lechada de la misma forma que la cerámica.

La superficie blanca de la base y la malla le da a la baldosa de vidrio una apariencia casi que luminosa, como si el piso estuviera iluminado desde su interior. Esta imagen moderna, sofisticada y pura llama la atención de inmediato. Por lo tanto, esta clase de superficie es más apropiada con diseños simples y monocromáticos que no interfieran con los tonos brillantes del piso. Si lo instala en el lugar correcto, los pisos de vidrio ofrecen un elemento de diseño que le brindará satisfacción por mucho tiempo.

Los pisos normales de cerámica toman nueva vida cuando son enmarcados con un borde de cerámica de vidrio. En esta foto, el borde de vidrio crea una extraordinaria transición desde el piso de cerámica hacia el área cubierta con alfombra.

Las piezas hexagonales de vidrio en forma de mosaico evocan la era de Arte Deco a mediados del siglo XX, pero su textura, luminosidad y color contemporáneo lo identifica claramente como un piso moderno. La superficie hace juego maravilloso con la reproducción del lavamanos de estilo chino y con los soportes redondos de metal. Las piezas blancas cerca de la puerta dan un acento llamativo al diseño.

La baldosa de vidrio sobre la pared es sin lugar a dudas el centro de atracción de este baño, y el efecto llama aún más la atención debido a la baldosa rústica de piedra instalada en el piso. La baldosa de vidrio en mosaico es llevada con frecuencia hasta el piso. Esto puede tener un gran efecto, pero si no es manejada con destreza, puede crear un diseño abrumador.

Las baldosas de vidrio vienen en colores ilimitados. La combinación de unos cuantos tonos adiciona un efecto visual interesante a los pisos y permite resaltar el color de las superficies, muebles y elementos decorativos adyacentes. Debido a que las piezas de vidrio son instaladas sobre una base blanca, aún los tonos más sobrios resaltan de inmediato. Esto permite mezclar y empatar estilos con menos limitaciones.

Los diseños únicos con baldosa de vidrio son de gran impacto. Este arreglo sofisticado de hexágonos, cuadrados y triángulos fue fabricado sobre tiras de mosaico directamente en la fábrica. Crear su propio diseño es una gran experiencia pero es una considerable adición al costo total.

Cortar la baldosa

Un proyecto bien planeado lo ayudará a eliminar los cortes innecesarios del material, pero de todos modos la mayoría de estos trabajos requiere de cortar una poca o gran cantidad de baldosas sin importar qué tan cuidadoso sea. Para realizar pocos cortes derechos en baldosas de peso mediano o liviano, use pinzas especiales para esta función. Si está trabajando con baldosa pesada o va a hacer una gran cantidad de cortes en cualquier tipo de baldosa, una sierra de agua simplificará la labor. Cuando utilice esta máquina siempre protéjase con gafas y tapones para los oídos. Compruebe que el disco de corte esté en perfecto estado y la vasija de agua esté llena. Nunca utilice el disco sin agua (ni por un segundo).

Otras herramientas de corte incluyen una variedad de tenazas diseñadas con este propósito y sierras manuales para corte fino. Las tenazas pueden ser usadas en la mayoría de las baldosas, mientras que las sierras finas son más efectivas para cortar baldosa de pared debido a que es relativamente más suave.

A manera de precaución: las tenazas y las sierras manuales pueden crear bordes filudos. Tenga mucho cuidado al cortar el material a mano y siempre redondee los bordes apenas termine el corte usando una piedra de lija.

Antes de iniciar el proyecto practique haciendo cortes derechos y en curva sobre una baldosa desechable.

Cómo utilizar un cortador de baldosa

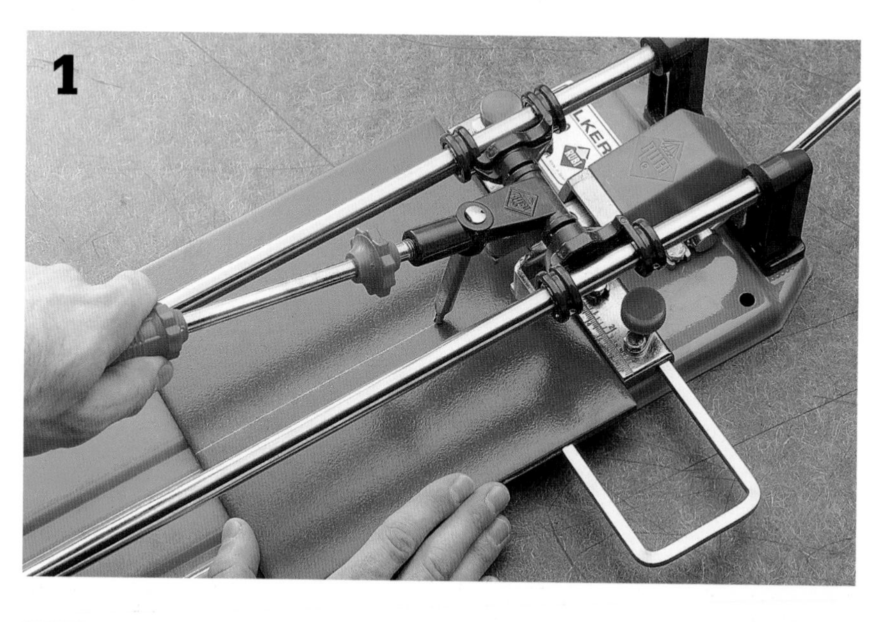

Trace la marca de corte sobre la baldosa con un lápiz. Coloque la pieza sobre el cortador dejando la rueda de corte exactamente sobre la línea marcada. Presione con firmeza la palanca de corte y pase el cortador a lo largo de toda la superficie. Sólo pase la cuchilla una vez para lograr mejores resultados.

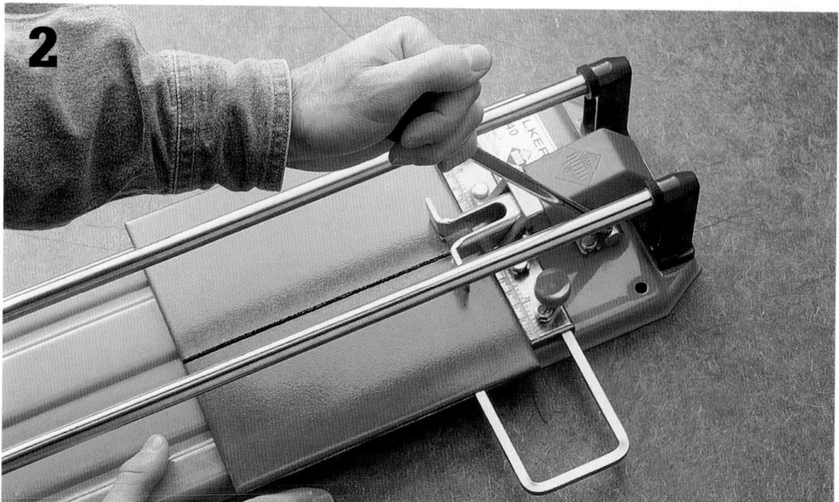

Corte la pieza a lo largo de la marca siguiendo las instrucciones del fabricante de la máquina. El corte final se logra por lo general levantando la presión de la palanca del cortador.

Cómo utilizar un cortador de baldosa de agua

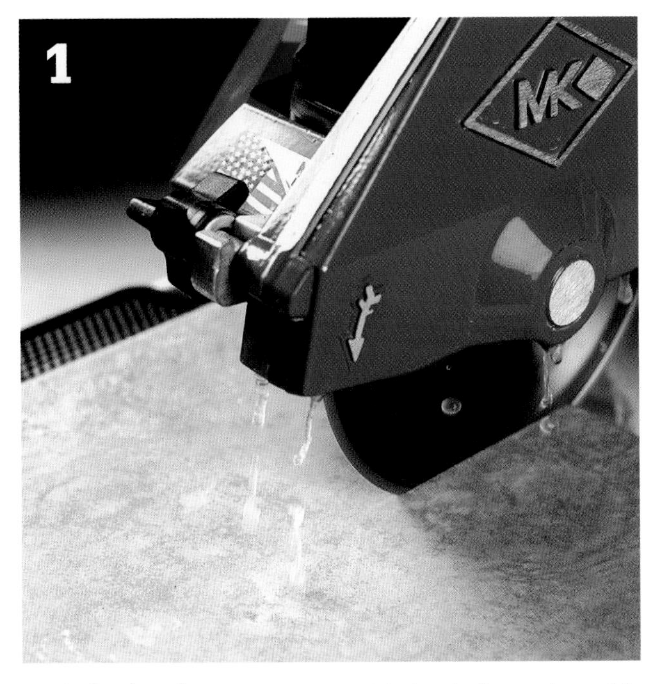

No todas las sierras son iguales y debe leer las instrucciones del fabricante para entender su funcionamiento. Si tiene preguntas consulte con el sitio donde alquiló la máquina. Siempre utilice gafas y protectores para oídos. La cuchilla siempre debe tocar el agua a todo momento.

Coloque la baldosa sobre la plataforma de deslizamiento y ajuste la malla para sostener la pieza en su lugar. Luego presione la baldosa a medida que la pasa por la cuchilla.

Cómo marcar muescas cuadradas

Coloque la baldosa que va a cortar sobre la última baldosa completa a un lado de la esquina. Coloque otra pieza completa contra el separador de ½" a lo largo de la pared y marque a lo largo del borde opuesto sobre la segunda baldosa.

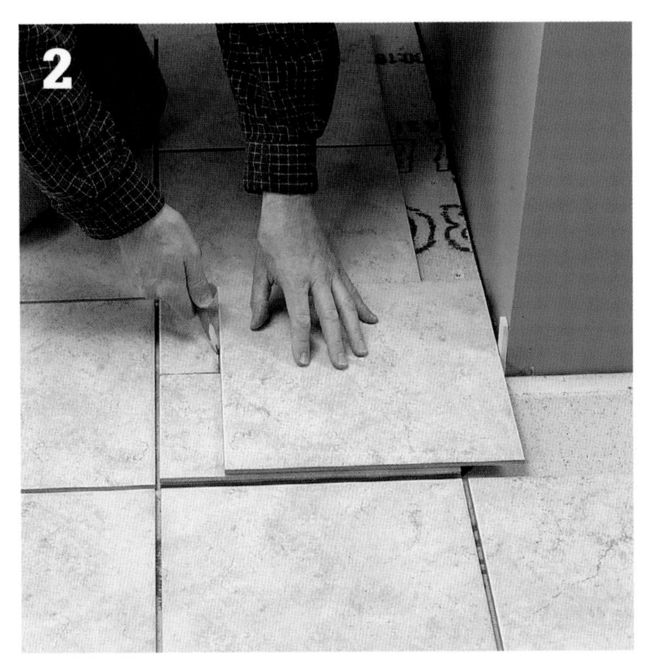

Mueva las dos baldosas superiores y el separador a la pared contigua asegurándose de no girar la pieza que ha marcado. Haga una segunda marca sobre la baldosa como lo hizo en el paso anterior. Corte la pieza e instálela.

Cómo cortar muescas cuadradas

Corte a lo largo de la línea marcada en uno de los lados de la muesca. Gire la baldosa y complete el corte. Para evitar que la pieza se rompa antes de terminar, disminuya la velocidad antes de llegar a la intersección con el primer corte.

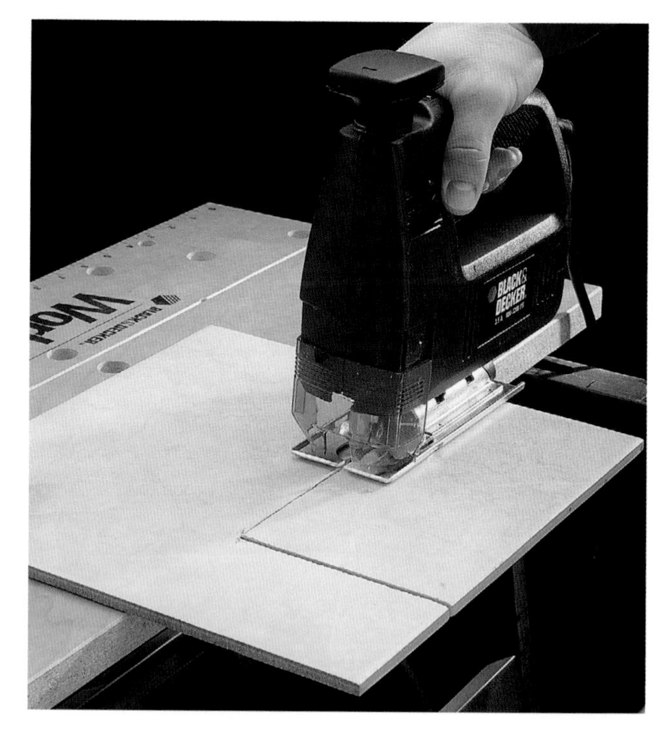

Para hacer cortes de muescas cuadradas en unas pocas baldosas de pared ajústelas con una abrazadera sobre una mesa de trabajo y luego use una sierra de vaivén con cuchilla de carburo para hacer los cortes. Si debe cortar bastantes piezas, use una sierra de agua.

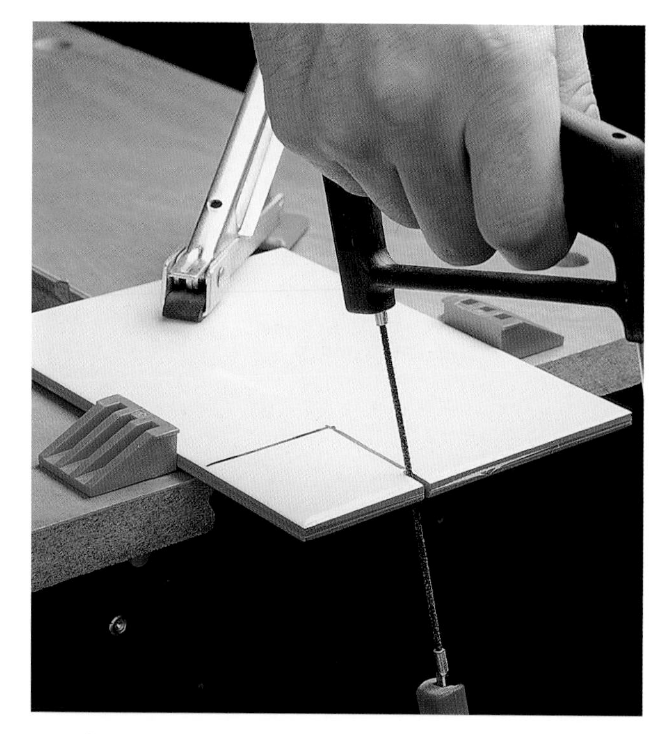

Para hacer unos pocos cortes en baldosas de pared puede usar una sierra delgada con cuchilla de carburo. Coloque la cuchilla en el marco de la sierra. Sopórtela con firmeza y haga un movimiento uniforme a medida que corta la pieza.

Para cortar una muesca pequeña, utilice las tenazas para cortar baldosa. Marque el corte y luego quite los pedazos poco a poco hasta completar la muesca.

Cómo marcar y cortar muescas irregulares

Construya una plantilla con papel del perímetro o utilice una herramienta para hacer marcas de ese tipo. Si usa herramienta presiónela sobre el lugar y luego cálquela sobre la baldosa.

Utilice una sierra de agua para hacer una serie de cortes paralelos un poco separados. Luego quite los pedazos sobrantes con unas tenazas.

Cómo cortar baldosa con tenazas especiales

Las tenazas para cortar baldosa tienen una punta de carbono filosa. Al usarlas se sostienen con firmeza sobre el borde del material para quitar los fragmentos de desperdicio. Son usadas principalmente para hacer cortes irregulares sobre las baldosas.

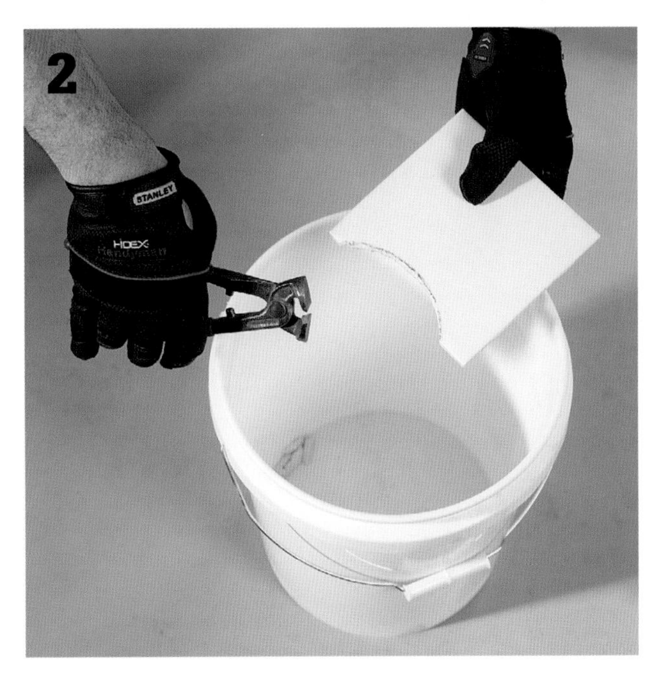

Para evitar romper la baldosa, utilice las tenazas para cortar trozos pequeños en cada cortada. Luego use una piedra de lija para suavizar los bordes de los lados expuestos.

Cómo marcar baldosas para abrir agujeros

Coloque la baldosa que va a cortar alineada con la última pieza instalada y recuéstela contra el tubo. Marque el centro del tubo sobre el borde frontal de la baldosa.

Coloque un separador de ¼" de ancho contra la pared y júntelo contra la baldosa. Marque el centro del tubo sobre el lado de la baldosa. Use la escuadra combinada para dibujar una línea en cada marca en los bordes de la pieza.

Comenzando desde la intersección de las líneas en el centro de la baldosa dibuje un círculo un poco más grande que el diámetro del tubo a cubrir.

Cortar la baldosa en mosaico ▸

Haga marcas con unas tenazas sobre la hilera de la baldosa en mosaico donde va a hacer el corte. Corte los excesos de material que quedan prendidos a la base usando una navaja. Luego use un cortador manual de baldosa para quitar las piezas una a la vez. *Nota: use las tenazas para cortar trozos delgados de baldosas después de hacer la marca inicial.*

Opciones para abrir agujeros sobre la baldosa

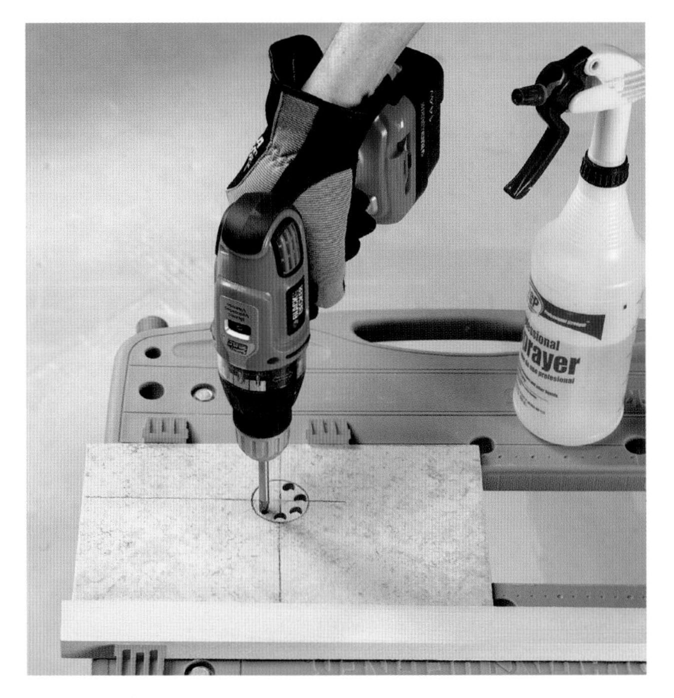

Haga perforaciones alrededor del borde del agujero usando una broca para baldosa de cerámica. Quite los sobrantes del material golpeándolos suavemente con un martillo. Una placa o empaque protector cubrirá el borde burdo del agujero.

Variación: Haga una serie de cortes sobre la baldosa dividiendo el agujero en dos partes. Use el método de cortes derechos y luego el de cortes curvos para quitar el material de desecho de cada semi-círculo.

Cómo abrir un agujero con una sierra para perforar

Haga una marca pequeña con un punzón para romper la parte vidriosa de la baldosa. Esto evitará que la broca se salga de curso.

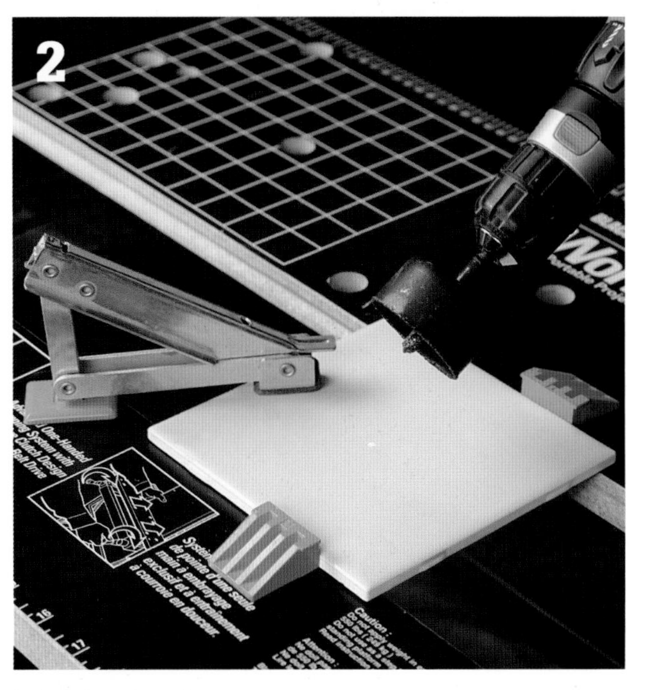

Seleccione una broca de tungsteno carbono del tamaño apropiado y conéctela al taladro. Coloque la punta de la broca sobre el centro de la marca y haga la perforación.

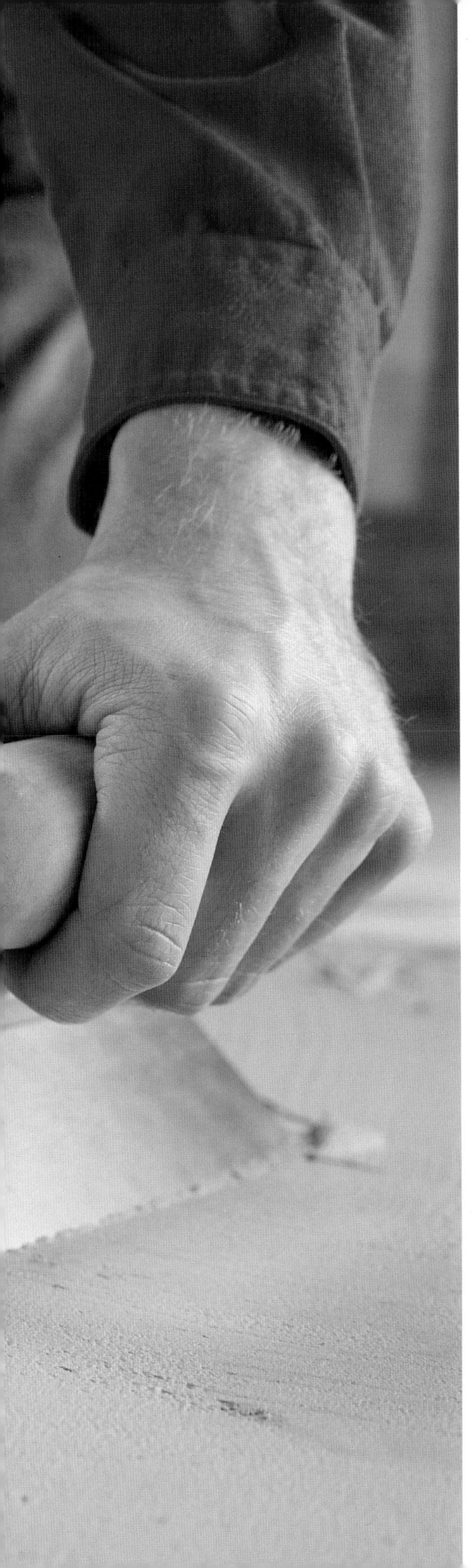

Herramientas y materiales

Este capítulo describe las herramientas y materiales necesarios para llevar a cabo estos proyectos. Muchos dueños de casas, en especial quienes disfrutan estos trabajos, ya poseen estas herramientas. Las sierras y barras para remover viejas superficies, o taladros y navajas para hacer reparaciones o instalar bases nuevas, son parte de las herramientas básicas. Otras, como las tenazas para cortar la baldosa no son tan comunes, pero tampoco son costosas ni difíciles de utilizar.

Otras herramientas menos comunes y más costosas no son del todo necesarias, pero simplifican el trabajo y puede agregarlas a su arsenal. Una sierra de agua, por ejemplo, corta baldosa en forma correcta aún en sitios difíciles. En trabajos pequeños puede alquilar una sierra, y en más grandes puede comprarla.

Los materiales varían desde tableros para bases y corcho, hasta cemento delgado y lechada. Son fáciles de encontrar y a precios razonables. Lo importante es usar los indicados en cada proyecto. Esta sección lo ayudará en este aspecto.

En este capítulo:

Seguridad

Trabajar con seguridad incluye aspectos obvios e importantes como usar los equipos de protección adecuados y permanecer siempre alerta. Esto también significa pensar con cuidado en lo que está haciendo. Muchos hemos visto en televisión los programas sobre cómo remodelar casas, y lo primero que muestran es a alguien golpeando una pared con un mazo de una forma poco segura. Alguien competente en la materia no comenzaría este tipo de proyectos de esa manera. Imagínese si detrás de la pared hay una conexión de gas, una caja eléctrica, o una tubería de agua. Las consecuencias de tal acción serían muy costosas y a su vez muy peligrosas.

Antes de intentar abrir una pared o un piso para hacer reparaciones debe inspeccionar visualmente todos los lados de la estructura donde va a hacer el trabajo. Confirme si existen tuberías de agua, eléctricas, conexiones de teléfono, líneas de gas, o cualquier otra cosa que pueda parecer fuera de lugar. Señale los sitios donde encuentre este tipo de cosas y trabaje con cuidado a su alrededor.

Si el proyecto requiere de trabajar cerca de cables eléctricos expuestos, corte el servicio de electricidad en la caja de interruptores y compruebe que ha sido desconectada por medio de un medidor de circuitos o midiendo el voltaje en forma individual en cada tomacorriente. Corte el servicio del agua antes de trabajar alrededor de tuberías de plomería, y vuélvalo a activar para comprobar que no hay escapes de agua antes de cubrir las paredes después de terminar la labor.

Algo aún más importante: invierta en equipos de seguridad de buena calidad. Los trabajos de remodelación crean mucha mugre y polvo y deberá proteger sus pulmones usando un respirador N-95, o de más alto calibre, aprobado por el Instituto Nacional de Seguridad y Salud (NIOSH–National Institute for Occupational Safety and Health) cuando trabaje cerca de partículas microscópicas como el polvo creado al cortar baldosas. Mantenga el área de trabajo bien ventilada. Proteja las manos al cargar material pesado y recoger desperdicios con unos guantes para trabajo pesado. Tenga mucho cuidado cuando trabaje con baldosas rotas o fragmentadas. Los guantes de caucho protegerán sus manos de elementos altamente alcalinos y de la aspereza creada por el cemento mojado. Las gafas apropiadas también lo protegerán del polvo y fragmentos de la baldosa. Estas labores requieren de trabajar constantemente de rodillas, a menudo sobre desperdicios filosos, y deberá comprar un buen par de rodilleras para usarlas todo el tiempo.

Como regla general, dedique tiempo a mantener el área de trabajo limpia y ordenada. En lo posible divida las labores en secciones que pueda terminar en corto tiempo. A medida que trabaja ganará más confianza y experiencia que le permitirán realizar trabajos mayores y de mejor calidad.

El equipo básico de seguridad usado al trabajar con baldosas incluye: Protección para oídos al trabajar con máquinas eléctricas (A); rodilleras confortables (B); gafas de seguridad (C) o gafas normales (D); máscara NIOSH N-95 contra las partículas de polvo (E) o respirador para utilizarlo cuando corte las baldosas con una sierra; guantes de trabajo pesado para mover materiales y objetos cortantes (F); guantes de caucho (G) o de látex (H) para usarlos cuando trabaje con productos alcalinos o cementos.

Equipo de primeros auxilios ▸

Organice un equipo de primeros auxilios. Las heridas causadas por cortadas con sierras manuales o eléctricas pueden ser serias y requieren de pronta y adecuada atención. Esté siempre preparado para estas situaciones teniendo a la mano un buen equipo de primeros auxilios. Escriba los números de emergencia en un libro de notas y manténgalo al lado del teléfono a todo momento.

El equipo debe incluir una variedad de elementos. Incluya vendajes, agujas, pinzas, ungüentos antisépticos, hisopos y copos de algodón, gotas para los ojos, una cartilla de primeros auxilios, bolsas de hielo instantáneo, vendajes plásticos, cinta de primeros auxilios y gasa esterilizada.

Para las heridas con punzones, las cortaduras, quemaduras y otros accidentes de gravedad, acuda a un centro médico lo más pronto posible después de haber lavado y cubierto las cortadas.

Mantenga siempre un equipo de emergencia bien preparado al alcance de la mano cada vez que haga un trabajo de reparación.

Trabajando con seguridad

Mantenga sus herramientas limpias y afiladas. Los accidentes ocurren con más frecuencia cuando las cuchillas han perdido el filo o están cubiertas de aserrín o polvo.

Use un tomacorriente GFCI, un adaptador o un cable de extensión para reducir el riesgo de descargas de corriente al trabajar con herramientas eléctricas en el exterior o en condiciones húmedas.

Pruebe los tomacorrientes con un medidor de circuitos para estar seguro que la corriente ha sido cortada antes de quitar las cubiertas, sacar los cables, perforar o cortar al interior de paredes que contienen cables.

Materiales: Niveladores para superficies

La base de auto-nivelado, también conocida como cemento auto-nivelador, se aplica sobre superficies disparejas como bases cementadas y placas de concreto para nivelarlas antes de instalar la baldosa. Los productos similares para repavimentar concreto cumplen básicamente la misma función. Ambos productos están compuestos de líquidos un poco viscosos y se aplican sobre superficies irregulares para llenar las áreas más profundas de la base. Un bulto de 50 libras de este material por lo general cubre un área de 50 pies^2 de ⅛ de pulgada de espesor. El nivelador puede ser aplicado en capas bien delgadas o hasta una pulgada de espesor, dependiendo de las especificaciones del producto que haya comprado. Los auto-niveladores se secan con rapidez (apenas unas horas después de la aplicación). A veces es necesario aplicar varias capas hasta llegar al espesor deseado.

En la mayoría de los casos deberá aplicar una capa de pintura similar al sellador antes de aplicar el nivelador. En este caso puede usar un rodillo pequeño para pintar la base. El sellador impermeabilizará la base para evitar que la humedad contenida en la mezcla del cemento se absorba con rapidez. También mejora la adhesión entre el cemento auto-nivelador y la superficie donde es aplicado.

Para mejores resultados se aconseja revolver el cemento con un taladro con cable eléctrico de ½ pulgada equipado con una paleta para mezclar. También necesitará una pala y un rastrillo para esparcir el cemento sobre el área que necesita reparar.

Los productos a base de cemento, como el nivelador para pisos, deben ser bien mezclados con agua. Un taladro de ½" con una paleta para mezclar es ideal para este tipo de trabajo.

Los niveladores para pisos y las mezclas usadas para repavimentar se aplican antes de instalar la baldosa de base. Los niveladores cubren todos los vacíos, huecos u otras áreas desniveladas sobre el piso de concreto. Un fortificante de acrílico o látex ayuda a esparcir el producto suavemente y le da un poco de flexibilidad sin sacrificar su dureza.

Cómo aplicar el nivelador

Repare las grietas grandes o las protuberancias más pronunciadas con una mezcla de concreto para arreglos antes de aplicar el nivelador. Después que la mezcla se haya secado lávela y enjuáguela siguiendo las instrucciones del producto. Esto puede incluir el uso de cortador de grasas y lavadores a presión.

Aplique una capa pareja de concreto nivelador de base a toda la superficie usando un rodillo de mango largo. Deje secar la mezcla por completo.

Mezcle el nivelador con agua siguiendo las instrucciones del fabricante. La tanda debe alcanzar para cubrir toda el área al espesor deseado (máximo 1"). Eche el nivelador sobre el piso.

Distribuya el nivelador en forma pareja usando un rastrillo. Trabaje rápido porque la mezcla se comenzará a endurecer en 15 minutos. Puede usar un palustre para emparejar los bordes y crear una suave transición con el área no cubierta. Deje secar todo por 24 horas.

Materiales: Tableros de base

Un tablero de base puede ser cualquier panel aprobado para el uso en el subsuelo, encimera o superficie de la pared como base en el momento de instalar baldosas. En la actualidad este material es comúnmente conocido como tableros de cemento para base. Fue inventado por el constructor Paul Dinkel en los años 60s. Su invento fue motivado por el intento de reemplazar la base seca para la pared que se tiende a deteriorar con la humedad. Su solución fue la creación de un fuerte panel prefabricado a base de concreto que llegó a conocerse como tablero de base de cemento.

Los proyectos presentados en este libro emplean tableros de cemento y de fibra de cemento. Son por lo general vendidos en paneles de tres a cinco pies de tamaño y de ½ ó ¼ de pulgada de espesor. En el caso de paredes, los tableros de ½ pulgada de espesor son instalados sobre las vigas de las paredes separadas 16 pulgadas a partir del centro. En las aplicaciones horizontales (pisos, encimeras y bañeras en terrazas) puede usarse tableros de ¼ ó ½ pulgada de espesor. En los pisos, las vigas de soporte deben estar separadas 16 pulgadas a partir del centro y debe utilizarse tableros de base de ¾ de pulgada de espesor. A menos que el fabricante lo permita, utilice tableros de ½ pulgada de espesor para cualquier otro tipo de instalación.

Cuando se utiliza en las superficies horizontales, los tableros pueden laminarse a la base por medio de una capa delgada de cemento modificado y luego clavados con tornillos o puntillas. Este tipo de instalación en la base a veces es requerido por algunos códigos de construcción y puede ser o no obligatorio en su localidad. De todos modos es una acción recomendada porque elimina los vacíos por debajo de los paneles y crea una superficie más estable al instalar la baldosa. También reduce en gran parte las rajaduras.

El tablero de base para la baldosa está diseñado para mantener su dureza a pesar de la humedad (ya sea causada por el cemento mojado durante la aplicación o debido a las condiciones en el área de instalación). Es fabricado en espesores de ¼ y ½". Otros tableros fabricados a base de fibra de vidrio son más livianos que los tableros de base de cemento y muchos consumidores los prefieren por ser más fáciles de trabajar.

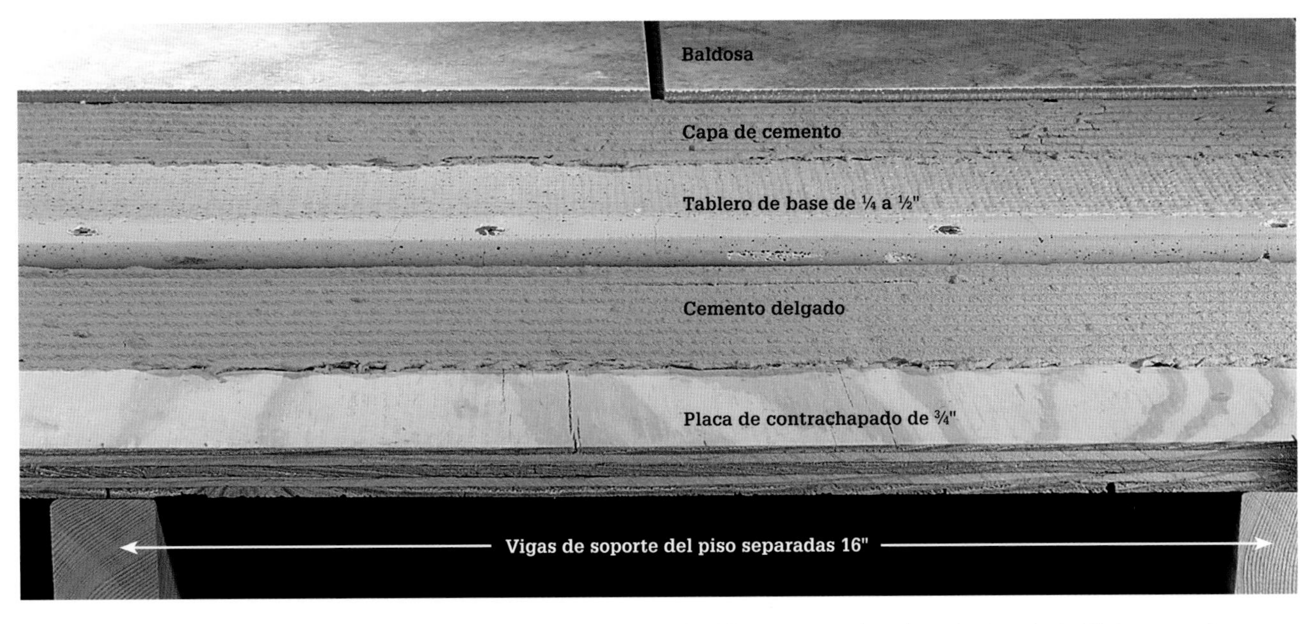

Un piso normal tiene vigas de base separadas 16" a partir del centro y está cubierto con una placa de contrachapado de ¾" de espesor. Luego es cubierto por tablero a base de cemento (puede ser de ¼ ó ½" de espesor) colocado sobre una capa delgada de cemento (en la mayoría de los casos) y clavado con tornillos diseñados para este tipo de tableros. La baldosa es luego instalada sobre otra capa delgada de cemento por encima del tablero.

La selección apropiada de los tornillos es un paso importante para la instalación correcta de los tableros. Utilice tornillos anticorrosivos para tablero de cemento de 1¼ de pulgada y con cabezas de un mínimo de ⅜ de pulgada de diámetro. Un tablero completo instalado sobre el piso o encimera requiere de unos 60 tornillos. Los instalados sobre paredes necesitan unos 30 tornillos, y los colocados sobre el cielo raso requieren de unos 42 tornillos por panel.

También es necesario utilizar una malla de cinta resistente a las sustancias alcalinas hecha de fibra de vidrio de dos pulgadas de ancho, y cemento delgado modificado para reforzar las uniones de los tableros de base. Las cintas de fibra de vidrio no son resistentes a los alcalinos y se van a deteriorar con el tiempo, se quiebran y pierden fortaleza.

Los tornillos para clavar tableros de cemento para base son diseñados especialmente para penetrar el material sin quebrarlo.

La cinta de malla para los tableros es utilizada para cubrir y reforzar las uniones entre los tableros. No utilice cinta de malla normal para este tipo de trabajo porque no es resistente a alcalinos y se deteriorará.

Cortar los tableros de cemento

Aún cuando el tablero de cemento para base es un material rígido que se rompe y desmorona con facilidad, puede ser cortado en forma correcta si se utilizan las herramientas apropiadas. La forma más simple y menos técnica de hacer cortes derechos sobre el tablero es por medio de una cuchilla con punta de carbono. La herramienta se usa para marcar los cortes para luego poder quebrar el material correctamente. Con un poco de práctica y paciencia es posible hacer cortes en forma de "L" y recortes usando la cuchilla. Este método de corte no genera polvo.

Las sierras con punta de diamante o carbono se usan para abrir agujeros con diámetros pequeños en baldosas y tableros de cemento para poder acomodar elementos protuberantes como tuberías o válvulas. Mojar la punta de las brocas en el momento de abrir los agujeros reducirá la cantidad de polvo creado y lubricará los bordes cortantes de las mismas.

Una sierra de vaivén armada con una cuchilla con dientes de carbono tungsteno es una poderosa herramienta versátil capaz de hacer cortes rectos y en curva sobre los tableros. Tenga a la mano varias cuchillas ya que se gastan con rapidez.

Una herramienta rotativa dotada con una broca para penetrar baldosa es muy útil para hacer cortes redondos para accesorios del baño. Estas sierras por lo general vienen con guías para realizar cortes radiales a la medida. Con un poco de práctica, una herramienta rotativa (también llamada herramienta de corte en espiral) puede usarse para hacer cortes en forma de "L" y recortes rectangulares para encajar las cajas eléctricas. Las brocas para el corte tienden a quebrarse con facilidad debido al calor y alta velocidad creada por la sierra, y es mejor utilizarlas a baja velocidad y lubricarlas periódicamente con algún tipo de aceite.

Un esmeril angular equipado con un una cuchilla de diamante para corte en seco de cuatro pulgadas es una herramienta muy útil para hacer variedad de cortes lineales sobre baldosas o tableros de base, así como cortes derechos de válvulas de agua y cajas eléctricas.

Aún cuando la cuchilla es muy grande para hacer cortes pequeños, las sierras circulares con cuchillas de carbono para fibra de cemento son apropiadas para hacer cortes lineales en paneles de cemento.

Consejo de seguridad ▸

El corte en seco de la baldosa o el tablero de cemento con cualquier herramienta eléctrica, producirá un polvo de sílice peligroso. Siempre lleve puesta gafas protectoras y una máscara para respirar al hacer los cortes y en lo posible haga el trabajo en el exterior en un área bien ventilada. Se recomienda utilizar un ventilador para sacar el polvo del área de trabajo.

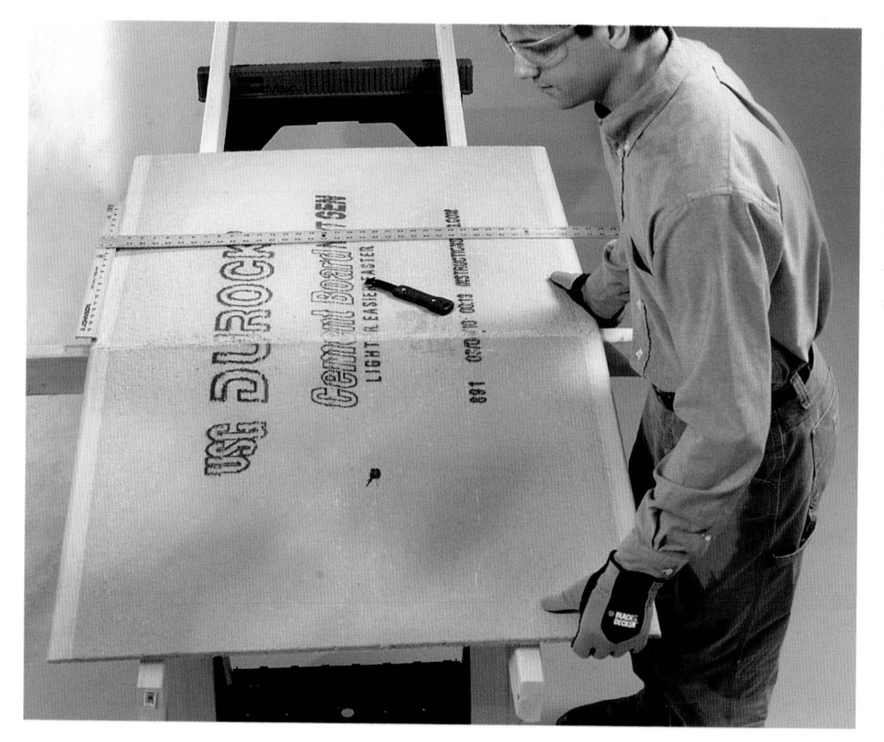

Para marcar y cortar un tablero de cemento usando una herramienta para cortes, mida y marque la pieza al tamaño deseado sobre el lado burdo de la misma. Utilice una regla como guía y marque el tablero con una cuchilla con punta de carbono. Luego quiebre la pieza a lo largo de la línea marcada. Marque la línea con profundidad para atravesar la malla de fibra de vidrio ubicada apenas por debajo de la superficie del material.

Herramientas para cortar tableros de cemento

Esmeril angular. Marque las líneas de referencia con una cuerda de tiza y luego corte a lo largo de la misma con el esmeril angular equipado con un disco de diamante. Utilice esta herramienta sólo en un área bien ventilada y siempre lleve puesto el equipo de protección adecuado.

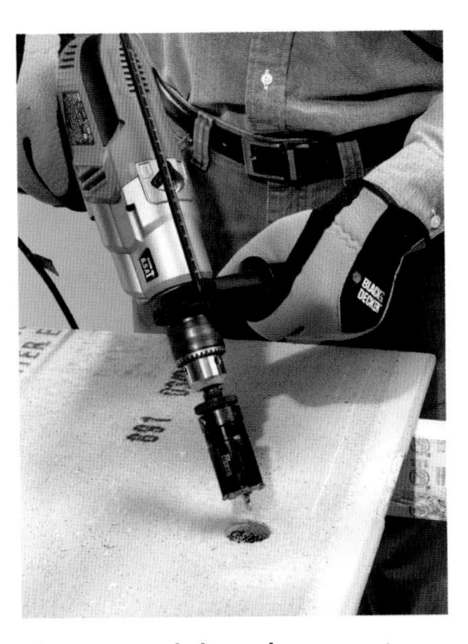

Sierra para abrir agujeros. Para hacer cortes redondos y en curva sobre los tableros de cemento, utilice un taladro equipado con una broca con punta de carbono. Marque el punto central del orificio y abra un agujero guía con el taladro a baja velocidad. Para mejorar el funcionamiento de la broca mójela con un atomizador con agua periódicamente.

Sierra rotatoria o en espiral. Para hacer cortes redondos sobre un tablero de cemento usando este tipo de herramienta equipada con una broca para perforar baldosa, ajuste la guía de corte del círculo al tamaño deseado y abra un agujero guía en el punto central del área a cortar. Inserte la punta de la broca en el hueco guía y complete el corte.

Herramienta manual de corte. Para hacer cortes en forma de "L" sobre los tableros de cemento, la herramienta debe tener una cuchilla de carbono. Haga las marcas de corte en ambas caras. Utilice una regla como guía para quebrar ambos lados del panel y quite el material de desperdicio desde el lado trasero del panel usando un martillo.

Sierra de vaivén para cortes rectos. Para hacer cortes en forma de "L" con una sierra de vaivén sobre un tablero de cemento marque el corte deseado con un lápiz. Use la sierra equipada con la cuchilla adecuada y remueva el material de desperdicio.

Sierra de vaivén para cortes redondos. Para hacer cortes de este tipo sobre los tableros de cemento con una sierra con cuchilla con dientes de carbono, marque el punto central sobre el panel y abra un agujero guía. Inserte la sierra en el agujero y comience a cortar.

Materiales: Membrana para la baldosa

La membrana para la baldosa es un material de base delgado y flexible diseñado para aislar la baldosa de bases con posibles problemas. Es un gran absorbente de ruido, a prueba de agua y vapor para baldosas instaladas en áreas húmedas o en cuartos de sauna. Existen muchas clases de membranas en el mercado y es aconsejable leer las indicaciones del fabricante sobre las limitaciones, los beneficios y las formas de instalación del material que ha seleccionado.

Las membranas a prueba de agua se instalan en lugares húmedos y son diseñadas para evitar el paso del agua más allá del material. A menudo ofrecen otros beneficios incluyendo la resistencia a las rajaduras. La baldosa instalada en cuartos de sauna, cuartos de vapor y duchas al vapor requiere de la instalación de membrana tanto a prueba de agua como de vapor.

Las membranas a prueba de ruido están diseñadas para reducir el impacto de sonidos de superficies duras o ruidos provenientes de pisos inferiores. Este material se instala por lo general en apartamentos o condominios (y detrás de paredes secas en las habitaciones de televisión en las viviendas).

Las membranas contra las rajaduras, también llamadas membranas para controlar quebraduras, separan la baldosa del subsuelo que es más vulnerable a la presión y produce movimiento horizontal. La membrana puede absorber movimiento desde $\frac{1}{8}$ hasta $\frac{3}{8}$ de pulgada. Algunas membranas se aplican en líquido sobre la base usando una llana o un rodillo, otras vienen en forma de tiras. Existen cementos delgados contra las fracturas que en algunos casos eliminan la necesidad de aplicar unas membranas en líquido o en tiras.

Las membranas de desacople separan la baldosa instalada del subsuelo permitiendo el movimiento de ambas superficies en forma individual. Esta clase de material es por lo general instalado en áreas con problemas en la base, en placas nuevas de concreto, o concreto con problemas.

Nota: Las membranas contra las rajaduras y las de desacople no se deben considerar como una substitución a malas prácticas en la construcción de edificaciones. La instalación de baldosa que excede las recomendaciones estructurales no se beneficia con la instalación de estos productos. Así mismo, las instalaciones regulares se beneficiarán de una buena estructura o reparaciones. En lo posible refuerce el enmarcado débil de una pared y las vigas de los pisos con bloques de madera, e instale una capa adicional de contrachapado sobre la madera de los subsuelos si es necesario.

Entre las membranas usadas para instalar baldosas se incluyen: Membrana a prueba de agua para prevenir rajaduras (A); membrana de multiuso para el desacople, a prueba de agua y vapor (B); plástico PVC para la ducha de 40-mil de espesor (C); membrana autoadhesiva de 40-mil de espesor ($\frac{1}{16}$") diseñada para usarse debajo de la baldosa de piso como protección del movimiento estructural (D); esterilla para prevenir las rajaduras (E).

Tiras para la transición de baldosa ▸

Disponibles en muchos materiales y formas, las tiras para la transición de la baldosa se instalan para crear una suave superficie de una clase de cubierta a otra. Por lo general se instalan a las entradas de las puertas o en cualquier área donde una clase de piso se encuentra con otra. El tipo de material requerido dependerá en gran parte de la clase de los pisos que van a unirse. Los umbrales para reducir la altura (tiras reductoras) tienen un lado biselado y son usados para conectar dos pisos de alturas diferentes. Las tiras de transición gradual tienen una forma descendente y son apropiados para el uso de silla de ruedas. Las molduras en forma de "T" se utilizan para conectar dos pisos a la misma altura. Las tiras de transición a menudo pueden ser omitidas cuando se conectan pisos de alfombra con baldosa.

Normalmente encontrados en las entradas de las puertas, las tiras de transición se instalan después de terminar por completo la instalación de la baldosa para crear una suave conexión entre los diferentes pisos. Las tiras son fabricadas para transiciones específicas: por ejemplo entre la baldosa de cerámica y el piso de madera, o entre la baldosa y la alfombra.

La alfombra es por lo general incrustada en el borde de la baldosa.

La alfombra también puede ser incrustada por debajo del umbral como es mostrado en esta foto.

La moldura en forma de "T" se utiliza para la unión entre pisos de igual altura.

Las tiras de transición con borde no pueden ajustarse a las diferentes alturas y son usadas para proteger los bordes expuestos de la baldosa.

Los umbrales para reducir la altura se utilizan para la transición entre dos superficies de diferentes alturas.

Para facilitar el acceso de sillas de ruedas, utilice una tira de transición gradual con declive en un lado.

Materiales: Cemento delgado

Introducido a principios de los años 50s, el cemento delgado es un adhesivo compuesto de cemento Portland, un agente que retiene agua, arena o agregado (opcional), y otros aditivos. Antes de que existiera este material, las baldosas se instalaban con una pasta gruesa compuesta de cemento Portland y agua. Si las baldosas no se colocaban en agua antes de su instalación, absorbían el agua de la mezcla con rapidez y no permitían que el pegamento actuara correctamente. La invención del cemento delgado hizo posible la instalación de las baldosas sobre una variedad de superficies de cemento sin la necesidad de mojarlas por adelantado.

Los cementos delgados han mejorado substancialmente en su calidad y facilidad de uso en los últimos años. Debido a que dos productos no son iguales, siempre debe leer con cuidado las instrucciones del fabricante para asegurarse que el material seleccionado es el adhesivo apropiado para la baldosa que va a instalar y la base donde se va a aplicar.

Los adhesivos utilizados en los proyectos en este libro incluyen cemento delgado en seco, cemento delgado de polímero modificado, y cemento delgado de látex modificado. El cemento modificado (el adhesivo más común) es ampliamente utilizado para adherir una gran variedad de baldosas a los tableros de bases y concreto. Use un cemento gris para la lechada más oscura, y cemento blanco para las lechadas más claras.

Los cementos delgados en seco se mezclan con agua potable y se usan como capa para sentar paneles de base. En circunstancias especiales también puede ser utilizado como adhesivo para baldosas.

El cemento delgado es aplicado en una capa gruesa para servir como base para la baldosa. Se consigue en tubos ya pre-mezclados o en polvo (la mayoría de los profesionales prefieren hacer su propia combinación). Si el producto adquirido no ha sido modificado con aditivos de polímero, puede agregar el látex. La variedad de productos tienen diferentes radios de aditivos y fortificantes para funciones específicas. También encontrará alguna variación en el color. La mayoría de los cementos son de color gris, pero puede conseguir cemento blanco para el uso con baldosa de vidrio. Puede usar cemento blanco para reducir la posibilidad de manchas y va a trabajar con lechadas de color claro.

El cemento delgado con polímero modificado contiene aditivos de polímeros secos. También debe ser mezclado con agua potable. El cemento delgado modificado con látex es preparado mezclando cemento delgado seco con un líquido aditivo de látex. Aún cuando esta mezcla es más costosa y más difícil de trabajar que con mezclas modificadas convencionales, el cemento delgado modificado con látex ofrece niveles de pegamento superiores, es más flexible y más resistente al agua y a los químicos.

Puede mezclar pequeñas cantidades de cemento con la mano hasta dejarlo cremoso y consistente usando un palustre de punta cuadrada. Cantidades mayores de cemento pueden mezclarse usando un taladro de ½ pulgada equipado con una paleta para mezclar a velocidades menores de 300 rpm.

Utilice un palustre de punta cuadrada de ¼ de pulgada para aplicar la capa de cemento para los tableros de base. Use un palustre con punta en "V" de ¼ de pulgada para instalar baldosa en mosaico de dos pulgadas de tamaño o más pequeñas. La mayoría de las baldosas más grandes pueden ser instaladas con un palustre cuadrado o en forma de "U" de ¼ ó ⅜ de pulgada. Las baldosas más grandes y ciertos tipos de piedras pueden requerir palustres más grandes.

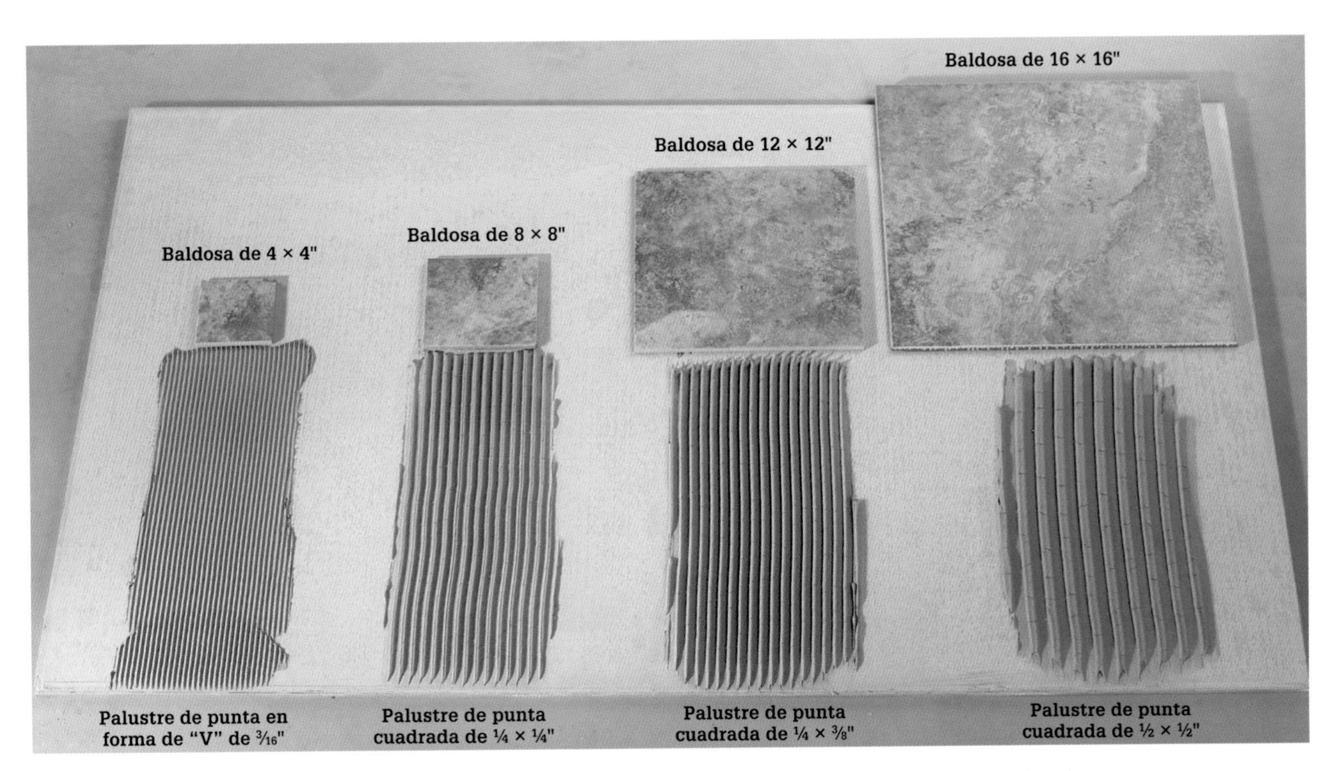

El tipo de palustre a utilizar para aplicar el cemento delgado es determinado por el tamaño de la baldosa a instalar.

Cemento delgado pre-mezclado ▸

La mayoría de los especialistas en este tipo de trabajos prefieren realizar sus propias mezclas porque es mucho menos costoso que comprar el material pre-mezclado. Para aquellas personas que apenas van a embaldosar un área pequeña, es aconsejable comprar los tubos de cemento delgado listos para utilizar. No sólo es conveniente, pero así estará seguro que el material contiene la cantidad correcta de látex y es mezclado en forma consistente.

Materiales: Lechada

La lechada (o masilla para tapar las uniones entre las baldosas) está disponible en docenas de colores y puede ser teñida en una variedad ilimitada de tonos. Más allá de su color, la lechada tiene muchas otras características que las diferencian entre sí. Algunas clases son más apropiadas para ciertas aplicaciones comparadas con otras.

Los proyectos en esta obra utilizan lechada con polímeros modificados, o lechada en seco mezclada con un aditivo de látex en líquido. La lechada de polímero modificado contiene un aditivo en seco que se activa al mezclarse con agua. La lechada es preparada mezclando la sustancia seca con un aditivo de látex en líquido. Los aditivos ayudan a incrementar la resistencia contra el agua y los químicos, mejoran su adhesión y refuerzan la capacidad de la lechada.

Para aplicar la lechada a la baldosa instalada en los pisos o paredes, utilice una llana de caucho y una o dos esponjas grandes por cada 150 pies^2 de material instalado. También es recomendable el uso de un palustre con muescas de punta cuadrada para esparcir la lechada por debajo de los gabinetes en los baños o cocinas, alrededor de las bases de los mismos, o en áreas difíciles de alcanzar.

Consejos para aplicar lechada ▸

- El espacio entre las baldosas determinará el tipo de lechada a utilizar. La lechada sin arena se usa en separaciones de ⅛" o más angostas. La lechada con arena se usa en espacios mayores a ⅛".
- No olvide cubrir los vacíos entre las piezas y las paredes, la tubería, gabinetes y otras superficies duras como las uniones de expansión. No aplique lechada en estas áreas. En su lugar cúbralas con molduras o llénelas con silicona flexible resistente al moho, o con uretano o silicona de látex.

Unos días después de haber terminado la instalación podrá aplicar un sellador de silicona a base de agua para cubrir las uniones de lechada. Tenga en cuenta que este tipo de selladores no impermeabilizan la lechada. Están diseñadas para transmitir el vapor y permitir la evaporación de la humedad desde la superficie de las uniones de lechada. Los selladores ayudan a prevenir cierta acumulación de moho y facilitan la limpieza de líquidos y derrames antes que manchen permanentemente el interior de la lechada.

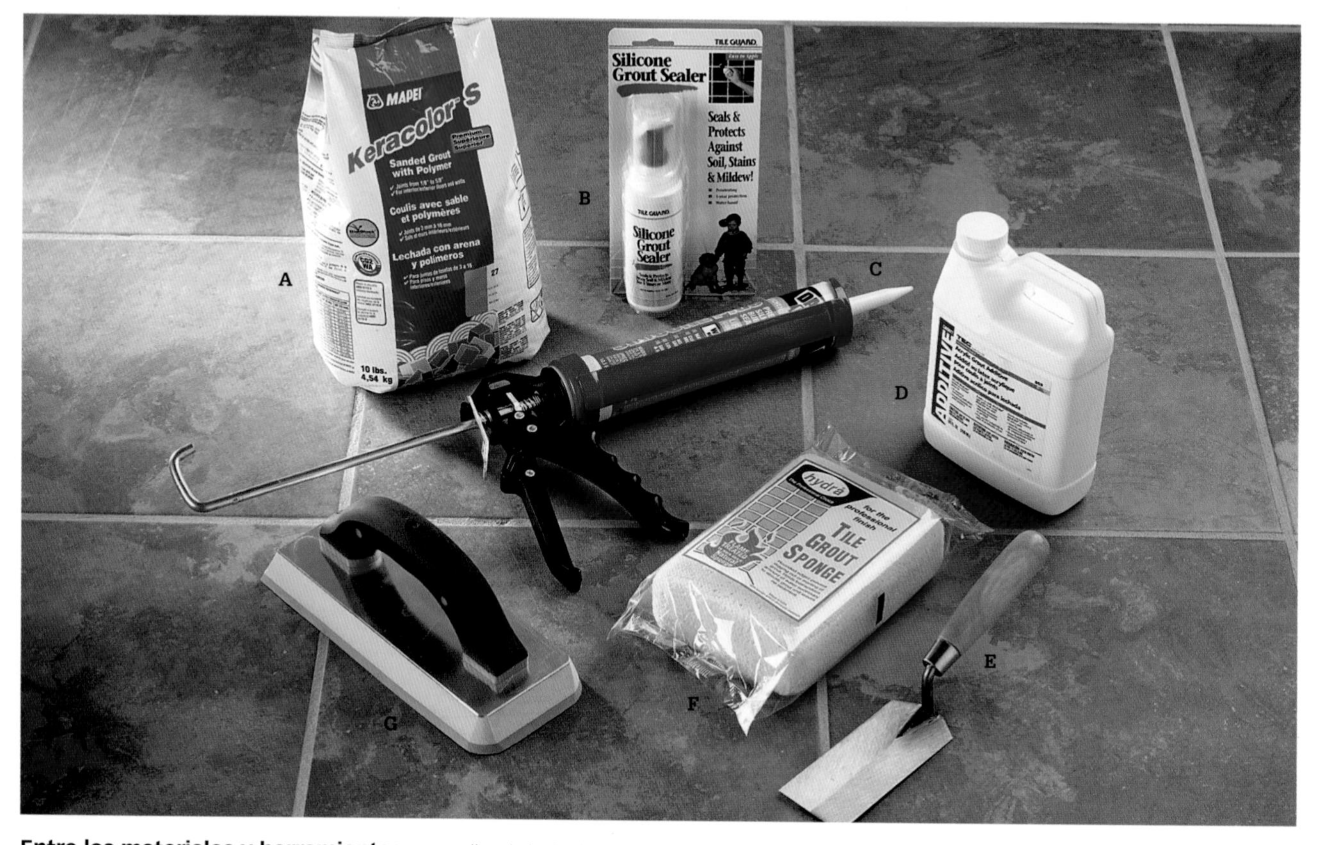

Entre los materiales y herramientas para aplicar la lechada se incluyen: Mezcla seca, lechada arenosa (A); sellador de silicona para lechada (B); silicona en tubo para baldosa (C); fortificante de látex para lechada (D); palustre de punta cuadrada con muescas (E); esponja (F); llana de caucho (G).

Cómo mezclar cemento delgado y lechada

En la parte trasera de cada bolsa de cemento delgado o lechada encontrará las instrucciones en detalle de la cantidad de agua o aditivo líquido requerido, tiempo necesario, velocidad al mezclar y otras guías importantes. Siempre debe seguir con cuidado estas recomendaciones. Cualquier variación en las recomendaciones para la mezcla puede causar problemas que varían entre la desigualdad de color en la lechada, hasta mezclas débiles que no poseen la suficiente fortaleza o no adhieren adecuadamente la baldosa a la base.

Para mezclar un paquete completo de cemento, adicione agua potable equivalente a la mitad del paquete, o el aditivo en forma de líquido recomendado por el fabricante en un tarro con capacidad de cinco galones. Agregue lentamente la mitad del paquete a medida que lo mezcla con agua con un taladro eléctrico de ½ pulgada (con capacidad para diversas brocas) equipado con una paleta para mezcla. Mantenga la paleta girando a baja velocidad mientras que revuelve toda la mezcla en forma uniforme por unos minutos hasta que quede como una pasta suave y consistente.

Deje reposar la mezcla si es recomendado por el fabricante. Esta acción es un período de espera que permite al cemento en seco absorber por completo el líquido que se ha agregado. Después que la mezcla ha reposado por el tiempo indicado, mezcle todo una vez más hasta que esté lista para usarse.

Descarte o mezcle de nuevo las partes del cemento que se endurecen o son difíciles de aplicar. Sin embargo, NO debe agregar más agua o líquidos aditivos a la mezcla.

Opciones para mezclar cemento delgado y lechada

Para mezclar apenas una pequeña tanda, adicione la cantidad correcta de agua o líquido aditivo y polvo en seco al interior de una vasija y revuelva todo con la mano.

Un taladro de ½" para trabajo pesado equipado con una paleta para mezclar es recomendable para revolver grandes cantidades a la vez.

Herramientas para quitar pisos viejos

Las herramientas de buena calidad pueden remover una vieja superficie en forma rápida dejándola lista para instalar la nueva baldosa. Los centros para materiales de construcción y los almacenes especializados tienen a su disposición una variedad de productos con este propósito. Utilice herramientas con soportes suaves y seguros, y con el peso correcto para mayor seguridad y comodidad.

Las tenazas para cortes de bordes le permiten sacar las grapas que han quedado clavadas en el piso después de quitar la alfombra. Esta herramienta en forma de alicate también es usada para cortar el borde de una baldosa vieja para poder insertar un cincel o una barra.

Las pistolas de calor se utilizan para suavizar adhesivos para poder remover molduras, vinilo, o baldosas muy pegadas a la pared. También se usa para quitar pintura vieja especialmente cuando existen muchas capas o se está cayendo en secciones.

Los mazos manuales a menudo se utilizan en combinación con barras de palanca y cinceles para quitar pisos viejos y prepararlos para la instalación de baldosa. Son recomendables para nivelar protuberancias en el piso de concreto y para separar capas de base en los pisos.

Las barras planas de palanca se usan para quitar molduras de madera de las paredes y para separar las capas de base de los pisos. También es una herramienta efectiva para quitar baldosas instaladas sobre cemento.

Los cinceles vienen en una gran variedad de tamaños y especificaciones para realizar diferentes trabajos. Los cinceles para concreto se usan junto a los mazos manuales para quitar protuberancias sobre el concreto. Los cinceles "fríos" para cortar metal también son usados junto a los mazos manuales o martillos para quitar baldosas del cemento.

Los raspadores de pisos se utilizan para raspar y suavizar áreas de pisos de concreto y para levantar pisos, raspar adhesivos y pegamentos de las bases.

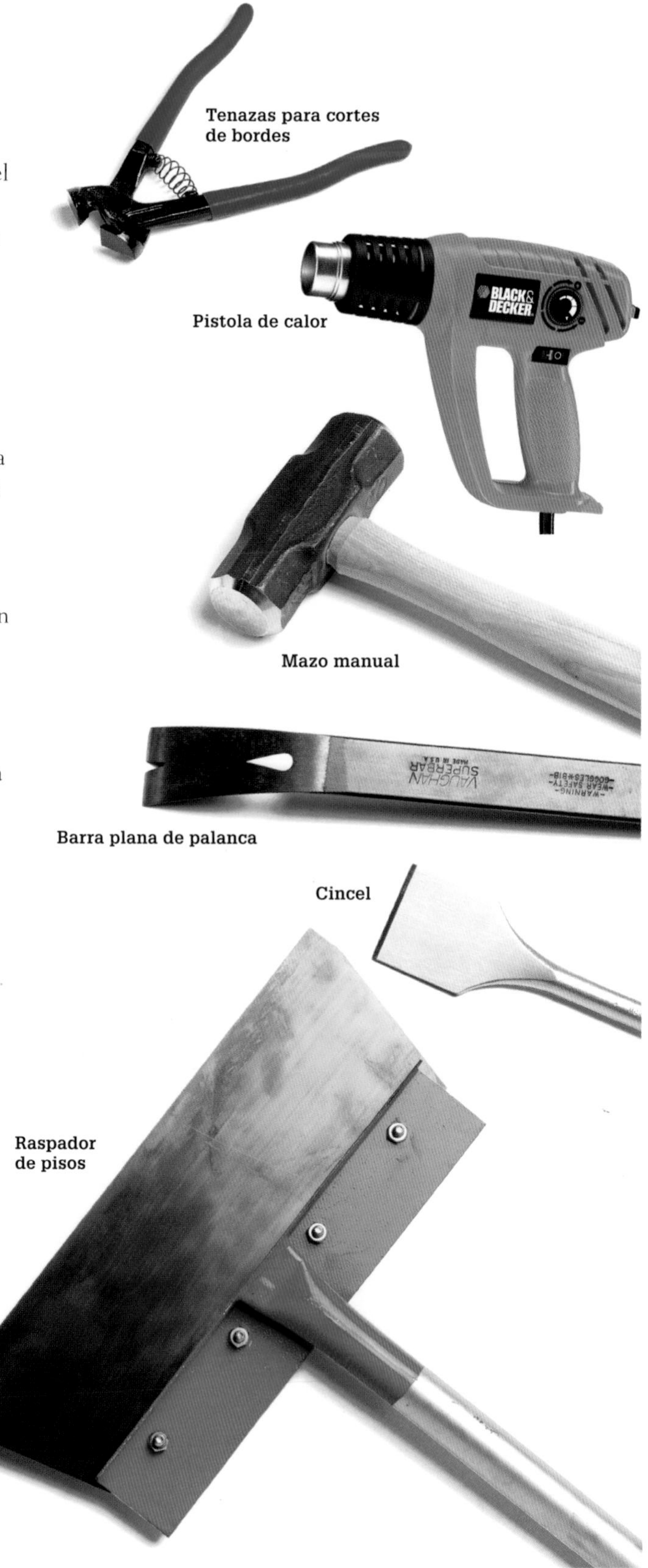

Herramientas para reparar sustratos

Las superficies y los sustratos deben estar en buenas condiciones antes de instalar la nueva baldosa. Utilice las herramientas abajo mostradas para crear una superficie plana y estable para ayudar a prevenir la quiebra de baldosas y mejorar en general la apariencia del proyecto.

Las reglas derechas se usan para demarcar áreas averiadas del sustrato que necesitan ser removidas. También se usan para medir y marcar las piezas de reemplazo durante el proceso de cortado.

Las sierras de vaivén son convenientes cuando corte muescas, agujeros y formas irregulares sobre bases nuevas o viejas. También son usadas para acomodar piezas nuevas de sustratos sobre las puertas de entrada.

Los taladros portátiles aseguran los sustratos a las bases por medio de tornillos del tamaño y espesor dependiendo la clase de sustrato usado.

Las sierras circulares se usan para quitar secciones averiadas de la base y para cortar las piezas de reemplazo.

Herramientas para instalar sustratos

Dependiendo el tipo de trabajo que esté realizando, quizás tenga que cortar e instalar un sustrato con tablero de cemento, contrachapado, corcho, membrana contra la humedad, u otra clase de material para bases. Sin importar la exigencia en el trabajo de instalación de la baldosa, las herramientas aquí presentadas le ayudarán a medir, marcar, cortar e instalar material de sustratos con precisión.

Las reglas en "T" se usan para medir y marcar los sustratos como los tableros de cemento, de fibra de cemento y membrana aislante. También puede usarse como guía en el momento de marcar y cortar sustratos con una navaja especial.

Las navajas son por lo general adecuadas para marcar y cortar en línea recta sobre bases de cartón, tableros de cemento, de fibra de cemento y membrana aislante para sustratos. Sin embargo debido a que los tableros de cemento y de fibra de cemento son materiales gruesos y duros, debe reemplazar a menudo la cuchilla para un mejor corte.

Las cuchillas para tableros de cemento son apropiadas para cortar este material así como el de fibra de cemento. Las cuchillas son más fuertes y duran más que las navajas normales al cortar superficies burdas.

Los palustres son convenientes para aplicar niveladores sobre el piso existente y para esparcir cemento delgado sobre los sustratos. También pueden ser usados para raspar protuberancias e imperfecciones después que el cemento o los niveladores se han secado.

Regla en forma de "T"

Navaja

Navaja para cortar tableros de cemento

Palustre con muescas

Herramientas para el diseño

El diseño de la instalación de baldosa requiere de un planeamiento cuidadoso. Debido a que la baldosa es instalada siguiendo un patrón cuadriculado, es esencial marcar las referencias perpendiculares para realizar un trabajo correcto.

Las reglas derechas son adecuadas para marcar puntos de referencia en áreas pequeñas. También se usan para marcar cortes sobre baldosas.

Los niveles se usan para comprobar que las paredes estén a plomo y para revisar las superficies horizontales antes de instalar baldosa. También son útiles para marcar diseños para instalar baldosa sobre las paredes.

La escuadra para carpintero se usa para crear líneas perpendiculares para instalar baldosa sobre los pisos.

La cuerda de tiza se usa para hacer marcas de referencia para los diseños.

La cinta métrica es esencial para medir espacios y para crear diseños. Es usada también para comprobar que las líneas de referencia estén perpendiculares usando el método triangular 3-4-5.

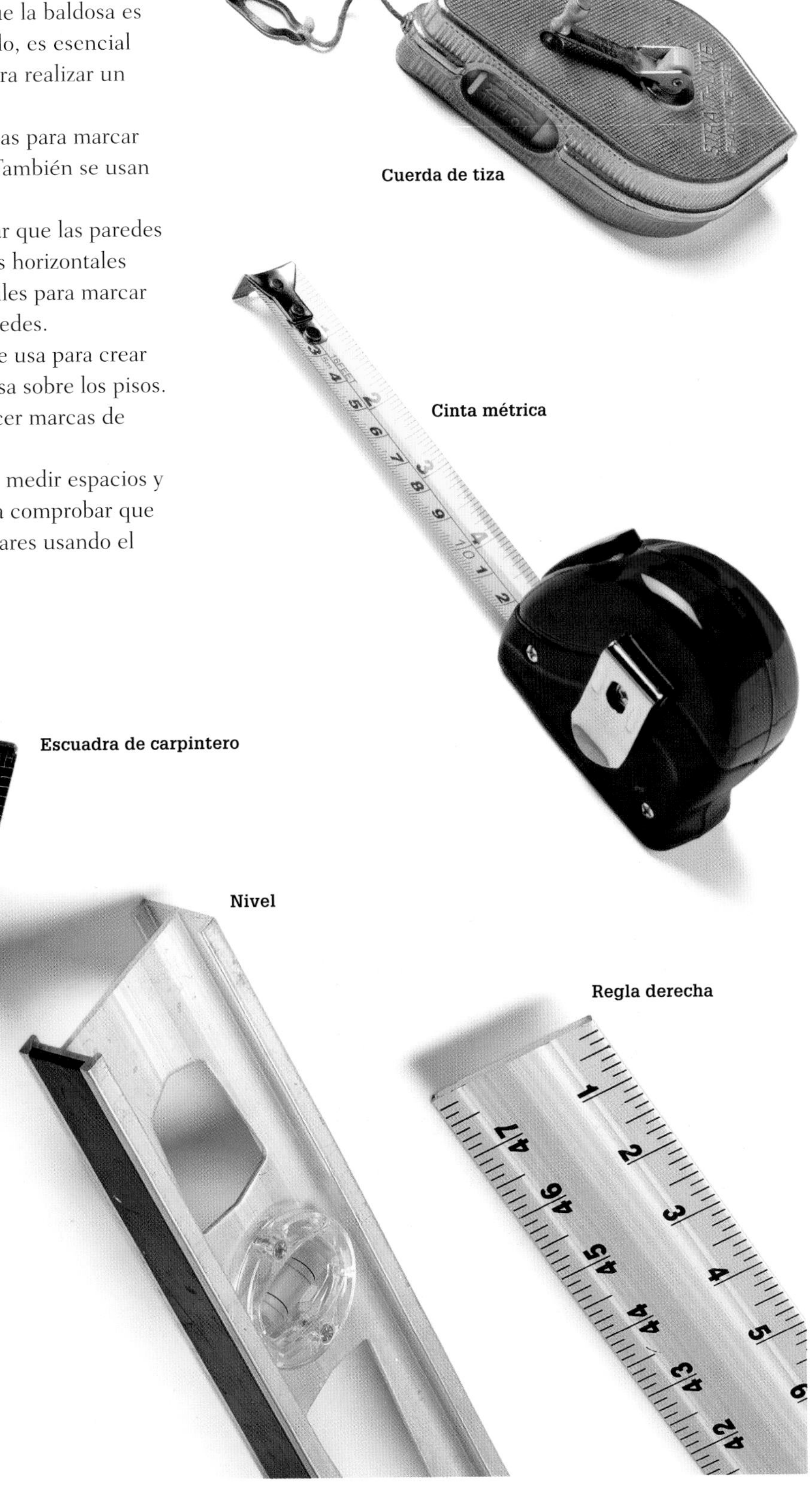

Cuerda de tiza

Cinta métrica

Escuadra de carpintero

Nivel

Regla derecha

Herramientas para cortar baldosa

Aún cuando la baldosa es un material rígido, puede ser cortado para usarse en variedad de aplicaciones. Con las herramientas correctas la baldosa puede ser recortada, cortada en muescas y perforada. Si va a realizar sólo un proyecto, considere la posibilidad de alquilar las mejores herramientas posibles.

Las sierras para calar con cuchillas especiales son adecuadas para cortar baldosas de estructura suave como la utilizada en las paredes.

Las tenazas para cortar baldosa se usan para crear curvas y círculos. Primero se marca la pieza con un cortador de rueda manual o con una sierra para cortar en agua para trazar la guía de corte.

El cortador manual de baldosa con soporte se usa para cortar una baldosa a la vez. A menudo es usado para cortar baldosa en mosaico después que ha sido marcada.

La lija de piedra lima los bordes ásperos de la baldosa dejados por los cortes con tenazas o cortadores manuales. También pueden usarse para limar levemente las baldosas para encajarlas correctamente.

Las sierras para cortar en agua, también llamadas "sierras para baldosa", utilizan agua para enfriar la baldosa y el disco durante el corte. Es usada primordialmente para cortar baldosa para el piso —en especial piedra natural— pero es adecuada para cortes rápidos de grandes cantidades de baldosas o muescas sobre el material más duro.

Las cuchillas de diamante se usan en cortadoras manuales de agua y en esmeriles para cortar el material más duro como ladrillos para pavimento, mármol, granito, laja y otras piedras naturales.

Los cortadores de baldosas son herramientas rápidas y eficientes para marcar y cortar líneas rectas en la mayoría de las baldosas de estructura liviana o mediana.

Los esmeriles son prácticos para cortar granito y mármol cuando vienen equipados con cuchillas de diamante. Los cortes en este caso son menos precisos que los hechos con la sierra de agua y es mejor usarlos en cortes de material que va a quedar cubierto por molduras u otros elementos.

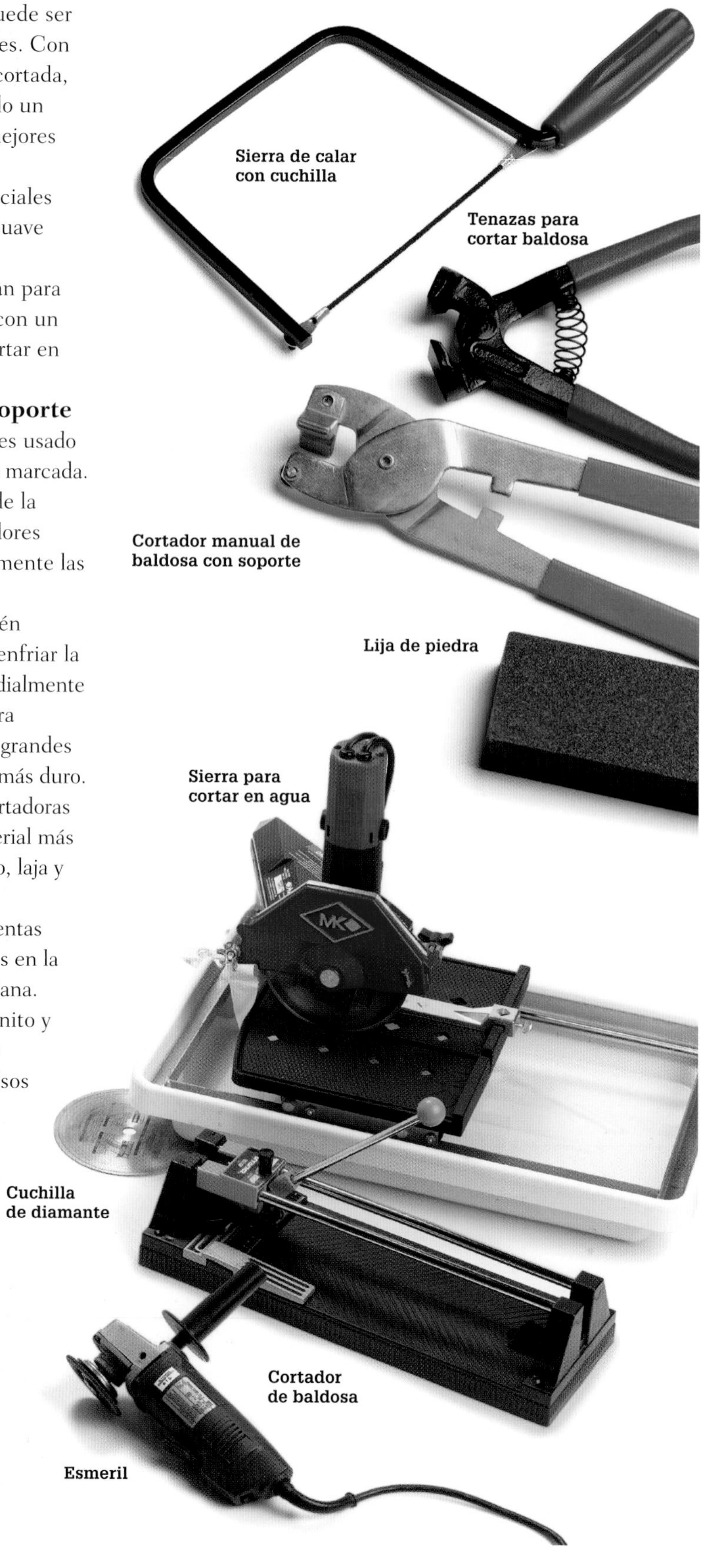

Herramientas para el acabado y lechado

La instalación de la baldosa requiere de un trabajo preciso y rápido, y debe tener a la mano los accesorios necesarios antes de empezar. Con seguridad no querrá ir en busca de una herramienta cuando el cemento mezclado ya está listo para aplicar. La mayoría de estos elementos quizás ya los tiene en su caja de herramientas, así que revise con cuidado antes de ir de compras a un almacén especializado.

Los separadores de baldosas son esenciales para mantener un espacio consistente entre las piezas. Se colocan en las esquinas de las baldosas y luego se quitan para poder aplicar la lechada.

Las esponjas, los paños para pulir, las brochas de espuma y los aplicadores de lechada se utilizan después que la lechada ha sido instalada. Las esponjas se usan para limpiar los residuos de lechada, los paños para quitar la capa opaca, y las brochas de espuma y el aplicador de sellador se usan para aplicar el químico en las uniones.

Los mazos de caucho se usan con cuidado para golpear las piezas para sentarlas en forma nivelada.

Los alicates de punta son adecuados para quitar los separadores colocados entre las baldosas.

Las pistolas para silicona se usan para llenar expansiones en las uniones sobre el piso y la moldura de base, al interior de las esquinas y en la unión de la baldosa con otro material.

Las llanas se usan para aplicar lechada al interior de las uniones. También son usadas para remover excesos de lechada de la superficie. En la baldosa de mosaico las llanas son prácticas para presionar los tableros sobre la base.

Los palustres se usan para aplicar cemento de base, o directamente sobre la cara trasera de las baldosas.

Proyectos de pisos

Esta sección comienza con un trabajo básico de pisos que es quizás uno de los más comunes llevado a cabo por los dueños de casas. El capítulo lo guía paso a paso en el proceso de una instalación básica y luego se extiende para ilustrar cómo instalar baldosa en patrón intercalado, en diagonal al interior del borde, y como instalar baldosas hexagonales.

Con estas técnicas básicas a su disposición estará listo para embaldosar piezas en mosaico o crear un diseño original. Por último presentamos la forma de instalación de una bañera personalmente diseñada; un proyecto avanzado pero no imposible de realizar por los entusiastas de este tipo de labor.

El piso es una de las superficies más grandes en una habitación y juega un papel importante para crear el estilo y decoración. Ya sean de apariencia neutral o dramática, simples o complejos, los siguientes proyectos presentan las técnicas necesarias para casi que cualquier diseño que desee elaborar.

En este capítulo:

Variedad de proyectos con baldosa de pisos

Las incrustaciones pueden ser elaboradas con baldosas que contrasten entre si con las otras piezas instaladas. Puede hacer combinaciones con el patrón repetitivo de la baldosa principal, o puede cortar piezas a su gusto para usarlas como incrustaciones.

Las baldosas pulidas con acabado resplandeciente se limpian con gran facilidad y pueden hacer parecer un cuarto de lavandería tan limpio como una sala de operaciones. Estas baldosas de mármol son instaladas con separaciones bien angostas para la lechada.

Esta perfecta instalación de baldosas en forma cuadriculada da la apariencia de movimiento cuando es interrumpida por el circundante corredor de piedras naturales en un lado de las bases de los gabinetes y con curvas pronunciadas en el otro lado.

La diversidad en la mezcla de las baldosas de piedra crea un interesante efecto visual en el piso que absorbe colores en forma armoniosa del resto de los elementos de esta cocina.

Esta baldosa de porcelana con carácter burdo es la perfecta selección para el piso del pórtico para tres estaciones. Es resistente a los cambios de temperatura si es protegido de la humedad, y es muy fácil de limpiar si es afectado por el barro.

La baldosa de terracota crea un impacto visual dramático sobre el piso empleando colores similares de su contorno.

Un piso de granito instalado en forma profesional refleja la luz de manera extraordinaria. Un piso como éste es un diseño impresionante en cualquier habitación, pero tenga presente que podrá ver cualquier grano de polvo si no limpia el piso constantemente.

Muchas veces un diseño sencillo da mejores resultados en un espacio donde uno más complejo puede fallar. El color sólido de estas baldosas instaladas en patrón regular y unidas con lechada de color neutral, se combina para crear un piso práctico y estable que no compite con los demás colores y elementos de la cocina.

Las baldosas oscuras de poco brillo y con textura en la superficie dan un efecto visual similar al cuero cuando se instalan sobre un área grande. Un salón contemporáneo con pocos muebles es el perfecto escenario para este tipo de presentación.

Los salones informales son ideales para instalar baldosa con diferentes tonos y patrones. La baldosa de cerámica o porcelana es una buena solución para espacios con ambiente casual iluminados y de aspecto acogedor.

Evaluar y preparar los pisos

El paso más importante para tener éxito en el proyecto de instalación de un piso es evaluar y preparar el área. Una baldosa bien instalada puede durar toda la vida, mientras que la preparación mediocre del proyecto puede resultar en los daños constantes de la lechada y rajaduras de las piezas.

Debido al peso de la baldosa de cerámica y de piedra, es importante determinar la condición de las vigas que soportan el piso, el subsuelo y la base. En la mayoría de los casos la baldosa no puede ser instalada sin reforzar la base del piso. Consulte con el distribuidor de la baldosa en cuanto a los requisitos para el material que ha escogido.

Aún cuando en un principio parezca como más trabajo, es importante remover los muebles y elementos del baño, y los muebles centrales en las cocinas que no tienen conexiones de plomería antes de iniciar la instalación. Esto no sólo eliminará en gran parte la necesidad de hacer muchos cortes y le dará mayor flexibilidad en proyectos futuros de remodelación.

Comience quitando los muebles y electrodomésticos del área de instalación, las molduras de los pisos, y después el piso viejo. Saque el desperdicio de material por la ventana (si es conveniente), y acarréela con carretillas para aligerar el proceso de limpieza. Cubra las entradas de las puertas con tiras de plástico para contener el polvo y el mugre al interior del área de trabajo. Evite que el polvo se introduzca al interior de los conductos de ventilación cubriéndolos con plástico y cinta para enmascarar.

Anatomía de los pisos ▸

La estructura de la base de un piso consiste de varias capas que trabajan en conjunto para proveer el adecuado soporte y apariencia deseada. En la parte inferior del piso se encuentran las vigas, maderos de 2 × 10, o vigas más grandes que soportan el peso del piso. Las vigas están normalmente separadas 16" a partir del centro. El subsuelo es clavado a las vigas por medio de puntillas. La mayoría de los subsuelos instalados a partir de los años 70s están hechos con láminas de contrachapado machihembrado de ¾", pero en las casas antiguas la base a menudo consiste de láminas de madera gruesa de 1" clavadas diagonalmente a lo largo de las vigas del piso. La mayoría de los constructores colocan una capa de contrachapado de ½" por encima del subsuelo. En la mayoría de cubiertas para pisos se aplica una capa de cemento o adhesivo que sirve como base antes de instalar la cubierta final.

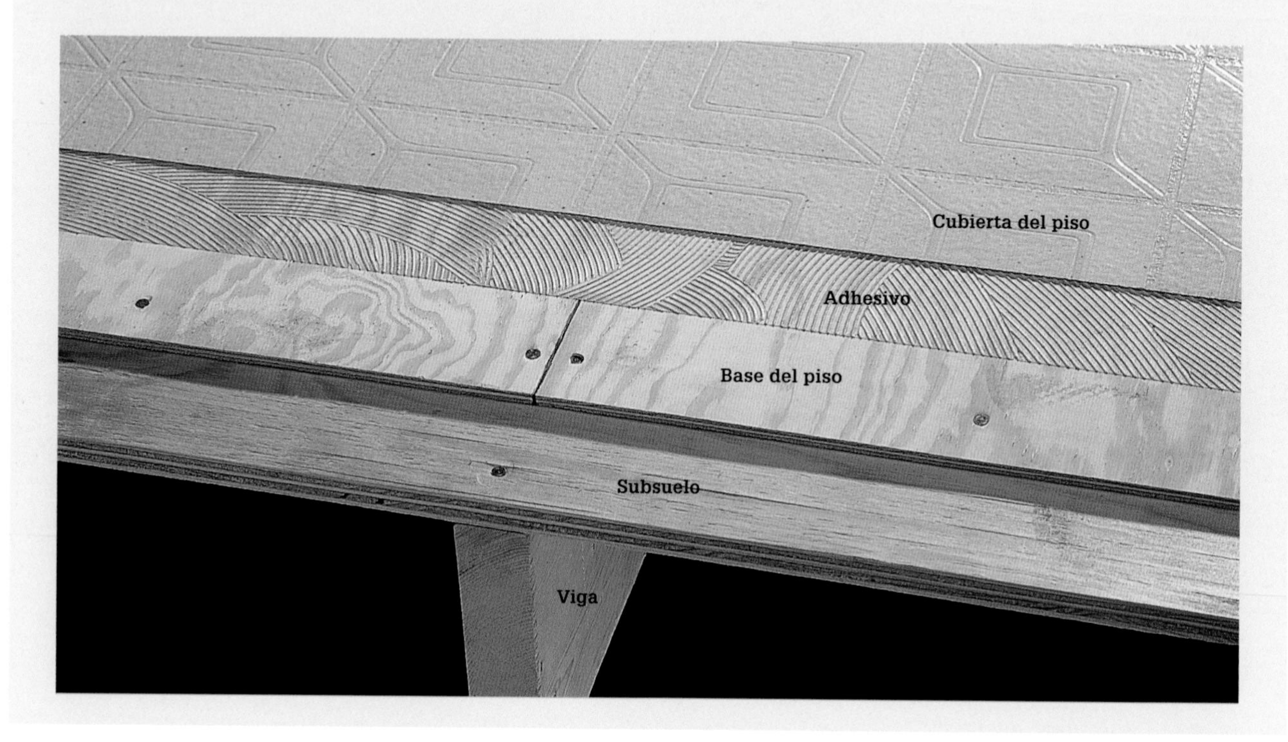

Cómo evaluar y preparar los pisos

Un primer paso importante para evaluar la condición del piso es determinar la calidad y las características de las capas que cubren la superficie. Los pisos de cerámica y piedra tienen requerimientos específicos que se deben cumplir para evitar la rajadura de las piezas.

Mida los espacios verticales en las cocinas y baños para asegurar la apropiada instalación de electrodomésticos y otros muebles después que la baldosa ha sido colocada. Utilice una pieza como ejemplo y cualquier capa adicional de base al tomar las medidas.

Para quitar las molduras de la base, coloque un retazo de madera sobre la pared para evitar dañar los paneles. Quite la moldura con una barra plana de palanca colocada sobre el trozo de madera. Quite la base en el lugar de las puntillas y numérelos a medida que los va quitando.

Para preparar los marcos verticales de soporte de las puertas**,** mida la altura de la pieza de base y la baldosa y marque esa distancia sobre el marco de la puerta. Utilice una sierra para marcos y haga el corte.

Para probar la altura del marco de la puerta, deslice una pieza de baldosa por debajo del marco y compruebe que encaja con facilidad.

Cómo remover una taza de sanitario

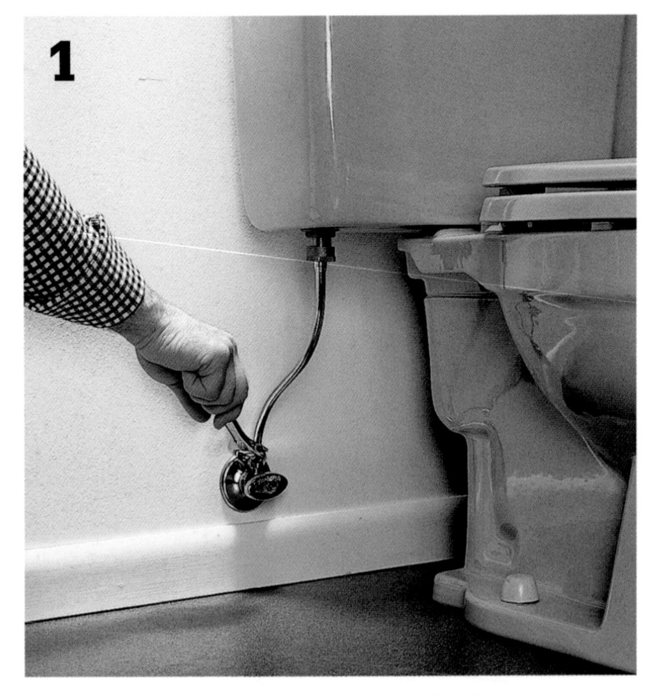

Desocupe el tanque de agua y desconéctelo. Cierre la válvula de entrada de agua y descargue el tanque para desocuparlo. Use una esponja para absorber el resto del agua del tanque y al interior de la taza. Use una llave inglesa para desconectar el tubo de suministro de agua.

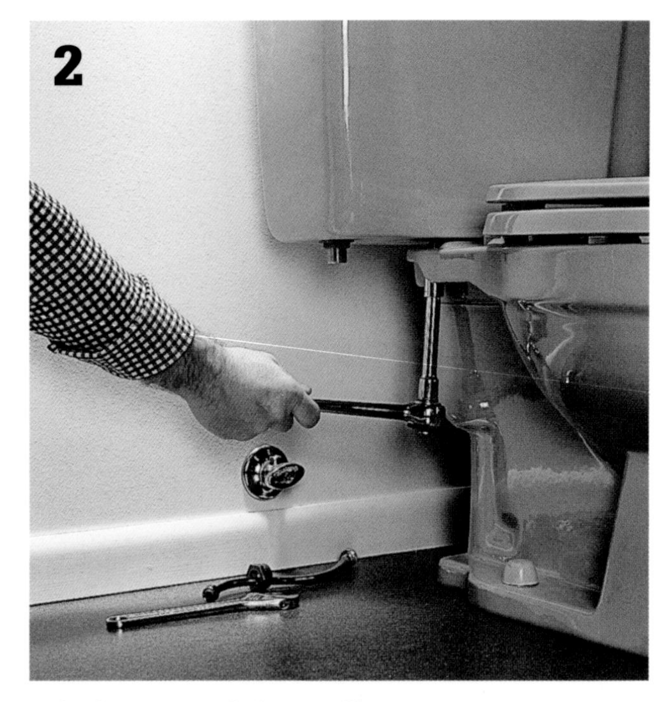

Quite las tuercas de los tornillos del tanque con una llave de trinquete. Quite el tanque con cuidado y colóquelo en un lugar seguro.

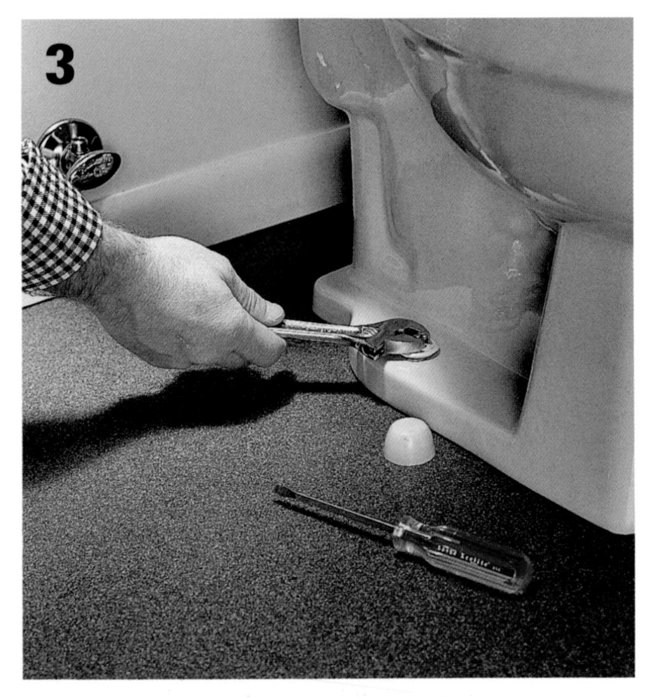

Quite las cubiertas de los tornillos que sujetan la taza al suelo, luego saque las tuercas de los tornillos. Mueva la taza de un lado a otro para romper el pegamento, luego levántela y sáquela de los tornillos y póngala a un lado. Use guantes de caucho mientras limpia el agua que salpica del interior de la taza.

Raspe la cera vieja del empaque de la taza, y tape el tubo de desagüe con un trapo mojado para que los gases de la alcantarilla no penetren al interior de la casa. Si va a reinstalar la taza vieja, limpie la cera vieja y la masilla alrededor de toda la base de la taza.

Cómo remover los lavamanos

Lavamanos con anillo: Desconecte los tubos de plomería. Utilice una navaja para cortar la silicona o adhesivo por debajo del anillo del lavamanos y sobre la encimera. Saque el lavamanos del mueble de soporte.

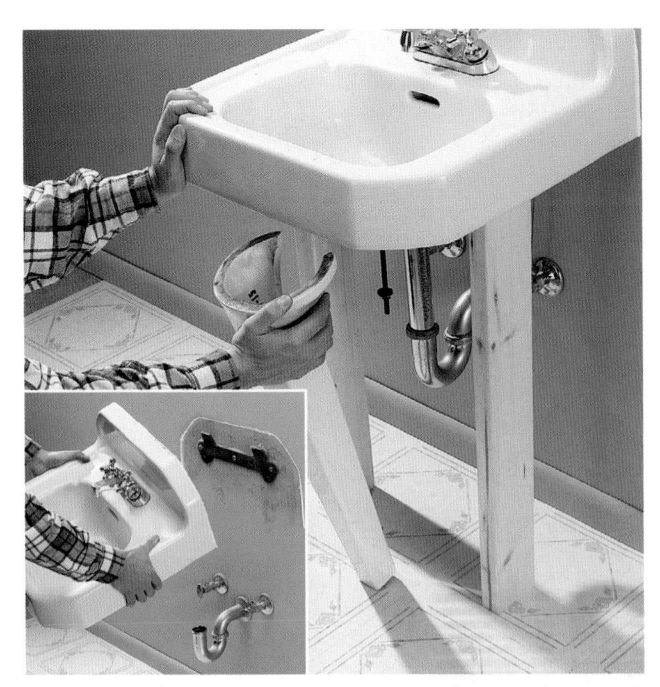

Lavamanos de pedestal: Desconecte los tubos de plomería. Si el lavamanos y el pedestal están unidos con tornillos, desconéctelos. Quite primero el pedestal sosteniendo el lavamanos por debajo con maderos de 2 × 4. Corte la capa de silicona o adhesivo. Saque el lavamanos de los soportes de la pared (foto anexa).

Cómo remover los muebles de soporte

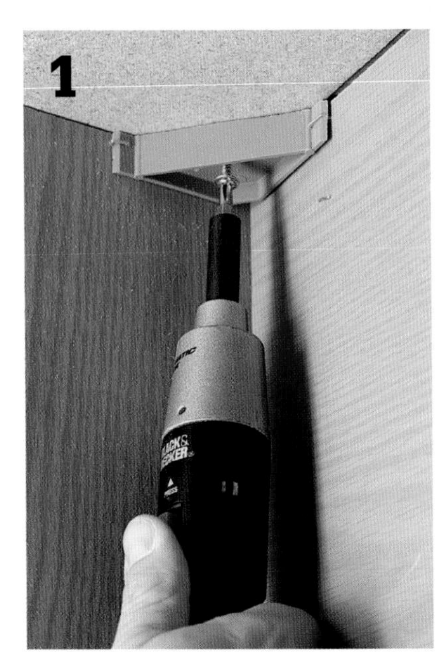

Quite todos los tornillos ubicados por debajo de la encimera al interior del mueble.

Corte cualquier tipo de silicona o adhesivo entre la pared y la encimera. Quite la encimera del resto del mueble usando una barra de palanca si es necesario.

Quite los tornillos o puntillas (por lo general clavados sobre el madero trasero del gabinete) que clavan el mueble contra la pared y luego remuévalo.

Remover la cubierta de los pisos

La removida completa y cuidadosa del viejo material es un trabajo esencial para hacer una instalación de baldosa o piedra de excelente calidad. La dificultad de esta acción depende del tipo de cubierta existente y del método que fue utilizado en el momento de la instalación. La alfombra y el vinilo son por lo general fáciles de quitar, al igual que las baldosas de vinilo. Sin embargo, las tiras completas de vinilo pueden ser más difíciles de quitar. Remover baldosa de cerámica es un trabajo muy arduo.

En cada proyecto similar, tenga todas las herramientas bien afiladas y evite averiar la capa de base si va a usarla de nuevo. Si va a reemplazar la base, es mejor remover todo el piso junto con la base (ver las páginas 68 y 69).

Los pisos elásticos instalados antes de 1986 pueden contener asbestos y deberá consultar un experto, o examinar una pieza del material antes de iniciar la removida. Aún cuando si no encuentra asbestos presentes, siempre debe usar una buena máscara para protegerse contra el polvo.

Herramientas y materiales ▸

Guantes / Navaja
Raspador de pisos
Navaja para paredes
Atomizador
Aspiradora en seco y agua
Pistola de calor
Barra de palanca
Máscara contra polvo
Mazo manual
Cincel para concreto
Escoba / Cinta métrica
Tenazas para cortar puntas
Detergente líquido para platos
Lijadora de banda con lija áspera
Protección para ojos y oídos

Utilice un raspador para pisos para quitar los pisos elásticos y para remover los sobrantes de adhesivos o pegamentos. Un raspador con un mango largo ofrece más soporte y le permite trabajar en una posición más cómoda. El raspador quitará la mayoría del piso pero es posible que necesite otras herramientas para terminar el trabajo por completo.

Cómo remover tiras de vinilo

Corte el vinilo en tiras. Quite las molduras de la base, si es necesario. Use una navaja para cortar piezas de 1 pie de ancho.

Quite con la mano lo más que pueda. Sostenga las tiras cerca del piso para minimizar el rasgado.

Corte las partes más difíciles de despegar en tiras de unas 5" de ancho. Quite lo más posible a partir de la pared. Si el material de la base queda pegado, rocíe con un atomizador un poco de agua con detergente debajo de la superficie para ayudar a separar la capa. Use una navaja para cortar paredes para raspar los pedazos más difíciles de quitar.

Quite los restantes del vinilo y base con una espátula para el piso. Si es necesario rocíe la base con agua y detergente para suavizar el material. Barra y retire los escombros y finalice la limpieza con una aspiradora para usar en seco y mojado. *Consejo: Agregue como una pulgada de agua al recipiente de la aspiradora para controlar el polvo.*

Cómo remover la baldosa de vinilo

Quite con cuidado las piezas sueltas con una barra. Quite las molduras si es necesario. Comenzando con la unión suelta, use una espátula de mango largo para remover las piezas. Para quitar las más pegadas use una pistola de calor para ablandar el pegamento, luego una navaja para paredes para levantar las piezas y quitar el resto del adhesivo.

Quite el adhesivo o base más fuerte mojando el piso con una mezcla de agua y detergente para platos, luego raspe el piso con una espátula o raspador.

Cómo quitar la baldosa de cerámica

Quite las baldosas sueltas. Quite las molduras si es necesario. Quite la baldosa con un mazo y un cincel para concreto. Si es posible comience en el espacio entre baldosas donde la masilla se haya soltado. Tenga cuidado al trabajar alrededor de elementos frágiles y delicados (como sitios de desagüe) para evitar dañarlos.

Si planea utilizar de nuevo la base, utilice un raspador para pisos de mango largo para quitar el adhesivo restante. Quizás tenga que lijar la superficie con una lija fuerte para quitar el pegamento que está más adherido.

Cómo quitar la alfombra

Utilice una navaja para cortar las tiras de metal alrededor de los umbrales y de esa forma soltar la alfombra. Luego remueva las tiras con una barra plana.

Corte la alfombra en piezas pequeñas para que pueda maniobrarlas mejor. Enrolle la alfombra y sáquela de la habitación. Luego quite la espuma de base. *Nota: El material de espuma de la base por lo general está clavado al piso con grapas y puede sacarse en rollos.*

Utilice tenazas o pinzas para quitar todos los ganchos de la grapadora clavados al piso. Suelte las tiras de clavado con una barra y luego sáquelos por completo.

Variación: Para remover el pegamento debajo de la alfombra, córtelo en tiras con una navaja y luego hale el material lo más que pueda. Raspe y quite el resto del adhesivo y espuma de base con un raspador para pisos.

Remover la base del piso

Los instaladores profesionales de pisos por lo general remueven la base junto con el piso antes de instalar el nuevo material. Esta acción les ahorra tiempo y les permite instalar una nueva base apropiada para el nuevo piso. Si va a aplicar esta técnica, asegúrese de cortar el piso en piezas pequeñas que sean fáciles de maniobrar.

Herramientas y materiales ▸

- Protección para ojos y oídos
- Guantes
- Sierra circular con disco tipo carburo
- Barra plana de palanca
- Sierra recíproca
- Cincel para madera
- Destornillador
- Martillo
- Mazo manual
- Cincel para concreto

Advertencia ▸

Este método para remover el piso suelta partículas del piso en el aire. Compruebe que el piso que está quitando no contenga asbestos.

Consejo para el removido ▸

Revise los conectores para determinar cómo fue instalada la base. Utilice un destornillador para sacar a la vista la cabeza de los conectores. Si la base ha sido atornillada, debe quitar la superficie del piso y luego desatornillar la base.

Remueva la base del piso y la cubierta del mismo como si fueran una sola pieza. Este es un método eficiente cuando vaya a remover un piso que esté pegado a la base.

Cómo remover bases

Corte el piso y la base. Quite la moldura de los pisos si es necesario. Ajuste el corte del disco de la sierra circular a la misma profundidad del espesor del piso y la base. Use un disco de tipo carburo para cortar el piso y la base en piezas cuadradas de unos 3 pies de tamaño. Siempre use gafas y guantes protectores.

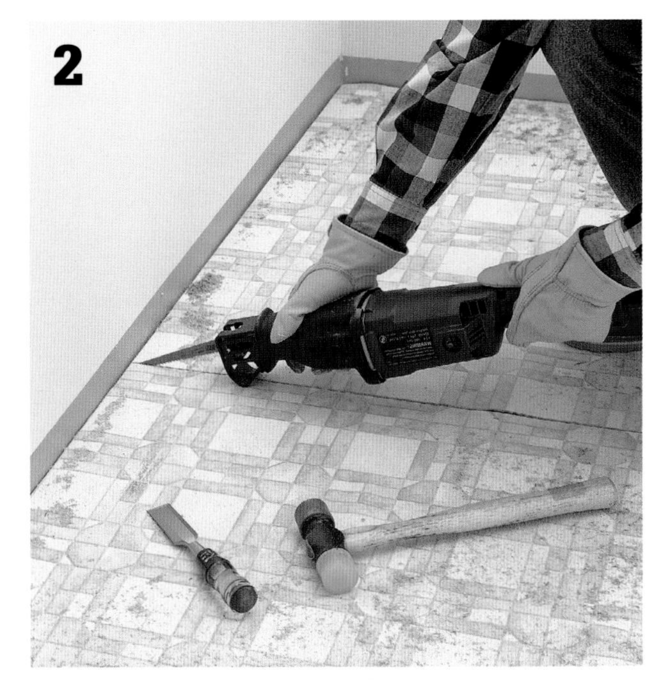

Utilice una sierra recíproca para extender los cortes hasta los bordes de las paredes. Sostenga la cuchilla contra el piso en forma de ángulo y evite averiar las paredes o gabinetes. No corte la base más allá del espesor. Use un cincel para terminar los cortes cerca de los gabinetes.

Separe la base del subsuelo con una barra plana y un martillo. Quite y descarte las piezas de inmediato. Tenga cuidado con las puntillas expuestas.

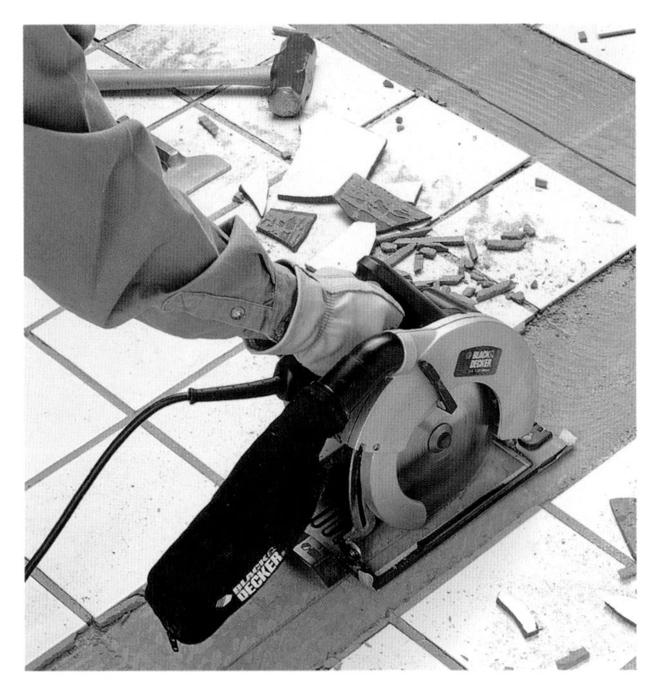

Variación: Si el piso existente es de cerámica instalado sobre una base de contrachapado, utilice un mazo manual y un cincel para concreto para cortar las líneas de unión antes de cortar las piezas.

Bases de pisos

Antes de iniciar la instalación de los tableros de cemento sobre una superficie horizontal, deberá examinar la estructura del piso para estar seguro que cumple con los requerimientos para este tipo de instalación. Los subsuelos de madera instalados sobre vigas separadas 16 pulgadas a partir del centro deben estar fabricados con láminas de madera de al menos ⅝ de espesor clasificadas para el uso sobre la base de pisos. El material aceptado incluye láminas para uso exterior, machihembrado, tipo C-C o contrachapado de mejor calidad, o tableros con fragmentos orientados en una dirección (OSB) hechos con adhesivos para exteriores. Los pisos que tienen protuberancias o depresiones pronunciadas, o cualquier área con problemas de desviación, requerirán de reparaciones estructurales o algún tipo de refuerzo. Siempre se recomienda consultar un ingeniero de estructuras si no está seguro sobre la condición del piso y la estructura en general.

Los gabinetes de encimeras requieren de un mínimo de base de ¾ de pulgada de espesor. La instalación de un tablero de cemento de ¼ de pulgada de espesor es opcional tanto para la instalación sobre encimeras como para vigas de base para pisos separadas 16 pulgadas desde el centro, (si el subsuelo está cubierto con una lámina de ¾ de pulgada). Al menos que el fabricante indique lo contrario, utilice tableros de cemento de ½ pulgada de espesor para las demás aplicaciones.

Herramientas y materiales ▸

Navaja para uniones de 6"
Protección para ojos y oídos
Cinta de fibra de vidrio de 2"
Tornillos para tableros de cemento de 1¼"
Palustre de muescas cuadradas de ¼"
Compuesto para reparar pisos
Aditivo de látex o acrílico
Rodillo pesado para pisos
Guantes de trabajo
Taladro / Navaja
Regla derecha
Cinta métrica
Cemento delgado
Tablero de cemento
Tornillos de 1"
Sierra circular
Lijadora eléctrica
Máscara contra polvo

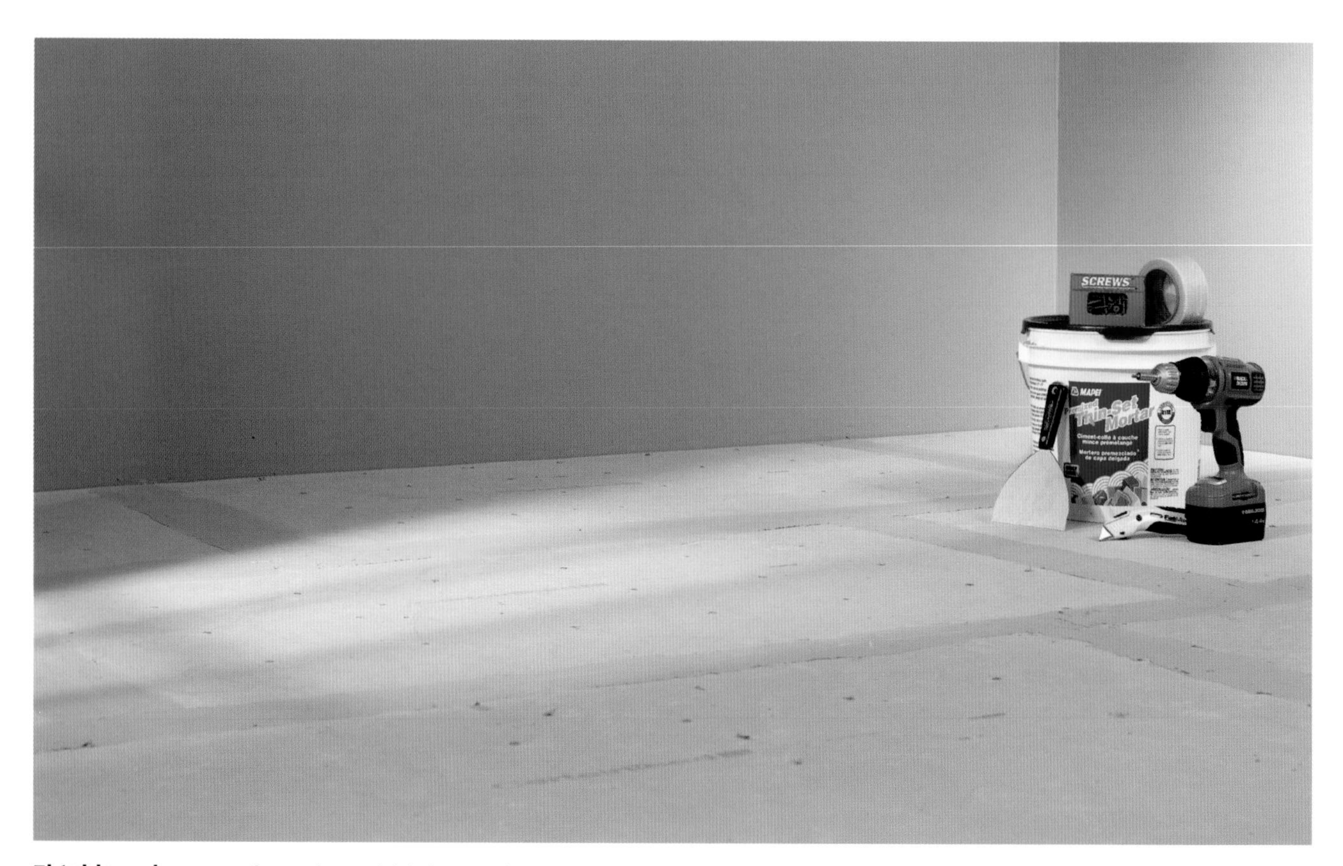

El tablero de cemento es el material de base preferido para la instalación de baldosa de cerámica para el piso. Cuando se instala correctamente forma un subsuelo firme y resistente contra la rajadura de la baldosa y las uniones de lechada.

Cómo instalar un tablero de cemento sobre la base

En la mayoría de los casos, los tableros de cemento deben ser instalados sobre una capa de cemento delgado. Utilice un palustre de muescas cuadradas de ¼" para esparcir el cemento seco o modificado. Aplique apenas lo suficiente para cada tablero y colóquelo en su posición siguiendo las indicaciones del diseño. La parte burda del tablero debe quedar mirando hacia arriba.

Clave los paneles al subsuelo con tornillos para tableros de 1¼". Clávelos cada 6 a 8" de distancia al interior del panel manteniéndolos a 2" de distancia de cada esquina pero no menos de ⅜" de los bordes del panel. La cabeza de los tornillos debe quedar a ras o apenas un poco incrustada al interior de la superficie del panel.

Adicione nuevos paneles intercalando las uniones para evitar que cuatro esquinas se junten en algún momento. Instale los tableros en forma perpendicular a las vigas de soporte del piso y evite alinearlas con las uniones de contrachapado en el subsuelo.

Mantenga ⅛" de distancia entre los paneles. Llene las uniones con cemento delgado fortificado traslapándolas por lo menos de 2 a 3" en cada lado de la unión. Centre e instale la cinta resistente a alcalinos de 2" de ancho sobre las uniones y aplique una capa ajustada de cemento sobre la misma usando una navaja para uniones. Quite el exceso de cemento para crear una transición suave entre los bordes.

Cómo instalar paneles de contrachapado

Comience instalando un tablero completo de contrachapado a lo largo de la pared más larga sin dejar las uniones de las placas alineadas con las del subsuelo. Clave las placas al subsuelo con tornillos para terraza de 1" cada 6" a lo largo de los bordes, y a 8" de intervalo al interior de cada placa.

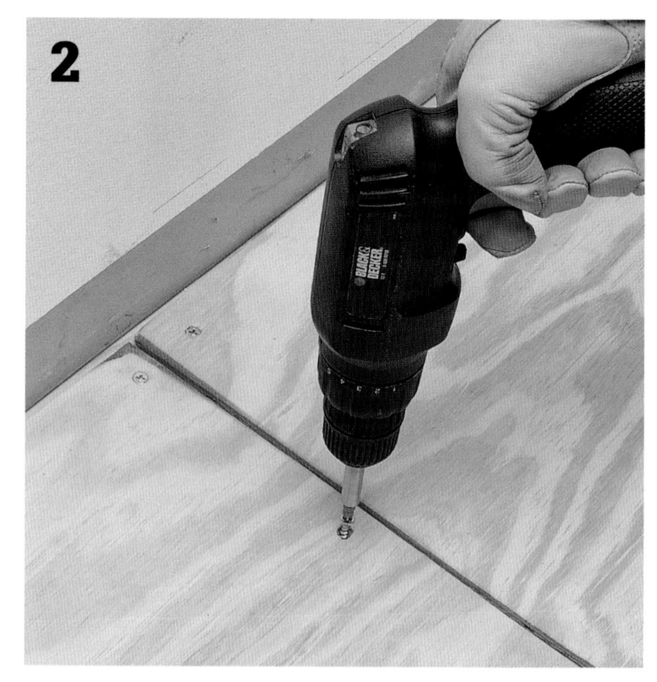

Siga instalando el contrachapado al subsuelo introduciendo los tornillos un poco al interior de la superficie. Deje ¼" de distancia para la expansión en las paredes y entre las placas de contrachapado. Intercale las uniones en cada fila.

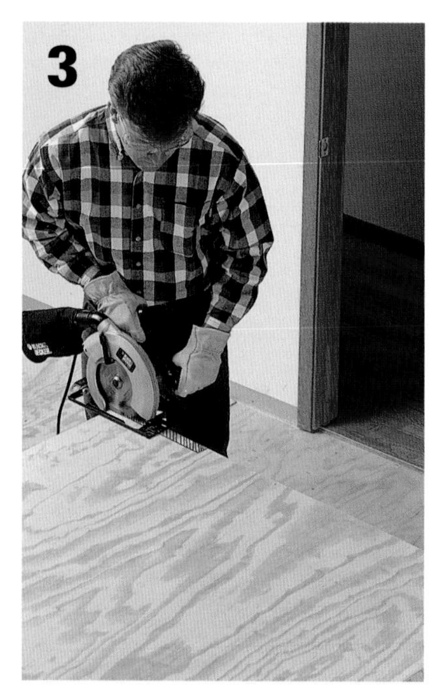

Utilice una sierra circular o una de vaivén para crear las muescas necesarias para empatar el contrachapado contra las puertas y piso existente. Clave las muescas contra el subsuelo.

Mezcle el componente para remendar el piso con el látex o acrílico aditivo siguiendo las direcciones del fabricante. Espárzalo sobre las uniones y cabezas de los tornillos usando una espátula para pared.

Deje secar el componente, luego lije las áreas remendadas con una lijadora eléctrica.

Cómo instalar membrana aislante

Limpie el subsuelo por completo, luego aplique una capa de cemento delgado con un palustre con muescas. Comience al lado de la pared en secciones iguales al ancho de la membrana y de 8 a 10 pies de largo. *Nota: En ciertas clases de membrana puede usar adhesivos en lugar de cemento. Siga las instrucciones del fabricante.*

Desenrolle la membrana sobre el cemento. Corte el material dejándolo ajustado contra la pared usando una regla como guía y una navaja.

Comenzando en el centro de la membrana, utilice un rodillo pesado (puede alquilarlo en los centros de distribución de materiales) para aplanar la superficie hacia los bordes. Esto evita que quede aire atrapado por debajo y también saca el exceso de material adhesivo instalado.

Repita los pasos 1 a 3. Corte la membrana lo necesario al borde de los obstáculos y paredes hasta cubrir todo el piso por completo. No traslape las uniones pero déjelas bien ajustadas. Deje curar el cemento dos días antes de instalar la baldosa.

Pisos con calefacción

Los sistemas de calefacción de los pisos requieren muy poca energía y están diseñados para calentar sólo los pisos de cerámica, y por lo general no son usados como la única fuente de calefacción de los cuartos.

Estos sistemas consisten en uno o más tapetes (capas) delgados compuestos de alambres eléctricos que se calientan cuando se conectan a una fuente de energía (igual que una manta eléctrica). Los tapetes son instalados debajo del piso de cerámica y están conectados a un circuito GFCI de 120 voltios. Un termostato controla la temperatura y un temporizador controla el tiempo de duración del encendido de forma automática.

El sistema mostrado en este proyecto incluye dos tapetes de malla de plástico, cada uno con su cable caliente conectado directamente al termostato. Los tapetes de calefacción radiante pueden ser instalados sobre el piso contrachapado, pero si piensa instalar piso de baldosa, debe colocar primero una base de placa de cemento, y luego instalar los tapetes sobre esa superficie.

Un paso crucial al instalar este sistema es usar el multi-medidor para hacer varias pruebas de resistencia para asegurarse que los cables de calentamiento no han sido averiados durante el transporte o instalación.

El servicio eléctrico requerido para este sistema es determinado según su tamaño. Un sistema pequeño puede conectarse a un circuito GFCI existente, pero uno grande necesitará un circuito dedicado. Siga las instrucciones del fabricante.

Para ordenar sistemas de calefacción de pisos, contacte al fabricante o al distribuidor (ver Recursos, en la página 249). En la mayoría de los casos, puede enviarles los planos y ellos diseñarán el sistema que se ajuste al proyecto.

Herramientas y materiales ▸

Aspiradora / Taladro
Multi-medidor
Cinta métrica
Tijeras / Marcador
Rutiladora
Cable indicador de falla eléctrica (opcional)
Pistola de pegamento caliente
Cerámica o piedra
Malla de plástico radiante
Cable 12/2 NM
Palustre o llana de plástico
Conductor
Cemento delgado
Termostato con sensor
Caja(s) de unión
Cinta para alfombra de doble pegamento
Conectores para cables

Un sistema de calefacción para los pisos utiliza mallas eléctricas cubiertas con piso de cerámica o baldosa para generar un agradable calor bajo sus pies.

Consejos para la instalación ▸

Un sistema de calefacción de los pisos requiere de un circuito dedicado para activar y controlar la malla de plástico radiante, el termostato y el temporizador.

- Cada malla radiante debe estar conectada directamente a la fuente de corriente desde el termostato, con la conexión hecha en la caja de unión en la cavidad de la pared. No instale mallas radiantes en serie.
- No instale mallas radiantes debajo de las duchas.
- No traslape una malla sobre la otra o deje que se toquen.
- No corte o dañe el aislante del cable de calefacción.
- La distancia de los cables en las mallas adyacentes debe ser igual a la distancia entre la curva de los cables medida de centro a centro.

Instalar un sistema de calefacción para el piso

Los sistemas de calefacción de pisos deben ser instalados con un circuito de amperaje adecuado y un cortacircuito GFCI. Sistemas pequeños pueden acoplarse a circuitos ya existentes, pero los grandes necesitan un circuito dedicado. Siga los códigos locales eléctricos para la construcción que se relacione con su proyecto.

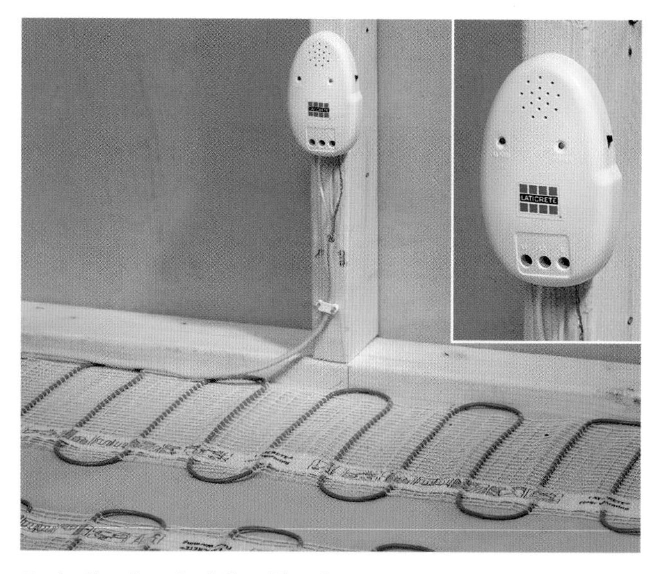

Un indicador de falla eléctrica monitoriza la continuidad de cada malla radiante durante la instalación. Si hay una interrupción en el flujo de corriente (si se corta el cable), sonará una alarma. Si no usa esta herramienta durante la instalación, haga pruebas de continuidad frecuentes con un multi-medidor.

Cómo instalar un sistema de calefacción en los pisos

Instale las cajas eléctricas para montar el termostato y el temporizador. En la mayoría de los casos la caja debe estar ubicada a 60" de altura del piso. Use una caja de unión doble de 4" de profundidad × 4" de ancha para el termostato y el temporizador si el juego tiene un modelo integral. Si el termostato y el temporizador están separados, instale una caja para el temporizador.

Perfore agujeros de acceso en la base para pasar los cables calientes unidos a la malla de calefacción (deben tener más de 10 pies de largo). Los cables deben conectarse a un cable alimentador desde el termostato en la caja de unión, ubicada en la pared cerca del piso y debajo de la caja del termostato. El agujero de acceso para cada malla debe estar debajo del orificio prefabricado para ese cable en la caja del termostato. Perfore la base vertical y horizontalmente hasta que los huecos se unan en forma de "L".

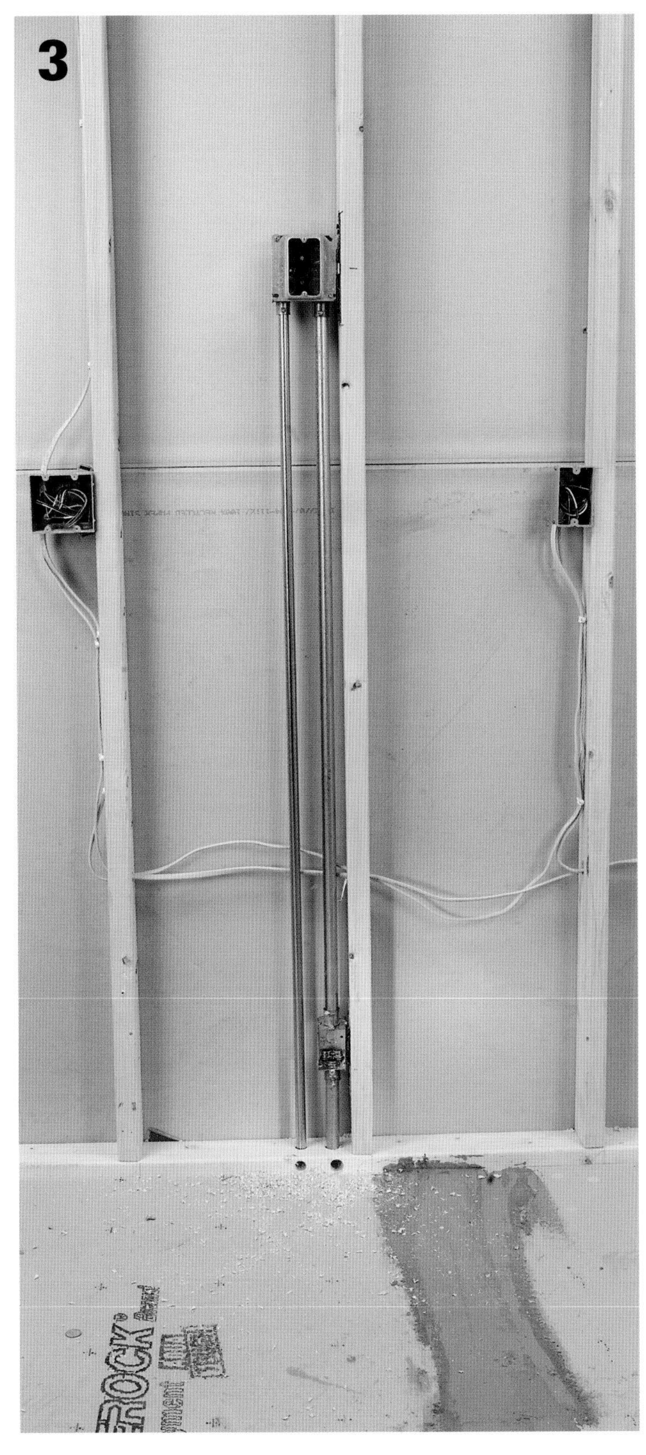

Instale un conducto desde las cajas eléctricas hasta la base. El conducto debe ser de ¾". Si está instalando múltiples mallas, el conducto debe caber en la caja de unión a unas 6" de la base, y luego continuar hasta el agujero perforado de ¾" para los cables alimentadores. Los cables sensores necesitan un solo conductor de ½" que viene directamente de la caja del termostato a través del mismo. Las mallas deben ser activadas por un circuito dedicado GFCI de 20 amperios, con cable 12/2 NM traído desde el panel principal de servicio hasta la caja eléctrica (para mallas de 120 voltios. Vea el manual de instrucciones para más especificaciones).

Limpie el piso por completo para quitar los desechos que podrían dañar las mallas. Usar una aspiradora es más efectivo que una escoba.

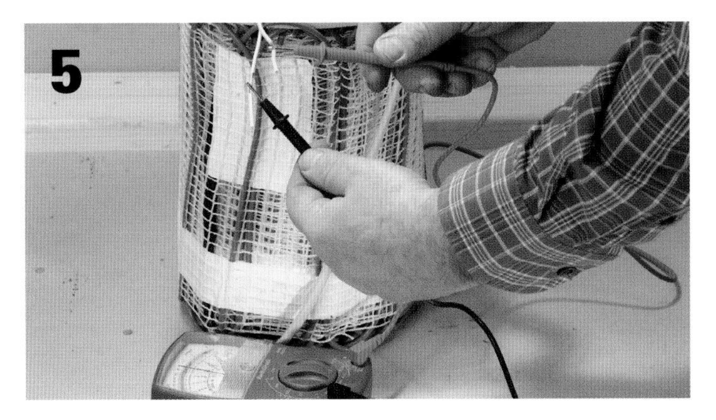

Haga la prueba de resistencia con un multi-medidor programado para medir ohmios. Debe hacer esta prueba varias veces durante la instalación, así como la de continuidad. Si la resistencia está fuera de rango de más del 10% de lo establecido (ver la tabla del fabricante en las instrucciones de instalación), contacte el servicio técnico al cliente del fabricante. Por ejemplo, teóricamente la resistencia para la malla de 1 × 50 pies de este ejemplo es 19, entonces la lectura de los ohmios debe ser entre 17 y 21.

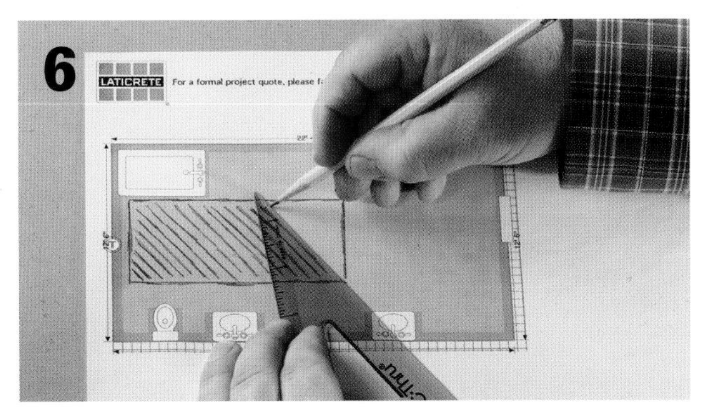

Finalice el plano de instalación de la malla. La mayoría de los fabricantes de mallas de calefacción radiante le ofrecerán un plano de instalación al momento de la compra, o le darán acceso a un diseño en la Internet donde puede crear su propio plan. Este es un paso importante para tener éxito en su instalación, y el servicio es gratis.

(continúa)

Desenrolle la malla(s) y déjela que se aplane. Arréglela según lo creado en el plano. Puede cortar el plástico de la malla para que pueda hacer curvas o zigzags, pero de ninguna manera corte el cable de calefacción, ni siquiera para acortarlo.

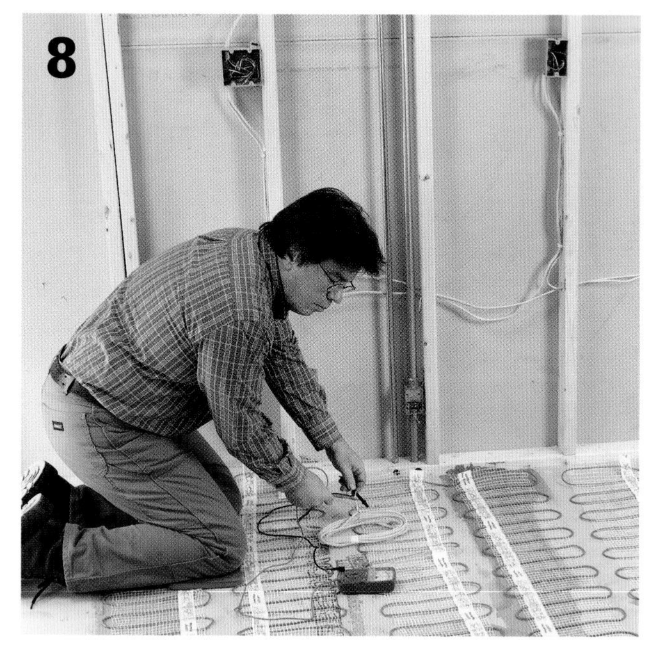

Termine la distribución de la malla y pruebe la resistencia una vez más con el multi-medidor. También pruebe la continuidad en varios lugares. Si tiene problemas con cualquier malla, identifíquelo y corríjalo antes de continuar con la instalación de la argamasa o cemento.

Pase el cable sensor del termostato desde la caja eléctrica por el conducto de ½" y sáquelo por el agujero en la base. Escoja el mejor sitio para instalar el termostato sensor y márquelo en el piso. También marque las localizaciones de los cables que se conectan hacia y desde el sensor.

Variación: Enrolle las mallas y abra un canal en el piso para el sensor y los cables del mismo. Una broca de corte en espiral es por lo general suficiente para cortar cualquier material del piso. Esa herramienta hace un buen y rápido trabajo. Limpie todos los desechos.

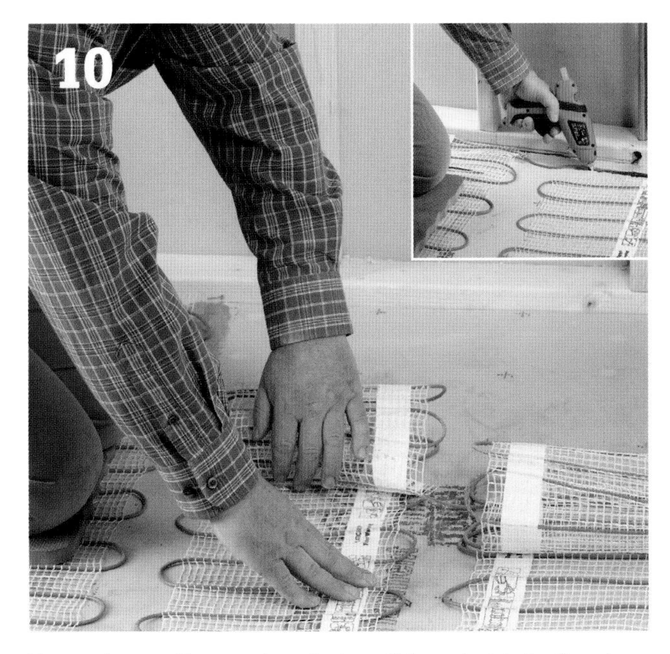

Pegue las mallas contra el piso. Si tienen instaladas tiras de pegamento, despegue el protector a medida que desenrolla la malla en la posición correcta y presiónela contra el piso para pegarlas. Si las mallas no vienen con pegamento, use cinta con pegante en ambas caras como la usada para instalar alfombras. El sensor del termostato y los cables de la fuente de corriente deben ser adheridos con pegante caliente (ver foto adjunta) y llevados a los huecos respectivos en la base, si todavía no lo ha hecho. Haga las pruebas de resistencia y continuidad en las mallas.

Cubra las áreas de instalación con una mezcla de argamasa lo suficientemente espesa para cubrir las mallas y cables (por lo general ¼" de espesor). Haga las pruebas de resistencia y continuidad una vez más y pare el trabajo de inmediato si hay una baja en la resistencia o una falla en la continuidad. Deje secar el cemento o argamasa toda la noche.

Conecte los cables de la malla(s) al cable NM que viene del termostato al interior de la caja de unión cerca de los montantes en la pared. La corriente debe estar apagada. Los cables calientes deben ser cortados dejando unas 8" al interior de la caja. Use abrazaderas de cables para protegerlos.

Conecte el cable del sensor y el cable de la fuente de corriente (desde la caja de unión) al termostato/temporizador según las instrucciones del fabricante. Monte el dispositivo en la caja eléctrica, conecte la electricidad, y luego pruebe el sistema para asegurarse que funciona. Una vez comprobado, instale el piso de cerámica y arregle la pared.

Pisos de baldosa de cerámica

Para iniciar la instalación de un piso de cerámica marque líneas perpendiculares de referencia y haga un diseño inicial con las baldosas para una mejor instalación.

Comience trabajando en pequeñas secciones para que el cemento no se seque demasiado antes de colocar las baldosas.

Utilice separadores entre las piezas para mantener una distancia igual entre cada una. Haga la instalación en secuencia para evitar tener que arrodillarse sobre las baldosas ya instaladas. No se arrodille o camine sobre las piezas hasta que el periodo de secado se haya cumplido.

Herramientas y materiales ▸

Palustre con muescas cuadradas de ¼"
Mazo de caucho
Cortador de baldosa
Pinzas para cortar baldosas
Cortador manual
Pinzas de punta
Llana para la masilla
Esponja / Separadores
Paño / Umbrales
Cemento delgado
Baldosa / Masilla
Aditivo de látex para la masilla
Adhesivo para pared
Maderos de 2 × 4
Sellador de masilla
Silicona de baldosa
Brocha de esponja
Placa de cemento
Cuerda de tiza
Cinta métrica
Taladro / Pistola para silicona
Tornillos para placa de cemento de 1¼"
Cinta para malla de fibra para pared
Navaja o cuchilla para la masilla
Sierra circular o de vaivén con cuchilla de carbono
Baldosa para los bordes
Protección para los ojos / Guantes

Los pisos de baldosas pueden ser instalados en muchos diseños decorativos, pero si es su primera experiencia con estos trabajos, es mejor mantener un diseño básico. En muchos casos estos pisos son combinados con baldosas con molduras para las transiciones entre pisos (instalados después de terminar el piso).

Cómo instalar baldosa de cerámica para el piso

Clave la placa con tornillos de 1¼". Coloque cinta de malla de fibra sobre las uniones de las placas. Cubra el resto del piso siguiendo los pasos de la página 71.

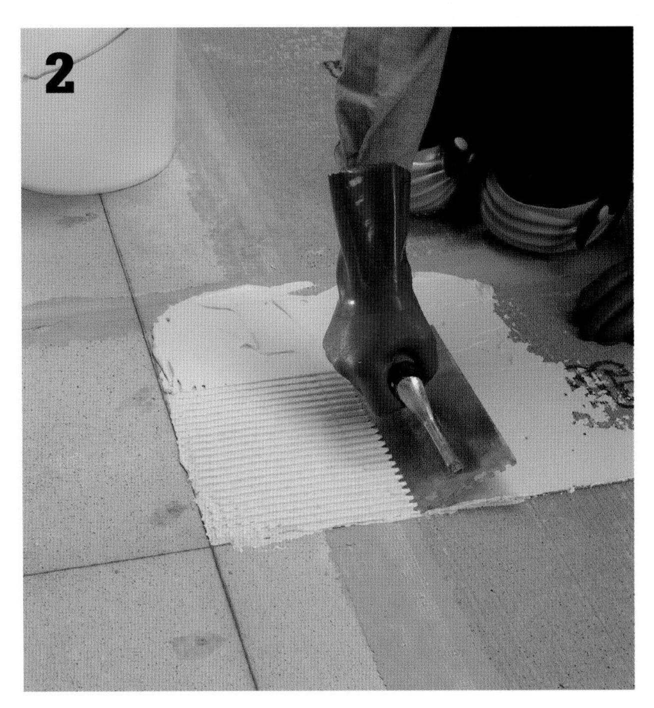

Dibuje las líneas de referencia y establezca la distribución de las piezas. Mezcle una tanda de cemento delgado y aplíquela en forma pareja contra las líneas de referencia de un cuadrante usando un palustre con muescas cuadradas de ¼". Utilice las canales de las muescas para crear surcos sobre el cemento.

Opción: Construya un sistema de cuadrantes con cuerdas de tiza basado en las medidas reales de las baldosas (incluyendo las líneas de uniones de lechada). Este sistema mantiene la consistencia durante la instalación y divide el trabajo en secciones pequeñas para aplicar la correcta cantidad de cemento sin tener que adivinar.

Coloque la primera pieza en la esquina del cuadrante donde se juntan las líneas de referencia. Cuando instale piezas de 8" de tamaño o más grandes, gírelas un poco a medida que las va colocando en su posición.

(continúa)

Utilice un mazo de caucho para golpear con suavidad unas pocas veces la parte central de cada pieza hasta sentarla en forma pareja sobre la mezcla de cemento.

Variación: Cuando instale piezas de gran tamaño o piedras disparejas, utilice un palustre con muescas de al menos $\frac{1}{2}$" de profundidad.

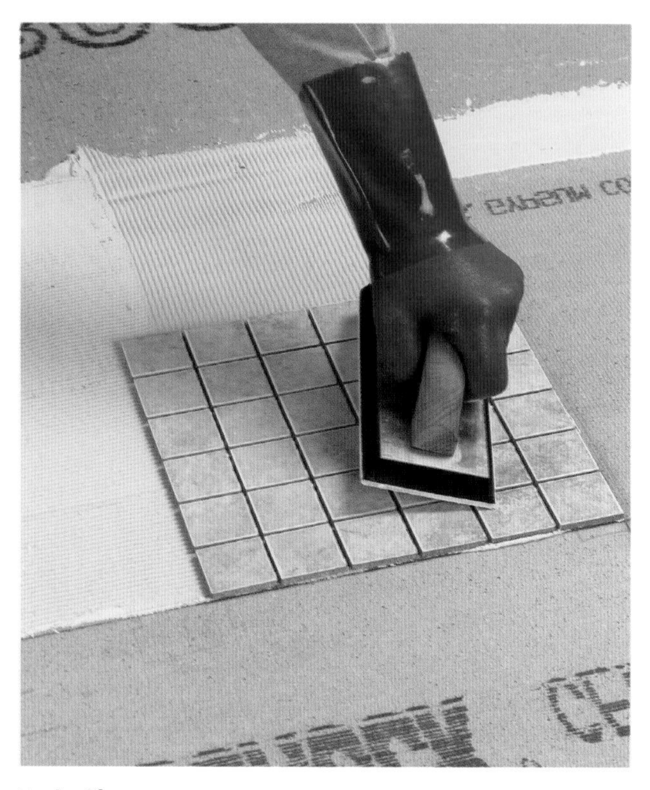

Variación: Cuando instale baldosas en forma de mosaico, utilice un palustre con muescas en forma de "V" de $\frac{3}{16}$" para esparcir la mezcla, y use una llana para presionar las piezas sobre la misma. Aplique la presión suavemente para evitar crear una superficie desnivelada.

Mantenga consistencia entre las piezas usando separadores de plástico colocados en las esquinas de cada unidad. En el caso de piezas en mosaico, use separadores del mismo ancho de las uniones.

Instale las piezas adyacentes sobre la mezcla a lo largo de las líneas de referencia. Todas las piezas deben quedar bien sentadas entre los separadores.

Coloque un madero derecho de 2 × 4 sobre varias piezas para mantenerlas niveladas. Golpee levemente las piezas que necesitan ajuste para nivelarlas.

Instale las piezas restantes sobre el área cubierta con la mezcla. Repita los pasos 2 a 8, continúe trabajando en secciones pequeñas hasta llegar a las paredes u obstáculos.

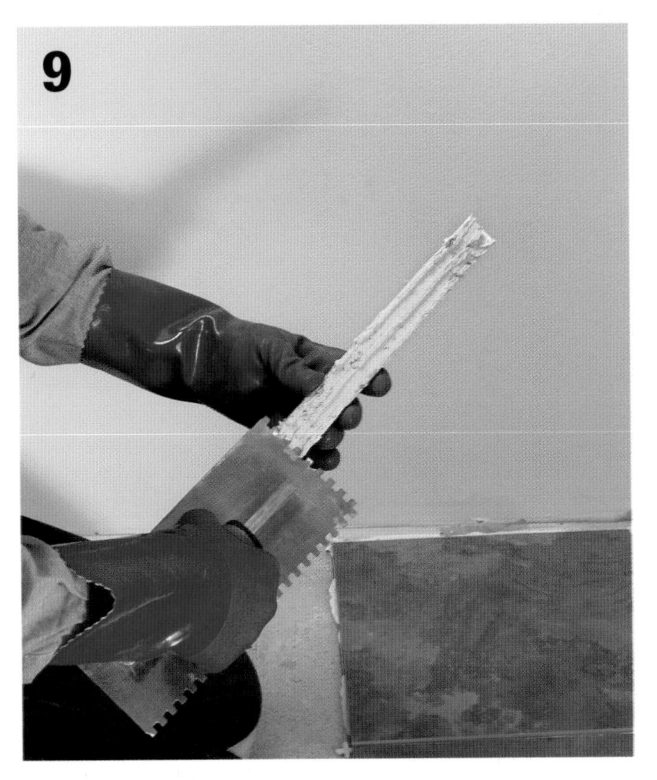

Mida y marque las piezas que va a colocar contra las paredes y esquinas. Corte las piezas a la medida dejando un espacio de unión para la expansión de más o menos 1". Aplique la mezcla en la parte trasera de las piezas en lugar del piso con un palustre con muescas para crear surcos en la mezcla.

(continúa)

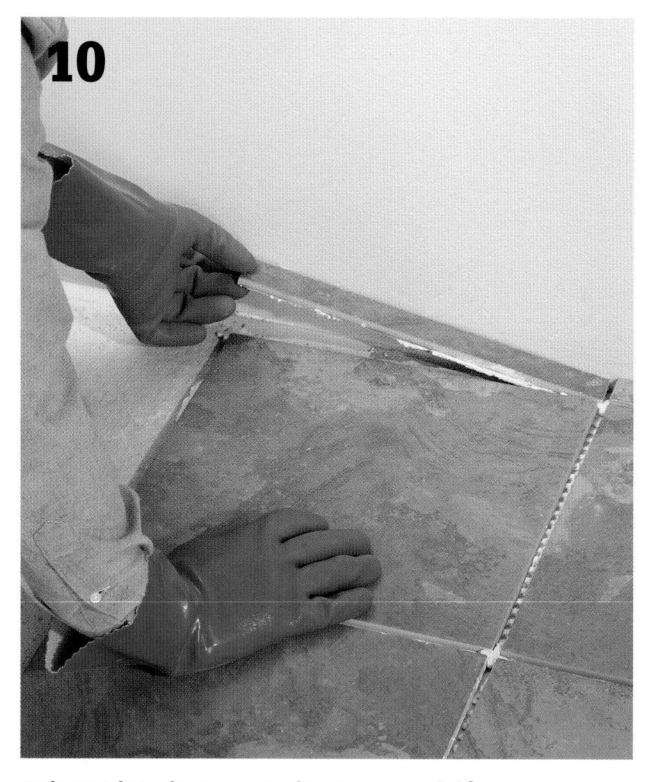

Coloque las piezas cortadas en su posición. Presione cada una hasta que quede a nivel con las piezas adyacentes.

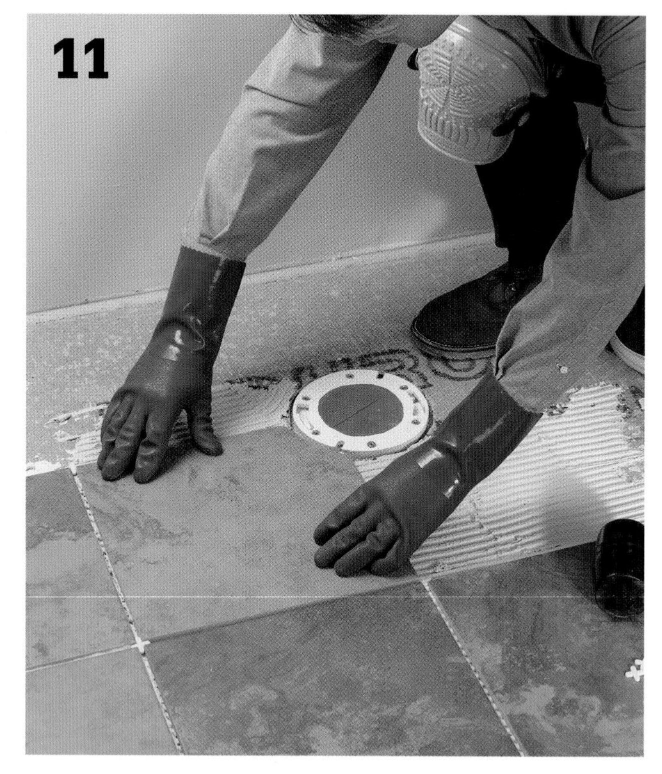

Mida, corte e instale las piezas que requieren muescas o curvas para colocarlas alrededor de obstáculos como tuberías o desagües.

Remueva los separadores con cuidado usando unas pinzas con punta. Hágalo antes que la mezcla se endurezca.

Aplique la mezcla e instale las piezas en los cuadrantes restantes, completando un cuadrante antes de iniciar el otro. Inspeccione todas las uniones. Use una navaja o cuchilla para remover cualquier protuberancia de masilla que aparezca sobre las uniones.

Instale los umbrales en las puertas. Si el umbral es muy largo para la puerta, córtelo con una sierra circular o de vaivén con cuchilla de tungsteno o carbono. Coloque el umbral sobre una mezcla delgada de cemento a ras con el nivel de las piezas de baldosa. Mantenga el mismo espacio creado entre las piezas. Deje secar la mezcla 24 horas.

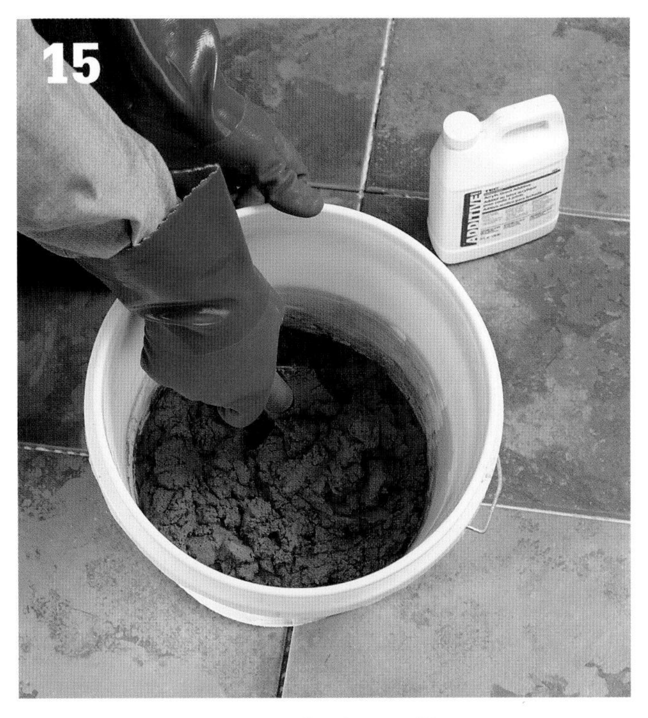

Prepare una tanda pequeña de masilla para pisos para llenar las uniones entre las piezas. Cuando prepare una mezcla para aplicar sobre piedra natural o piezas porosas, agregue un aditivo para poder separar la mezcla y evitar que se adhiera a la superficie de las piezas.

Comenzando en una esquina, aplique la masilla sobre la pieza. Utilice una llana para esparcir la masilla hacia afuera a partir de la pared. Presione la llana con firmeza hasta llenar las uniones por completo. Para mejores resultados, incline la llana en un ángulo de 60° sobre el piso y muévala en forma de una figura en ocho.

Utilice la llana para remover el exceso de masilla de la superficie de las piezas. Pásela en forma diagonal sobre las uniones sosteniendo la herramienta casi que en posición vertical. Continúe aplicando masilla y limpiando el exceso hasta que haya cubierto cerca de 25 pies^2 del piso.

(continúa)

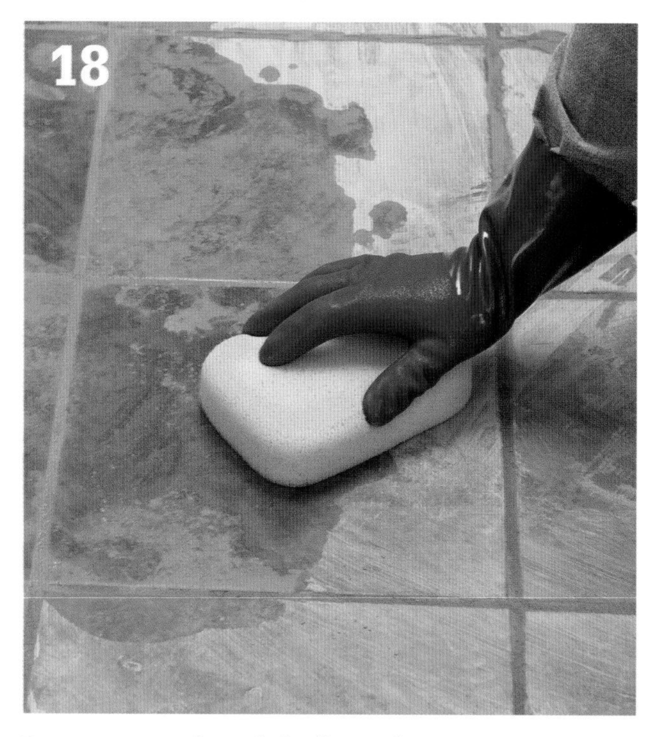

Pase una esponja mojada diagonalmente sobre unos 2 pies^2 del piso a la vez. Enjuague la esponja con agua fría después de cada pasada. Limpie cada sección sólo una vez porque de lo contrario va a remover la masilla de las uniones. Repita los pasos 15 a 18 para aplicar la masilla en el resto del piso.

Deje secar la masilla unas 4 horas, luego use un paño suave para limpiar la superficie del piso y remover la masilla restante.

Aplique sellador para masilla sobre las uniones usando una brocha pequeña de espuma. Evite aplicar el sellador sobre las piezas. Limpie el exceso de sellador de inmediato.

Opción: Utilice el sellador para cerrar las piezas porosas, la piedra, o la cerámica no vidriosa. Siguiendo las instrucciones del fabricante, use un rodillo para pintura con mango de extensión para aplicar una capa delgada de sellador sobre esta superficie.

Cómo instalar bordes o molduras de baldosa en la base

Coloque las baldosas como ensayo para determinar el mejor espacio de separación. Las uniones de estas piezas no siempre se alinean con las baldosas del piso. Use molduras con borde redondo en las esquinas exteriores y marque las que necesita cortar.

Deje ⅛" de espacio entre las piezas en las esquinas para permitir la expansión. Haga todas las marcas y cortes necesarios para dejar los bordes bien ajustados. Utilice una sierra de vaivén con cuchilla de tungsteno o carbono para hacer cortes en curva.

Comience la instalación de las piezas de base en una esquina interior. Utilice un palustre con muescas para aplicar el adhesivo sobre la parte trasera de la pieza. Coloque separadores de ⅛" sobre el piso por debajo de cada pieza para crear el espacio para la expansión.

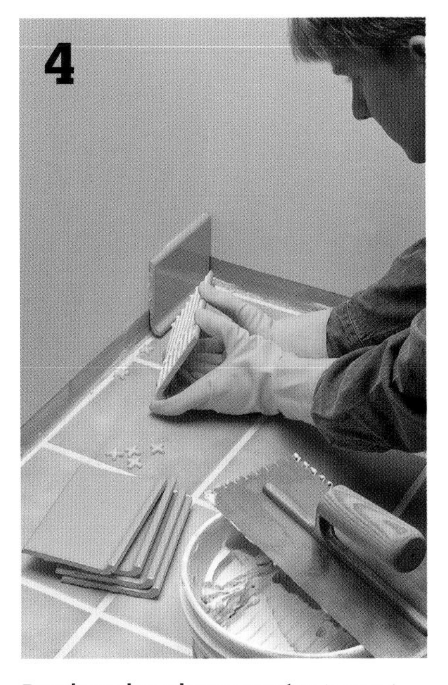

Presione las piezas contra la pared. Siga instalando las unidades dejando ⅛" de espacio entre cada una, y ⅛" de distancia entre las mismas y el piso para la expansión.

Utilice piezas de doble borde redondo en un lado de las esquinas externas para cubrir el borde de la pieza adyacente.

Después que el adhesivo se ha secado, aplique masilla a las uniones verticales de las piezas y sobre el borde superior para crear una línea de masilla consistente. Después que la masilla se haya endurecido, llene el espacio entre las piezas y el piso con silicona.

Instalación baldosa de cerámica en el sótano

Cubrir el piso de concreto de un sótano con baldosa o piedra es un proyecto fácil de realizar. El éxito final depende de la apropiada preparación del concreto, un buen diseño y la atención al detalle durante la embaldosada. Es importante cubrir las aberturas, rajaduras y huecos sobre el concreto utilizando el nivelador apropiado o el cemento para remendar antes de colocar las baldosas. Si la superficie se encuentra demasiado desnivelada, la baldosa se rajará con la presión de las pisadas al caminar.

Escoja la baldosa o piedra con suficiente textura para una buena tracción sobre la superficie sin importar las condiciones húmedas del sótano. Después de escoger el material, determine cuál es el cemento y lechada apropiado para la instalación. Consulte con su distribuidor.

Antes de crear las líneas de referencia para el proyecto, determine dónde va a comenzar a embaldosar. La idea es crear un sistema de trabajo continuo sin tener que pararse en baldosas recién instaladas.

La baldosa de cerámica, porcelana o piedra son materiales impermeables y excelentes para instalar en los sótanos.

Herramientas y materiales ▸

Esponja
Mazo de caucho
Rodillo para pintar
Cuerda de tiza
Escuadra
Palustre cuadrado con muescas de ¼"
Alicates de punta
Llana de caucho
Fosfato sódico tribásico
Guantes de caucho
Componente de concreto para hacer remiendos
Sellador de concreto
Sellador de lechada
Baldosa de cerámica o piedra
Cemento delgado
Lechada / Separadores
Brocha para pintar

Cómo instalar baldosa en el piso del sótano

Limpie el piso con una solución de fosfato sódico tribásico (TSP) y agua. Déjelo secar por completo y luego revise el concreto en busca de rajaduras, huecos y otros tipos de daños. Cubra las rajaduras y huecos con concreto para remiendos. Aplique sellador para concreto sobre la superficie reparada, seca y limpia. Use una brocha para pintar para cubrir los bordes y esquinas, y use un rodillo para cubrir el resto del concreto.

Haga una prueba de diseño colocando una hilera vertical y horizontal de piezas sueltas hasta llegar a las paredes en ambas direcciones. Si el resultado es un diseño disparejo o poco llamativo en los bordes, ajuste las líneas de referencia hasta lograr el diseño deseado.

Mezcle una tanda de cemento delgado reforzado y espárzalo sobre el piso con un palustre con muescas de ¼". Sostenga el palustre en un ángulo de 30° y evite cubrir las líneas de referencia.

Coloque las piezas sobre la capa de cemento alineándolas con las líneas de referencia. Golpee las piezas suavemente con un mazo de caucho para sentarlas sobre el cemento. Asegúrese que van quedando alineadas. Esparza cemento para la siguiente baldosa, o para las piezas que crea que pueda instalar en los próximos 20 minutos. Si las baldosas no tienen lengüetas que las separan automáticamente, coloque separadores de plástico entre las piezas para crear una separación consistente.

Utilice un palustre cuadrado con muescas de ¼" para aplicar mezcla sobre la parte trasera de las piezas cortadas al final de las hileras. Instale las piezas restantes y deje sentar y secar el cemento por lo menos 24 horas antes de caminar sobre la superficie.

Mezcle la lechada arenosa siguiendo las direcciones del fabricante. Llene las uniones entre las baldosas. Use una llana para lechada para aplicar la masilla. Remueva el exceso con una esponja y agua limpia después que la capa de lechada se ha secado sobre las baldosas. No se sobrepase en la limpieza.

Selle las uniones de lechada con un sellador penetrante después que la lechada se ha curado por lo menos una semana (siga las instrucciones del fabricante). Utilice una brocha de esponja o un rodillo para pintar para aplicar el sellador.

Pisos de baldosa de piedra y mosaico

El proyecto a continuación combina piedra natural pulida de 4 × 4 con un emblema hecho con baldosa en mosaico y un borde para crear un efecto decorativo en el área de entrada. Este diseño puede ser aplicado en otras habitaciones. Es posible construir un borde en un área de descanso, o crear el efecto de un tapete con baldosa al frente de una chimenea. Para instalar un diseño similar vaya a las páginas 92 y 93, y luego centre el emblema al interior del borde.

Las técnicas para instalar piedra natural son las mismas utilizadas para colocar baldosa de cerámica. Sin embargo, debe tener en cuenta varias consideraciones especiales.

La piedra se raja con mayor facilidad que la cerámica. Es de vital importancia construir un subsuelo firme y plano para las superficies de piedra, en especial cuando va a instalar piezas grandes. Mientras más grande sea la baldosa, estará más propensa a las rajaduras debido a la presión si la estructura del piso no la soporta en forma adecuada. Vea las páginas 70 a 73 para mayor información sobre la instalación de subsuelos.

A diferencia de las baldosas fabricadas, la piedra natural es propensa a una gran variación en su estructura. Aún las que vienen empacadas en una misma caja, especialmente las piedras grandes, algunas piezas pueden estar combadas. Compre suficiente material para seleccionar el mejor ya que las piezas defectuosas pueden devolverse.

Algunas piedras deben ser selladas antes de la instalación porque el cemento tiende a mancharlas. Consulte con el fabricante al respecto.

Herramientas y materiales ▸

- Cuerda de tiza
- Palustre cuadrado con muescas de ¼"
- Mazo de caucho
- Herramientas para cortar baldosa
- Alicates de punta
- Navaja / Martillo
- Llana de caucho
- Esponja / Paño de pulir
- Brocha de espuma
- Baldosa de piedra de 4 × 4"
- Baldosa en mosaico
- Emblema en mosaico
- Cemento delgado
- Separadores / Lechada
- Material del umbral
- Aditivo de látex (cemento y lechada)
- Sellador de lechada
- Tablero de cemento
- Cinta-malla de fibra de vidrio
- Navaja para pared
- Protección para ojos
- Molduras de base o bordes para baldosa

Cubrir pisos con baldosa de piedra ▸

El subsuelo debe estar plano y firme. Si tiene problemas, resuélvalos antes de comenzar a instalar la baldosa. Esto es importante para cada proyecto de baldosas, y aún más crítico con la baldosa de piedra pulida.

Ubique las baldosas combas. Coloque las baldosas pulidas juntas unas a otras y marque las que estén un poco combadas. Construya una capa de cemento para nivelarlas en el momento de la instalación. Devuelva las que están demasiado combas al distribuidor.

Coloque piezas de piedra sueltas separándolas con los separadores de plástico de 1⁄16". Utilice lechada sin arena para las uniones. Utilice separadores más grandes y lechada arenosa en pisos de piedra informales.

Utilice cemento delgado blanco para piedras de mármol de color claro, mármol 'travertine', y otras piedras naturales con estructura transparente. Debe tener mucho cuidado al crear superficies bien parejas cuando combine el cemento.

Selle las piezas antes de instalarlas para evitar que la lechada manche la piedra. Lea las recomendaciones del fabricante o consulte con el distribuidor si necesita consejos. Esto es aún más importante cuando trabaje con piedras porosas o con superficie burda.

Evite que la lechada manche la piedra limpiándola de inmediato usando un trapo limpio y húmedo.

Cómo instalar una baldosa de piedra y mosaico en el piso

Mida el área y dibuje un diagrama en escala. Mida el emblema en mosaico para determinar el tamaño y ubicación del área bordeada.

Instale y cubra con cinta un tablero de cemento sobre el área del proyecto. (Vea las páginas 70 y 71 para más detalles).

Marque líneas perpendiculares de referencia. Compruebe que las marcas estén cuadradas poniendo en práctica el método triangular 3-4-5.

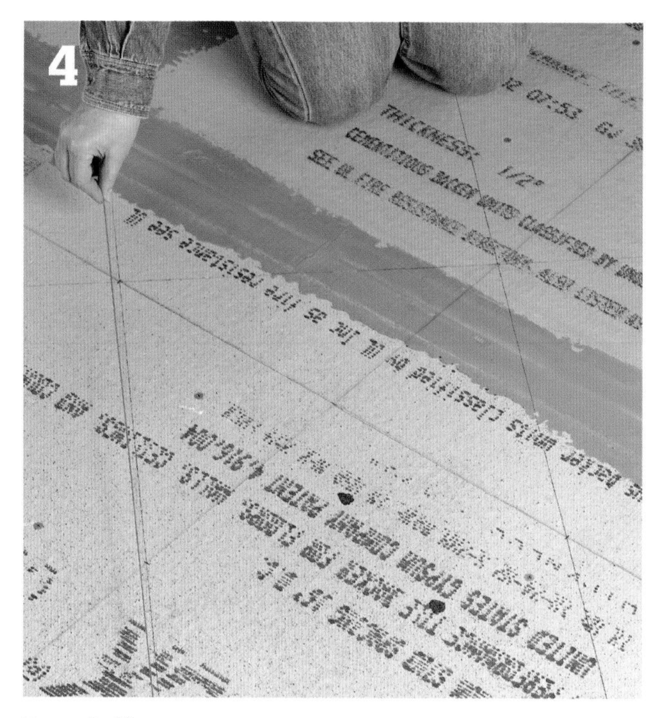

En cada línea, marque un punto a una distancia equidistante desde el centro. Si el emblema en mosaico mide 12" cuadradas, marque el punto a 12"; y si tiene 24" cuadradas, marque el punto a 24", y así sucesivamente. Utilice cuerdas con tiza para conectar los puntos creando líneas en un ángulo de 45°.

Siguiendo el diseño creado en el paso 1, mida y marque líneas de instalación para el borde. Las líneas deben estar alineadas con las primeras líneas de referencia creadas. Corte la baldosa en mosaico en tiras y colóquelas sueltas a lo largo del borde.

Coloque las piezas sueltas en las esquinas exteriores del borde alineando las baldosas sobre las líneas diagonales de referencia. Use separadores y ajústelos lo necesario. Después de terminar el diseño, trace el borde de las baldosas exteriores.

Coloque la baldosa al interior del diseño. Corte la baldosa lo que sea necesario. Remueva los separadores. Deje curar el cemento siguiendo las recomendaciones del fabricante. Coloque la baldosa de borde.

Coloque el emblema en el centro del área bordeada y alineado con las líneas diagonales de referencia. Coloque las piezas sueltas al interior del borde utilizando separadores y alineando la baldosa con las líneas perpendiculares de referencia.

(continúa)

Para hacer cortes complicados, construya plantillas de papel del tamaño de la baldosa. Luego úselas para marcar las piezas para el corte.

Establezca el sitio donde va a colocar las baldosas de acento decorativas. Trace las medidas sobre las baldosas que va a cortar.

Instale el emblema, luego el resto de la baldosa al interior del borde. (Evite arrodillarse sobre las piezas recién instaladas). Quite los separadores y deje secar el cemento toda la noche o según las recomendaciones del fabricante.

Distribuya su peso ▸

Si es necesario trabajar sobre baldosas recién instaladas, arrodíllese sobre un madero ancho para distribuir su peso.

Instale el material del umbral a la entrada de las puertas. Coloque la pieza sobre cemento delgado para dejar la parte superior a ras con la baldosa. Deje el mismo espacio de separación creado entre las baldosas. Deje curar la mezcla por lo menos 24 horas.

Prepare una pequeña tanda de lechada y llene las uniones de las baldosas (ver la página 85 para más detalles sobre este paso). Después que la lechada se haya curado, aplique sellador sobre las líneas divisorias con una brocha pequeña de esponja o una brocha para acabados.

Coloque moldura de madera o de baldosa alrededor de los bordes del piso.

Pisos de baldosa en mosaico de vidrio

A través de la historia, la baldosa de mosaico ha sido considerada más que un material para cubrir pisos o paredes; es una forma de arte. La palabra 'mosaico' en latín se refiere al arte "digno de inspiración". Esta clase de baldosa es hermosa y durable, y trabajar con este material es ahora más fácil que nunca. Los pisos modernos en mosaico se consiguen en piezas cuadradas unidas por una base de malla de tela. Los cuadrados se instalan de igual manera que una baldosa grande, pero su flexibilidad dificulta un poco sostenerlos en las manos, colocarlos o moverlos. Las instrucciones dadas en esta sección simplifican su manejo.

Los colores de este material cambian tanto como cualquier otra baldosa y siempre debe comprar las cajas que provengan de un mismo lote. Los colores también varían de una caja a otra y es buena idea mezclar la baldosa entre las cajas para hacer los cambios menos notorios.

También es importante tener en cuenta que el adhesivo fabricado para otro tipo de baldosa quizás no es recomendado para utilizarse con vidrio o con una clase especial de mosaico. Consulte el distribuidor en cuanto al adhesivo o pegamento correcto a usar con su proyecto.

Antes de comenzar, limpie y prepare el piso. Mida el espacio y marque las líneas de referencia. Coloque tiras sueltas de baldosa sobre las líneas horizontal y vertical. Si el diseño de las líneas produce cortes muy pequeños o difíciles de hacer en los bordes, trácelas de nuevo hasta quedar satisfecho con el diseño.

Herramientas y materiales ▸

- Cinta métrica
- Cuerda de tiza
- Palustre con muescas de ¼"
- Llana de caucho
- Esponja para lechada
- Paño para pulir
- Alicates de punta
- Trozo de madero de 2 × 4 envuelto en alfombra
- Baldosa en mosaico
- Adhesivo para baldosa
- Separadores
- Lechada / Esponja
- Sellador de lechada
- Alicates de punta
- Mazo de caucho
- Cortador de baldosa
- Regla derecha
- Protección para ojos

Cómo instalar baldosa en mosaico de vidrio

Comience en la intersección de las líneas y aplique el adhesivo recomendado en uno de los cuadrantes. Espárzalo hacia afuera en forma pareja con un palustre con muescas. Aplique lo suficiente para trabajar de 10 a 15 minutos.

Estabilice el cuadrante de la baldosa insertando en forma aleatoria tres o cuatro separadores de plástico a lo largo de las uniones.

Levante el cuadrado sosteniéndolo desde las esquinas diagonales opuestas y muévalo hasta la intersección de las líneas de referencia vertical y horizontal. Alinee los lados con las marcas de referencia y luego presione suavemente una esquina sobre el adhesivo. Baje despacio la esquina opuesta manteniendo cuadrado los otros lados con las líneas de referencia. Presione con cuidado todo el cuadrado sobre el adhesivo sin sobrepasarse o girar la pieza fuera de la posición correcta. Continúe instalando los cuadrados llenando una sección a la vez.

(continúa)

Después de colocar dos o tres tiras, coloque un trozo de madero de 2 × 4 envuelto en un pedazo de alfombra y golpéelo con un mazo de caucho para sentar la malla de tela sobre el adhesivo y para sacar las burbujas de aire que hayan quedado atrapadas.

Cuando llegue cerca a una pared o a otro obstáculo, coloque una pieza completa de mosaico y haga las marcas necesarias para el corte. Si ha hecho una buena preparación y está instalando piezas pequeñas de baldosa en mosaico, puede evitar los cortes frecuentes.

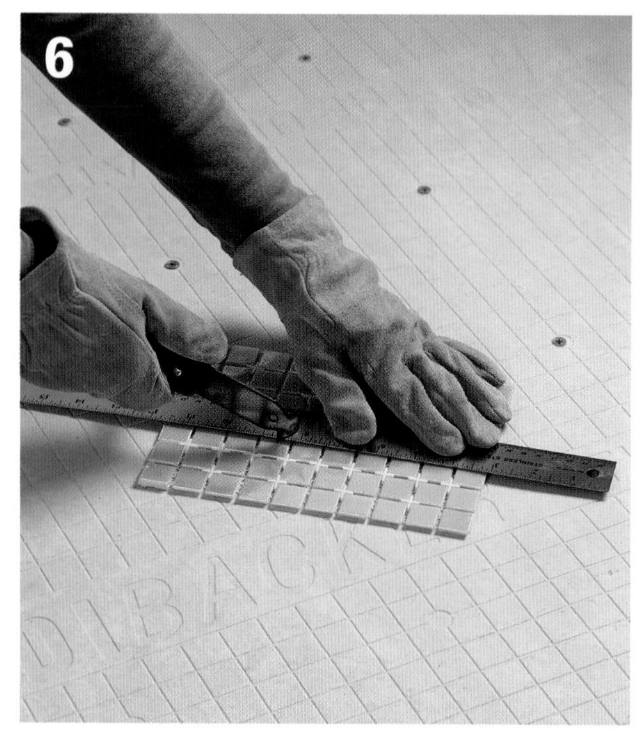

Si necesita cortar piezas en la tira de mosaico, y no sólo la base, marque el corte con una herramienta para cortar baldosa. Las piezas deben estar unidas a la base. Coloque separadores entre las piezas individuales para evitar que se muevan a medida que hace el corte.

Después que haya marcado las piezas, corte cada pieza una a la vez con unas tenazas para baldosa.

Instale las piezas en los cuadrantes restantes. Deje secar el adhesivo según las instrucciones del fabricante. Quite los separadores con unos alicates de punta. Mezcle una tanda de lechada y cubra las uniones. Deje secar la lechada según las instrucciones del fabricante.

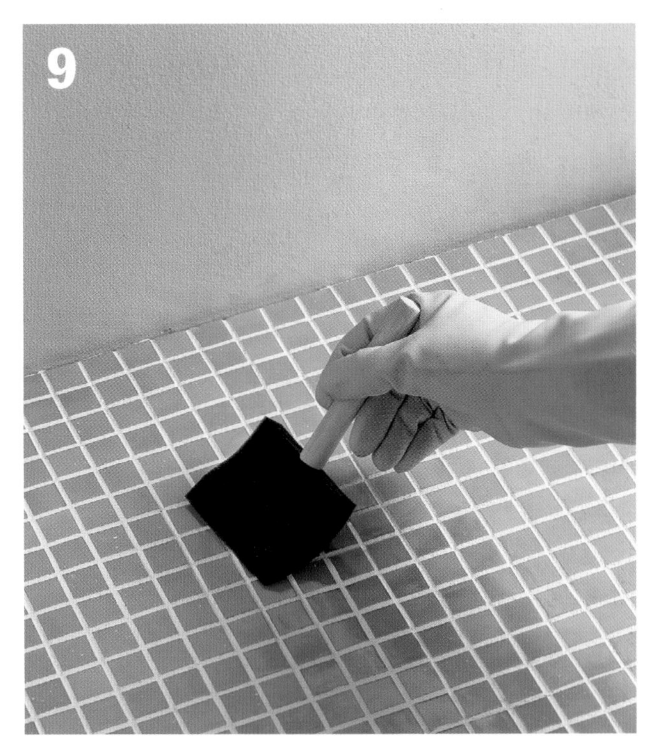

La baldosa en mosaico lleva mucha más lechada que las baldosas grandes y es importante sellarla con un material de buena calidad después que la lechada se haya curado.

Trabajar alrededor de los obstáculos ▸

Para trabajar alrededor de tuberías y otros obstáculos, corte sobre la parte trasera para crear un punto de acceso en la tira. Luego quite las piezas suficientes en el mosaico para dar cabida a la tubería u otra obstrucción.

Coloque la tira de mosaico sobre la capa de adhesivo y luego corte las piezas pequeñas de baldosa para acomodarlas al interior del diseño como sea necesario.

Diseños personales de mosaicos

Hace muchos años los mosaicos eran creados por artistas de manera lenta y laboriosa. Algunos siguen creando estas piezas de la misma forma, pero hoy día no necesita ser un famoso artista para llevar a cabo este proyecto. Con la ayuda de la tecnología y las herramientas correctas, prácticamente cualquiera puede crear un mosaico original.

Puede crear un diseño original haciendo un dibujo con lápices de color y papel para gráficas, o puede utilizar una imagen digital y una impresora a color. Los programas básicos de diseño gráfico, y aún algunas aplicaciones para procesar texto, le permiten medir y cortar una imagen, dibujarla en escala y luego imprimirla. También puede construir de forma electrónica una cuadricula para luego asignar un color a cada caja como referencia para el diseño. Si decide no hacer el diseño por su cuenta, existe una gran cantidad de sitios en la Internet donde puede adaptar una imagen en un diseño en forma de mosaico a un precio razonable.

La apariencia final de su proyecto depende en gran parte de la disponibilidad del tamaño y colores de los mosaicos ofrecidos por el distribuidor. Agregue por lo menos un 10 por ciento de material de desperdicio (cortes y ruptura) en el momento de hacer la compra final.

Herramientas y materiales ▸

Computador e impresora
Cuerda de tiza
Palustre con muescas de ¼"
Mazo de caucho
Llana de caucho
Esponja para lechada
Paño para pulir
Baldosa en cuadricula
Baldosa para el piso
Alicates de punta
Cemento delgado
Herramientas para cortar baldosa
Separadores de baldosa / Lechada
Papel para instalar el mosaico
Fotografía u otra imagen
Aditivo de látex (cemento y lechada)
Baldosa en mosaico para pisos de ¾"

Cómo instalar un diseño de mosaico original

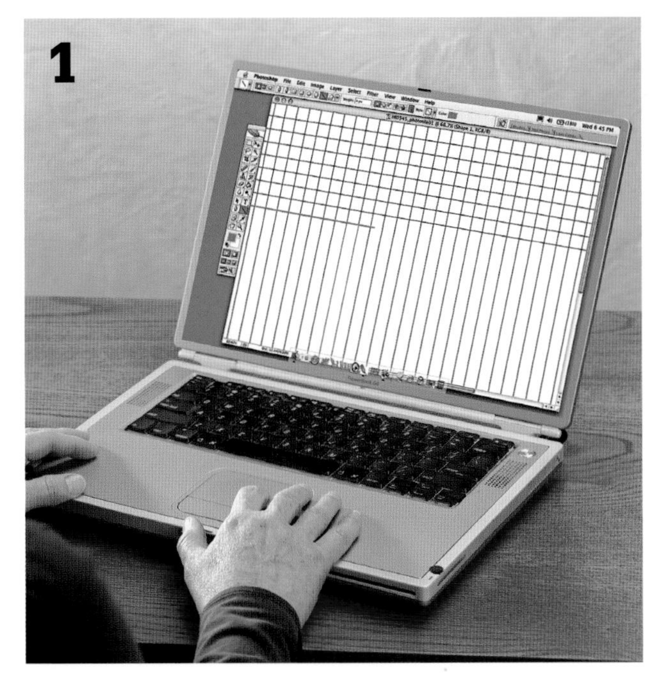

Seleccione el tamaño de la baldosa (en este ejemplo se escogió un tamaño de ¾ × ¾") y elabore una cuadricula a escala que represente el diseño de todo el proyecto. Puede usar algún programa de computador, dibujar su propia cuadricula, o usar un papel para gráficas.

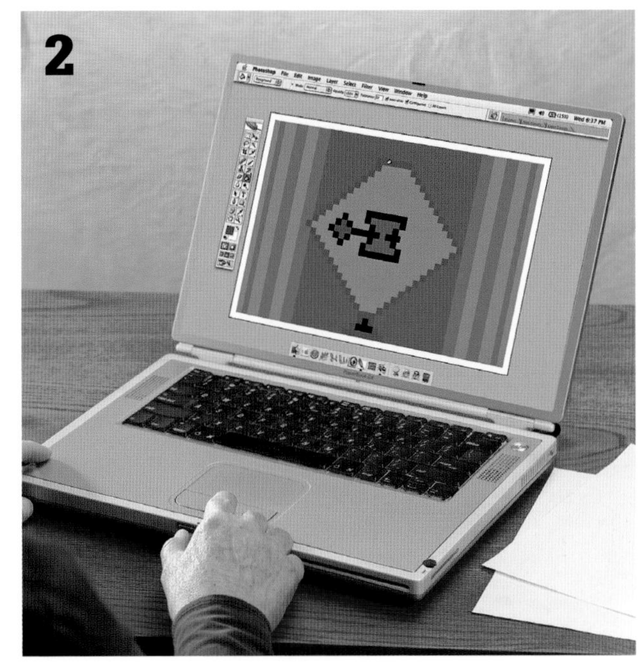

Hojee unas cuantas imágenes para crear ideas. Enfóquese especialmente en formas geométricas simples. Utilice sus imágenes de referencia como una guía general. Llene los cuadrantes con color para replicar el patrón que ha escogido. Debido a que el proceso requiere de bastantes correcciones, es mejor utilizar un programa de computadora.

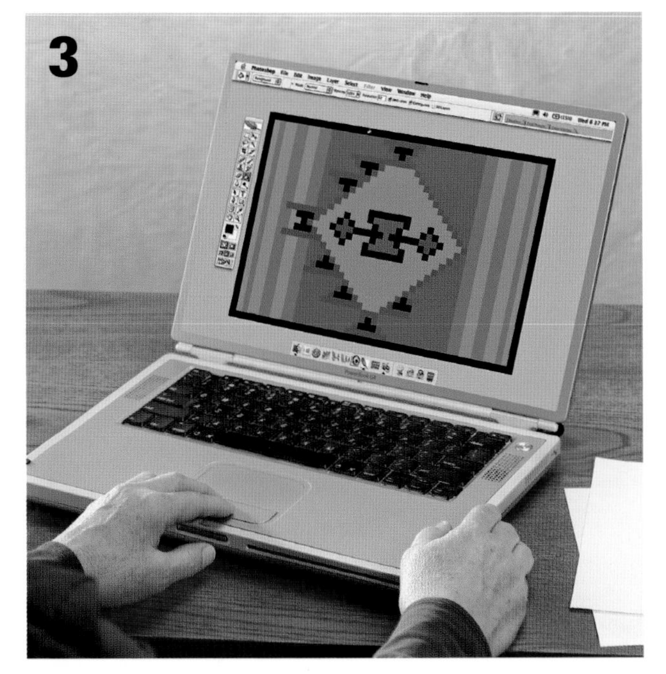

Deje un par de cuadrantes alrededor de la imagen para crear el borde. Cuando escoja la imagen deseada agregue el borde. Puede ser de un color sólido o variado, pero en lo posible debe contrastar con las baldosas adyacentes.

Imprima la imagen al tamaño original. Colóquelo sobre el piso y obsérvelo desde diferentes ángulos —quizás va a lucir diferente que en la pantalla del computador—. Haga los ajustes que crea necesarios para mejorar el diseño.

(continúa)

Usando la gráfica como guía, ensamble las baldosas del mosaico al interior de las cuadriculas. Comience en el punto de intersección entre las líneas de referencia horizontal y vertical y marque cada cuadrado sobre la gráfica impresa de la misma forma que va a ser instalada.

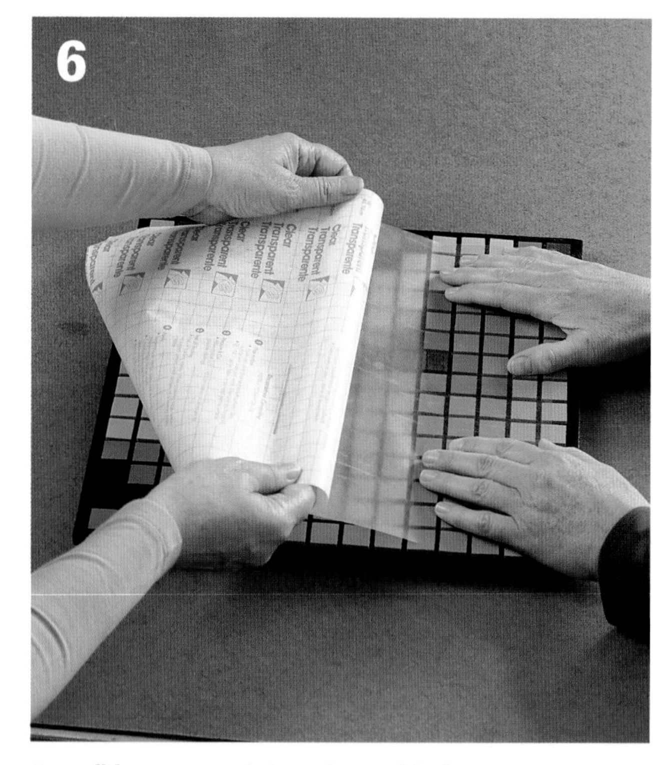

A medida que completa cada cuadricula, cúbrala con el papel para instalar el mosaico. Quite la cubierta trasera del papel y presiónelo sobre la cuadricula. Frote el papel con presión para asegurar que se adhiera a cada baldosa. (Es más fácil hacerlo si tiene ayuda).

Sostenga el papel de instalación desde las esquinas y levante toda la pieza de la cuadricula. Maneje el papel con cuidado para que no se desprendan las piezas. Coloque la sección a un lado.

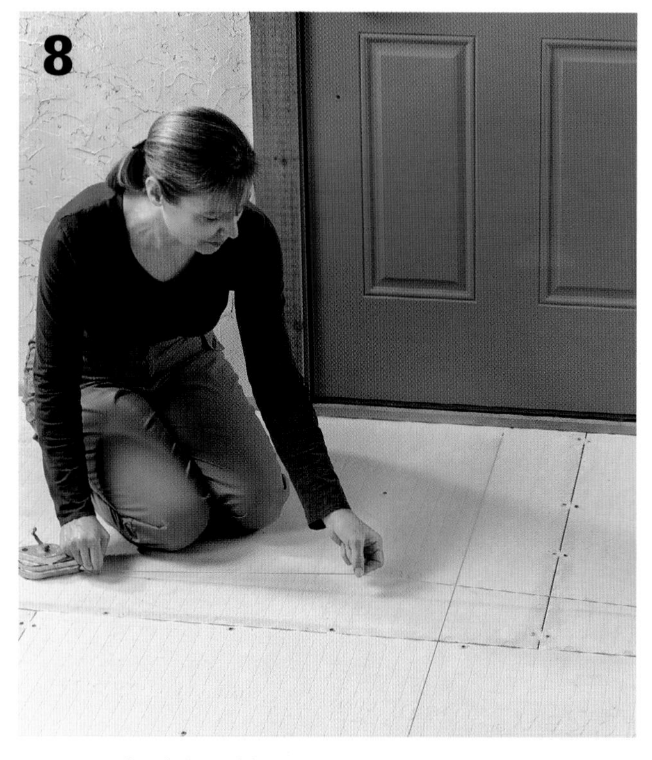

Remueva la vieja cubierta y prepare el piso (ver las páginas 60 a 73). Mida toda el área y trace las líneas de referencia.

Esparza cemento delgado en una sección del tamaño de la pieza de mosaico en la intersección entre las líneas de referencia horizontal y vertical. Coloque la baldosa de mosaico exactamente en la intersección de las líneas y presiónela contra el piso.

Utilice la llana para lechada para sentar la baldosa sobre el cemento. Deslice la llana sobre la superficie de la pieza presionándola con suavidad.

Levante el papel de instalación para colocar separadores en cada esquina de la sección y uno en medio de cada lado.

Continúe llenando los cuadrantes con piezas y adiciónelas al mosaico en forma ordenada.

(continúa)

Deje secar el cemento según las recomendaciones del fabricante. Después que se haya secado, quite con cuidado el papel de instalación de la superficie de cada sección de baldosas.

Coloque una serie de baldosas sueltas alrededor del mosaico y corte las necesarias. Aplique cemento delgado en secciones pequeñas y siga embaldosando hasta que termine todo el piso.

Mezcle una tanda de lechada, espárzala sobre la baldosa y presiónela al interior de las uniones usando la llana para lechada.

Limpie el exceso de lechada con una esponja mojada. Continúe limpiando la superficie hasta que quede lo mejor posible. Enjuague la esponja con frecuencia y cambie el agua a menudo. Deje secar toda el área. Pula la lechada restante con un paño seco y limpio.

Consejos al trabajar con mosaicos ▸

Para usar computadoras para generar sus propios diseños necesita programas o aplicaciones especializadas, tener acceso a un escáner, y una foto o pieza de arte para copiar. Después de importar la imagen al computador, el programa lee el archivo, le asigna los colores de baldosa, y crea un patrón —algunos programas pueden crear una lista de implementos necesarios para el proyecto—. El proceso es fácil y los resultados pueden ser asombrosos. Siga la lista generada por el computador, coloque las baldosas en las cuadriculas y use el papel u otros elementos para crear el mosaico para transferir la pieza final al área de trabajo. (Vea las páginas 101 a 104).

Utilice una lechada blanca y brillante para colocar alrededor de las piezas pequeñas del mosaico. También puede usar un cemento delgado blanco en las baldosas de vidrio (el color de cemento estándar se traspasa a través de las piezas y oscurecen su apariencia).

Los patrones de punto de cruz y encaje de aguja son diseñados para crear patrones de baldosas pequeñas de color. También puede usar diseños de mosaicos más sencillos. Asigne los colores para las diferentes hileras indicadas en el patrón. Instale la baldosa como se indica en la página 102.

Pisos de baldosas combinadas

Este producto híbrido combina la apariencia clásica y elegante de la cerámica con la fácil instalación de los pisos elásticos. Los tableros combinados son fabricados para imitar una gran variedad de pisos sólidos (desde piedra lisa o porosa hasta mármol) y son más cómodas y agradables al contacto con los pies que cualquier otro tipo de cerámica normal.

Los diseños varían según la marca y el fabricante, y la mayoría de productores de pisos elásticos ofrecen ahora materiales con la combinación de estos productos. Pueden ser instalados con la misma técnica que los pisos elásticos (donde cada pieza se ajusta a la siguiente), o puede dejar espacios entre los tableros y luego aplicar masilla para imitar la apariencia y acabado de la cerámica tradicional.

Con o sin masilla, los tableros combinados (también conocidos como baldosa elástica compuesta), son fáciles de mantener. Algunos fabricantes ofrecen generosas garantías donde aseguran que las piezas no perderán su color, no se mancharán, rajarán, o mostrarán desgaste por muchos años. Este tipo de confianza en el producto brinda una sensación de seguridad al consumidor.

Herramientas y materiales ▸

- Cinta métrica
- Cuerda con tiza
- Palustre con muesca de 1/16"
- Tableros combinados
- Adhesivo para pisos
- Rodillo pesado
- Sellador para uniones
- Utensilios de limpieza
- Sierra cortadora (o la sugerida por el fabricante)
- Masilla (opcional)
- Protección para ojos

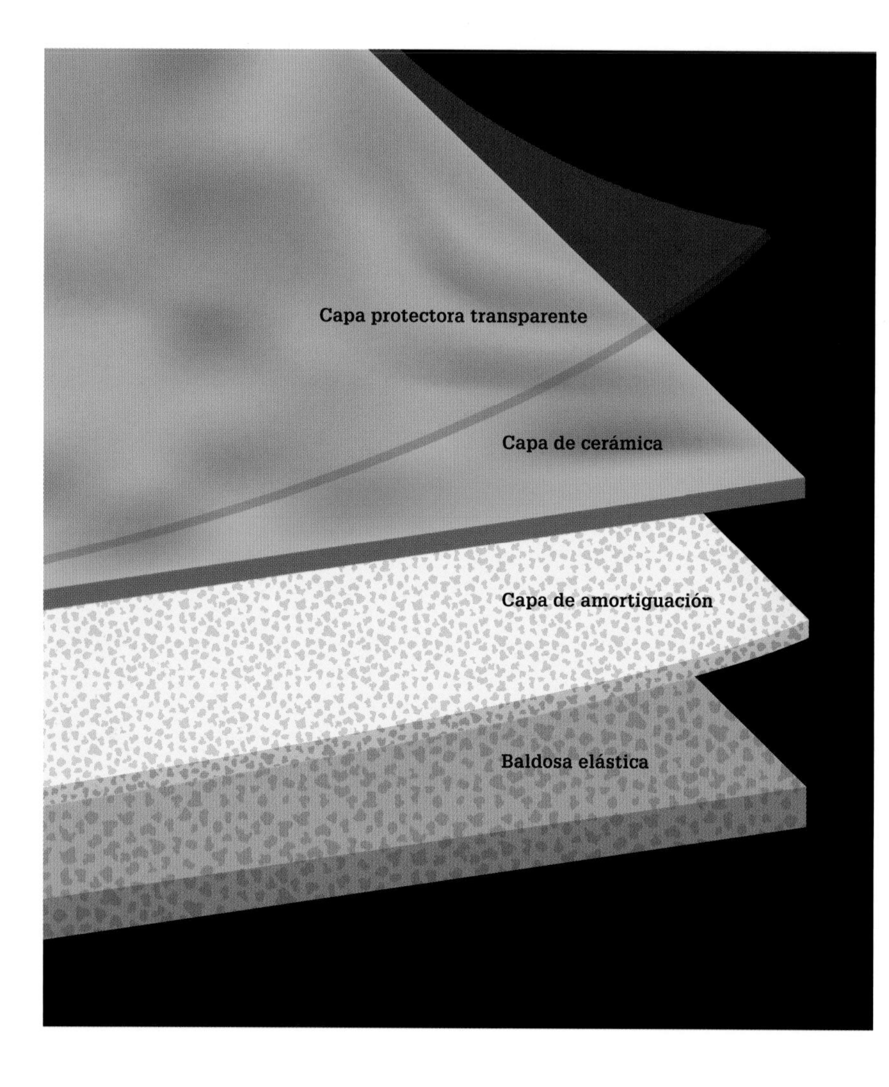

Las cubiertas de los pisos de las cocinas y baños deben soportar el uso constante, el mantenimiento frecuente y bastante humedad. Los pisos con tableros combinados cumplen con todas estas necesidades, pero puede ser difícil instalarlos. Su fría superficie no es muy agradable al caminar y no es flexible para proteger la caída de platos o vasijas. El vinilo, en tiras o en placas, ofrece una superficie más suave, calurosa y menos costosa, además de fácil de instalar. Sin embargo, el vinilo es vulnerable a rajaduras y agujeros, y no dura tanto como los tableros de cerámica. En los últimos años los fabricantes han encontrado la forma de utilizar las mejores propiedades de ambos materiales creando así los tableros combinados. Estas piezas de vinilo están cubiertas con una capa delgada de componentes de cerámica. Pueden ser instalados como tableros de vinilo, con los bordes bien ajustados, o dejando espacios entre sí para aplicar masilla de acabado.

Los pisos con baldosas combinadas ofrecen la belleza y durabilidad de la cerámica o la piedra, y adiciona la comodidad y suavidad de los pisos de vinilo. El elemento resultante es un material verdaderamente excepcional.

Cómo instalar baldosas combinadas

Las baldosas combinadas pueden ser instaladas en una variedad de superficies. Lea las instrucciones del fabricante para asegurarse que la base del piso es la recomendada. Debe estar limpia, seca, y libre de polvo, mugre, grasa o cera. Barra, aspire y limpie con un trapero húmedo la superficie antes de iniciar la labor.

Mida los bordes externos del área. Ubique el punto medio en las paredes opuestas y luego haga marcas con una cuerda de tiza entre ellas. El punto de intersección entre las líneas marcará la mitad de la habitación.

Comenzando en el punto de intersección, coloque las piezas a lo largo de una pared. Si la última pieza a instalar es menor de ¼ del tamaño total de la pieza, mueva el punto central de intersección.

Marque de nuevo las líneas para empatar el punto central ajustado del paso 3. Compruebe que la intersección central esté cuadrada por medio del método 3-4-5.

Evite dejar las uniones de las piezas directamente sobre las uniones de la base del piso. Si ese es el caso, dibuje de nuevo las líneas con tiza para mover las marcas al menos 3" o la mitad del ancho de una baldosa. Repita la prueba de las piezas y haga los ajustes necesarios de las líneas hasta tener un punto definitivo para comenzar.

Aplique el adhesivo recomendado en uno de los cuadrantes en la intersección central. Use un palustre con muescas. Deje secar el pegamento según el tiempo especificado por el fabricante y coloque las piezas a lo largo de las líneas marcadas. Aplique el adhesivo suficiente para cubrir en el tiempo indicado. Continúe la instalación desde el centro hacia afuera en cada cuadrante.

Cuando trabaje alrededor de obstáculos, coloque la pieza contra la obstrucción y haga las marcas para los cortes. Siga las instrucciones del fabricante para realizar el corte.

Durante el transcurso de una hora después de haber colocado las piezas, pase un rodillo pesado sobre el piso. Muévalo en ambas direcciones sin mover las piezas de su lugar. Aplane el piso con el rodillo antes de aplicar la masilla o el sellador de uniones.

Baldosas de rápido ensamble

Las baldosas de rápido ensamble para pisos es un producto relativamente nuevo que combina la fácil instalación de los pisos laminados con la durabilidad y apariencia de la baldosa de cerámica. Cada pieza de porcelana es colocada en una base de plástico con lengüetas de ensamble alrededor de toda la superficie encauchada no resbalosa. Esta construcción permite el ensamble de las piezas en un sistema de piso flotante que no requiere de adhesivo, y a su vez provee una apariencia al caminar muy parecida al piso de cerámica convencional.

Este sistema permite una instalación rápida, menos costosa, y puede ser reemplazado con mucho menos problema si estuviera adherido al piso. El material también puede ser instalado sobre cualquier base limpia y estable en la medida que no tenga declives superiores a ¼ de pulgada en espacios de 10 pies de largo. Puede escoger material de 12 ó 4 pulgadas cuadradas. Después de ser cubierto con masilla flexible suministrada por el fabricante, estos pisos son tan resistentes a la humedad como cualquier otra superficie de cerámica.

Un aspecto desalentador con respecto a este material es su limitada variedad de colores disponibles en el mercado. Actualmente el rango está limitado a colores con tonos marrón y beige, los cuales no se combinan con el esquema ilimitado de colores y esquemas en diferentes decoraciones. El tono con acabado de satín veteado es también muy fácil de limpiar y no muestra la mugre con facilidad entre limpiezas. A medida que avanza la tecnología, más y más colores estarán disponibles en el mercado.

Herramientas y materiales ▸

- Baldosas de rápido ensamble (Ver Recursos en la página 249)
- Escuadra
- Bloque de caucho
- Barra con punta de caucho
- Protección para ojos y oídos
- Palustre
- Sierra de agua
- Esmeril en ángulo
- Navaja / Mazo
- Lechada flexible
- Llana / Esponja
- Sierra circular
- Cinta métrica
- Guantes

La apariencia y atractivo de la cerámica tradicional se logra con estas baldosas de rápido ensamble (ver foto anexa). El uso de lechada o masilla flexible durante la instalación es la clave para lograr buenos resultados con esta clase de superficie.

Cómo instalar baldosas de rápido ensamble

Revise la oscilación de todas las puertas en el área de instalación y compruebe que abren con facilidad después de colocar la nueva baldosa. Si este no es el caso, o si el espacio entre el borde inferior de la puerta es menos de ¼", remueva y corte la puerta. Corte los marcos de las puertas para dar espacio a las baldosas y remueva toda la base del piso y electrodomésticos que bloquean el libre acceso del piso.

Compruebe que todas las paredes estén cuadradas por medio del método 3-4-5. Si este no es el caso, decida cómo va a ajustar las hileras para compensar las medidas. También mida el ancho del piso para establecer si quiere colocar la primera hilera en el centro del piso o va a empezar en una pared.

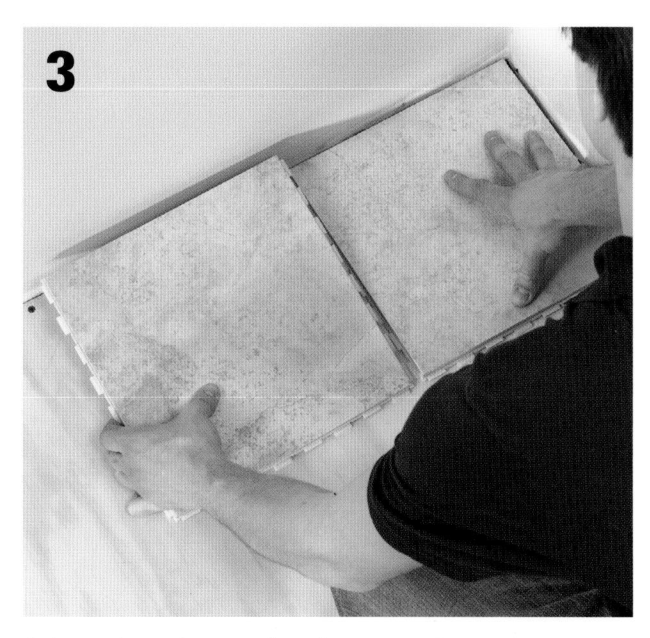

Coloque las primeras dos piezas después de quitar el seguro de las lengüetas con una navaja con filo en el lado de frente a la pared. Inicie colocando las piezas en la esquina y deje ¼" de espacio entre las mismas y la pared para la expansión. Aún cuando las lengüetas sobresalen ¼" y pueden servir como separadores de ¼" de ancho, el hecho de que hacen parte de la baldosa no son apropiadas como espacio de expansión. Use los separadores removibles tradicionales. Conecte cada pieza en la esquina, presiónelas juntas hasta ajustarlas.

Use un bloque de caucho para golpear las piezas levemente si tiene dificultad al ensamblar las lengüetas. Alinee las piezas y luego sostenga el bloque contra el lado de la baldosa —no contra la base de plástico o el cuadrante—. Golpee el bloque suavemente hasta que las piezas se ensamblen juntas.

(continúa)

Continúe instalando las piezas poniendo cuidadosa atención a las direcciones de las vetas y diseños en la superficie. Si comete algún error y tiene que desconectar una pieza ensamblada, puede hacerlo con una barra con punta cubierta de caucho, o con cualquier otra herramienta o barra con una superficie protectora. Coloque la punta de la barra entre las dos piezas y sepárelas con cuidado.

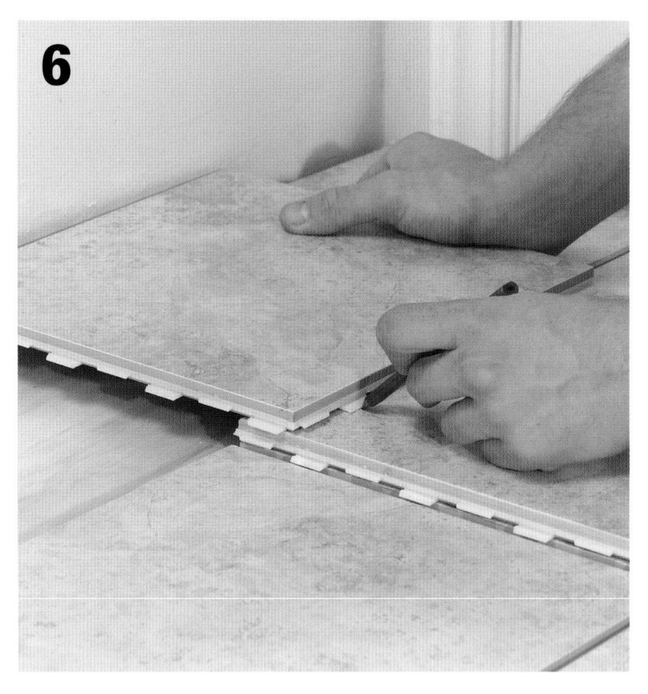

Marque las piezas para colocar alrededor de los obstáculos o para la última hilera. Coloque una pieza por encima alineada con la hilera anterior. Luego coloque otra pieza encima de esta alineada a ¼" de distancia de la pared o del obstáculo. Marque la línea de corte en medio de la pieza usando un separador entre las lengüetas de la pieza superior como guía.

Corte las piezas con una sierra de agua equipada con un disco especial para cortar baldosas de porcelana o cerámica. Corte sobre el lado a descartar y cambie el agua del contenedor para realizar mejores cortes. Lleva tiempo cortar la porcelana. Tenga paciencia y no fuerce la pieza al interior del disco de corte.

Corte de curvas ▸

Para cortar en curva, o en otra forma irregular, utilice un esmeril en ángulo equipado con una rueda de corte con punta de diamante. Corte al interior de toda la pieza (incluyendo la capa de la base de plástico). Esto va a tomar varias pasadas. *Nota: Las piezas en este ejemplo tienen una superficie sobre la base muy resistente a las resbaladas, y no necesitan asegurarse sobre una mesa de trabajo como lo haría con otras baldosas normales.*

Coloque las últimas piezas en su lugar y luego ajústelas al interior de los ensambles de las piezas anteriores usando una palanca cubierta con caucho. Al terminar el piso, mezcle la masilla flexible por completo con un palustre siguiendo las recomendaciones del fabricante.

Aplique la lechada o masilla al interior de las uniones de las piezas con una llana fuerte de caucho presionando la mezcla con firmeza. Quite el exceso de masilla con el lado de la llana y haga los retoques sobre los espacios vacíos en la superficie.

Limpie el exceso de lechada. Llene un tarro de plástico de 5 galones de capacidad con agua limpia. Use una esponja para limpiar la superficie. Remueva los residuos de lechada (masilla) y suavice las uniones con la esponja. *Importante: Enjuague la esponja con agua limpia después de cada pasada.*

Cambiar una pieza averiada ▸

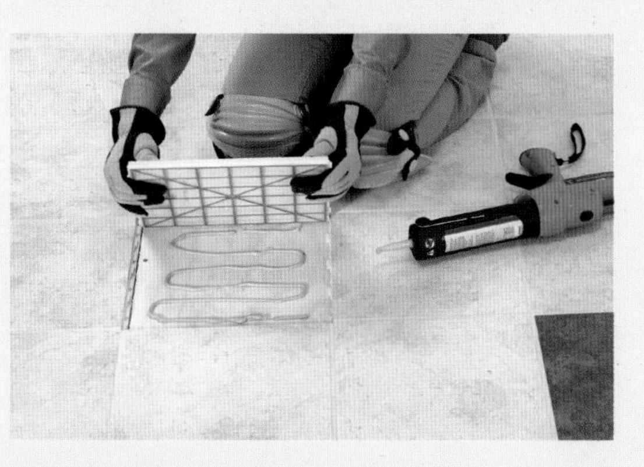

Para reemplazar una pieza averiada quite la masilla alrededor de toda la pieza. Utilice un cortador para la masilla o simplemente quítela a pedazos con un punzón afilado. En cualquier caso, tenga cuidado para no averiar las piezas adyacentes. Luego corte las lengüetas salientes en tres de los lados utilizando una navaja. Levante la pieza con una barra y sáquela del lado de las lengüetas no cortadas. Quite las lengüetas de ensamble de tres lados en la nueva pieza. Aplique una capa de adhesivo para construcción por debajo de la nueva pieza. Coloque la pieza en la posición correcta y ensamble el lado no cortado en la pieza adyacente. Deje secar el adhesivo y luego llene las uniones con masilla flexible.

Base de la ducha

Construir la base de una ducha a su gusto le permite escoger la forma y el tamaño que desee en lugar de acomodarse a las medidas dictadas por los productos disponibles en el mercado. La construcción es fácil pero requiere de tiempo y cierto conocimiento de las técnicas básicas de albañilería ya que es hecha ante todo de cemento. Al final, lo que resulta de su trabajo y esfuerzo, puede ser espectacular.

Antes de diseñar la base de la ducha contacte el departamento de construcción de su localidad para informarse sobre los códigos, restricciones y obtener los permisos requeridos. La mayoría de los códigos requieren que haya acceso a los controles de agua desde afuera de la ducha, así como una descripción aceptable de la ubicación de la puerta y su operación. Requerimientos de este tipo influyen en el tamaño y posición de la base.

Escoger la baldosa antes de terminar el diseño le permite crear una ducha sin tener que cortar muchas piezas. La ducha es uno de los elementos más usados en una vivienda y vale la pena construirla de tal manera que sea confortable y complazca a sus sentidos. Considere utilizar baldosa pequeña y varíe el color de arriba hacia abajo, o en forma horizontal a lo largo de las paredes. También puede utilizar molduras o piezas de baldosa decorativa sobre las paredes para crear puntos interesantes de atención.

Sin importar la baldosa que escoja, siempre debe aplicar sellador sobre la masilla en las uniones y darle el correcto mantenimiento. La masilla o lechada a prueba de agua protege la estructura de la ducha y prolonga su vida útil.

Herramientas y materiales ▸

Cinta métrica / Cemento
Sierra circular / Palustre
Martillo / Navaja
Grapadora / Grapas
Nivel de 2 pies
Recipiente para mezclar cemento
Llana de madera
Marcador de fieltro
Llave de ajuste
Alicates de punta
Nivel torpedo / Guantes
Herramientas para instalar baldosa
Maderos de estructura (1×, 2 × 4, 2 × 10)
Puntillas galvanizadas comunes 16d
Papel de construcción 15#
Drenaje para la ducha de 3 piezas
Cemento para PVC
Malla de metal galvanizado
Cemento espeso para el piso ("deck mud")
Pistola para silicona
Aditivo de látex para cemento
Cemento delgado
Membrana impermeable CPE y esquinas prefabricadas
Adhesivo para membrana CPE
Sellador para membrana CPE
Tableros de cemento y los materiales para su instalación
Materiales para instalar baldosa
Arena para construcción
Cemento Portland
Azadón para albañilería
Máscara contra el polvo o respirador
Regla derecha
Estacas de madera de ¼"
Separadores de baldosa
Bolas de prueba inflables
Pasta de silicona

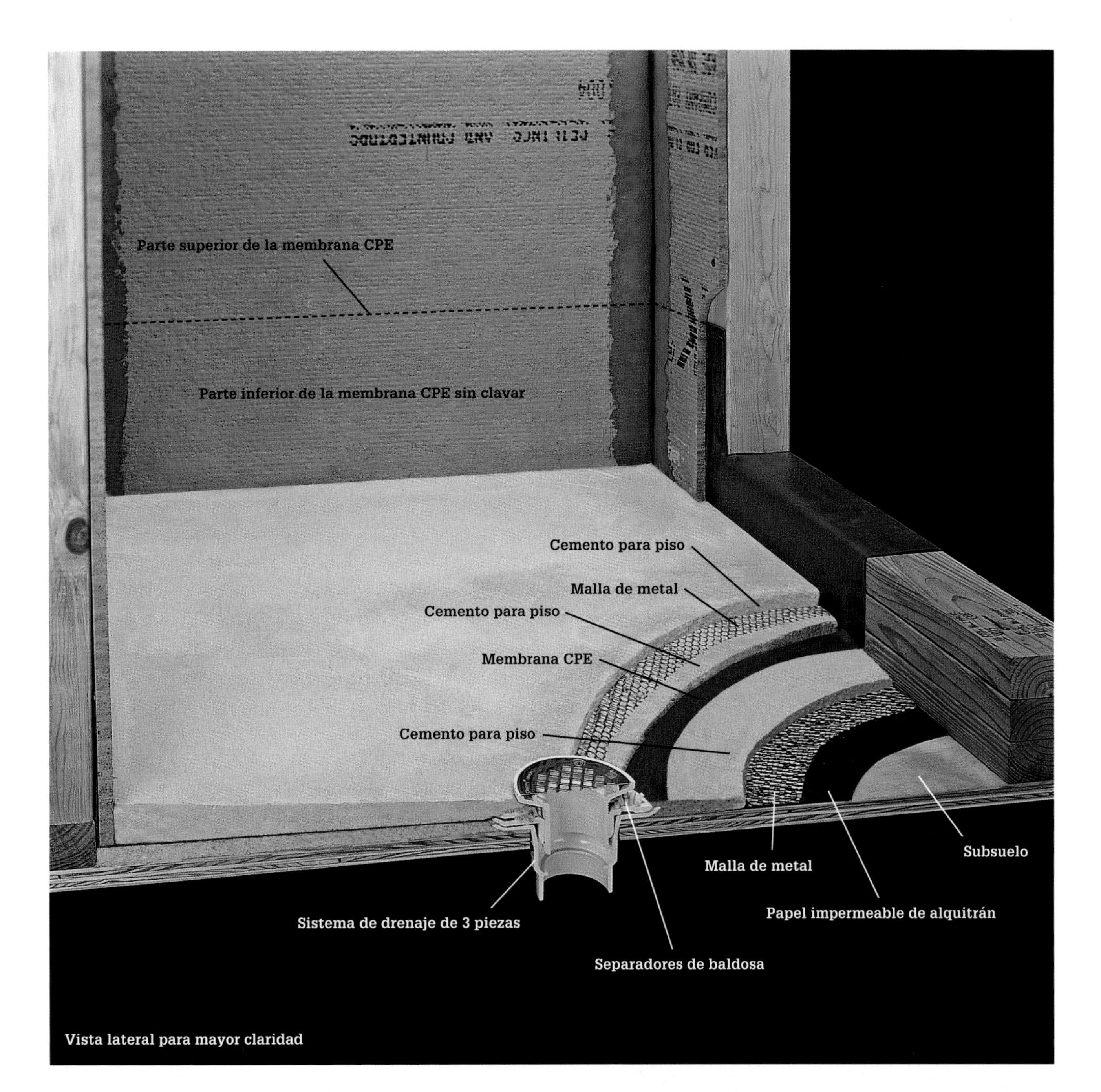

Vista lateral para mayor claridad

Consejos para construir la base de una ducha a su gusto ▸

La base de una ducha es construida en tres capas para garantizar el drenaje apropiado: el recipiente primario, el de la ducha, y el piso de la ducha. El recipiente primario de cemento es la primera capa construida por encima del subsuelo creando un declive hacia el sistema de drenaje de ¼" por cada 12" de superficie del piso. Luego una membrana de polietileno clorado impermeable (CPE) forma el recipiente de la ducha creando una capa a prueba de agua sobre la base. Por último una segunda capa de cemento reforzada con malla de metal se instala para el piso de la ducha y sirve como base para la baldosa. Si el agua penetra a través de la baldosa, el recipiente de la ducha y el primario con declive la enviarán hacia los huecos de desagüe del sistema de drenaje de 3 piezas.

Uno de los pasos más importantes en la construcción de la base de una ducha a su gusto es probar el recipiente de la misma después de la instalación (ver paso 13). Esto le permitirá localizar y reparar cualquier filtración para evitar daños costosos.

Mezclar el cemento espeso para el piso ('deck mud') ▸

Las capas de cemento sobre las cuales se instala baldosa son hechas de cemento espeso (deck mud), una mezcla consistente de la cantidad correcta de arena para construcción y cemento Portland, junto con el agua suficiente para combinar los elementos. La mezcla, también llamada cemento seco, puede comprarse en bultos pre-mezclados o combinarla usted mismo. Puede ser instalada en capas más gruesas que el cemento delgado ordinario.

La mezcla se fabrica combinando cuatro a seis partes de arena por una parte de cemento Portland. Mientras más cemento lleve la mezcla, tendrá mucho más consistencia. Las mezclas más suaves (débiles) contienen una proporción inferior de cemento. Una capa de cemento de 1¼" de espesor (el espesor normal para la capa recipiente de la ducha) requiere aproximadamente 12 libras de arena seca por cada pie cuadrado de aplicación. Agregue otras tres libras de arena por pie cuadrado por cada ¼" de pulgada de espesor adicional deseado. La cantidad de cemento Portland requerido dependerá del radio de la mezcla y del volumen total de arena necesario para terminar el trabajo. Una mezcla más fuerte con un radio de 4:1 es recomendable para áreas pequeñas como las capas de cemento para la base de la ducha.

Los ingredientes para mezclar su propio cemento para fabricar la base de la ducha son mínimos. Necesitará arena para construcción, cemento Portland y agua. Las proporciones varían de acuerdo a la aplicación.

Cómo mezclar cemento espeso

Mezcle los ingredientes secos (arena para construcción y cemento Portland) en las proporciones correctas en un recipiente. Por lo general 4 partes de arena y una de cemento (según el volumen) es lo ideal. No mezcle más cemento del que puede usar en más o menos media hora.

Agregue pequeñas cantidades de agua limpia y potable a la mezcla en seco. Revuelva todo hasta tener una mezcla consistente. Use un azadón para mezclar. Siempre use una máscara contra el polvo y lleve puesto guantes.

Cuando la mezcla esté lista deberá poder sostener en su mano un trozo de la misma sin que escurra ni se deforme.

Cómo construir una base de una ducha con baldosa

Remueva los materiales que cubren el subsuelo y las vigas verticales de soporte. Corte tres maderos de 2 × 4 para el borde y conéctelos a las vigas de soporte y verticales con puntillas comunes galvanizadas 16d. También corte maderos de 2 × 10 del tamaño correcto para colocar en el espacio entre las vigas alrededor del área de la base de la ducha.

Clave con grapas el papel de construcción 15# sobre el subsuelo de la base de la ducha. Desarme el sistema de desagüe de tres piezas y pegue la parte inferior a la tubería de drenaje con cemento PVC. Apriete parcialmente los tornillos a la pieza de drenaje e introduzca un trapo al interior del tubo para evitar que el cemento caiga en su interior.

Marque la altura de la pieza de drenaje inferior sobre la pared más alejada del centro del desagüe. Mida desde el centro del drenaje directamente hasta esa pared, luego levante la marca de la altura ¼" por cada 12" de piso de la ducha para inclinar la capa de recipiente primario hacia el desagüe. Trace una línea de referencia a esa altura alrededor del perímetro de toda la ducha. Utilice un nivel para esta última acción.

Clave con grapas la malla de metal galvanizada sobre el papel de construcción. Haga un agujero en la malla a ½" del drenaje. Mezcle el cemento a una consistencia algo seca agregando aditivo de látex para mayor fortaleza. El cemento debe mantener su forma al apretarse (foto anexa). Esparza la mezcla sobre el subsuelo con un palustre a medida que construye el recipiente primario desde la pestaña del desagüe hasta la altura marcada alrededor del perímetro de la pared.

(continúa)

Continúe formando el recipiente primario con el palustre. Revise el declive con un nivel y llene los espacios vacíos con cemento. Suavice la superficie con una llana de madera hasta dejarla pareja. Deje secar la mezcla toda la noche.

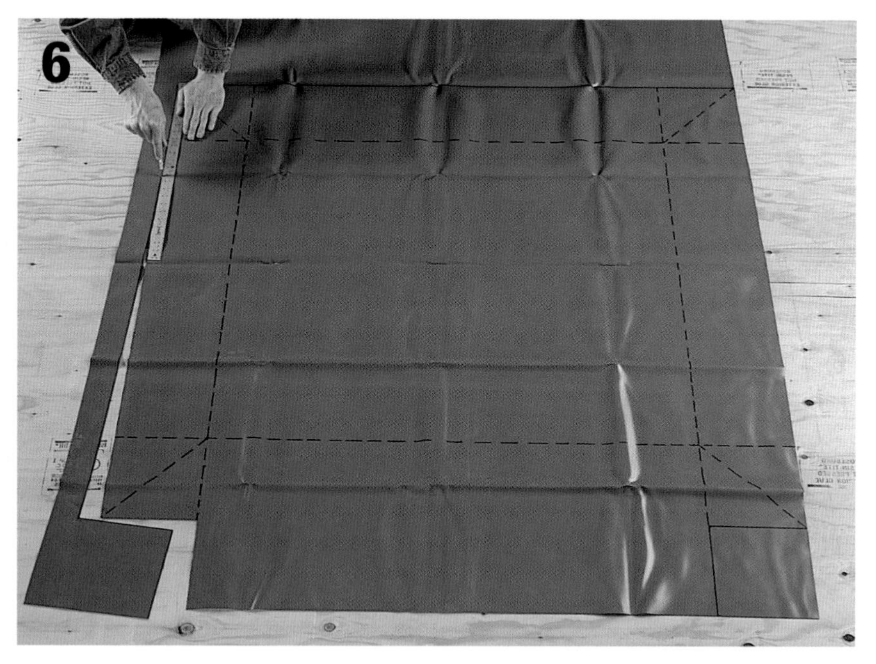

Tome las medidas del piso de la ducha. Marque un pliego de membrana impermeable (CPE) con un marcador de fieltro. Mida 8" adicionales en el lado de cada pared a partir del borde de la ducha, y 16" sobre la parte frontal. Corte la membrana al tamaño correcto usando una navaja y una regla como guía. Haga un corte preciso para evitar agujerear la membrana. Colóquela sobre el piso de la ducha.

Ubique el lugar exacto del drenaje y márquelo sobre la membrana (marque el diámetro externo de la lengüeta de la pieza). Corte una pieza circular de membrana (CPE) unas 2" más grande que el diámetro total del drenaje. Luego use adhesivo para membrana para pegar la pieza sobre el drenaje para reforzarlo.

Aplique sellador CPE alrededor del drenaje. Doble la membrana a lo largo de la línea de marca. Colóquela sobre la base del recipiente dejando la parte del refuerzo del drenaje centrado sobre los tornillos del mismo. Trabajando desde del centro del drenaje hacia las paredes, estire cuidadosamente la membrana hacia las esquinas doblando el material de sobra en lengüetas triangulares.

Aplique adhesivo CPE sobre uno de los lados, aplane la lengüeta y clávela con grapas. Clave sólo el borde superior de la membrana a la pared. No clave más abajo del borde, ni tampoco sobre el borde.

A la altura frontal de la ducha, corte la membrana a lo largo de las vigas para poder doblarlas sobre el borde. Instale las esquinas prefabricadas con adhesivo en el interior de las mismas. No las clave con grapas.

En el sitio del drenaje con la membrana reforzada, ubique y marque los tornillos. Presione la membrana sobre las puntas y use una navaja para cortar con cuidado una abertura pequeña lo suficientemente grande para que salgan los tornillos. Empuje la membrana sobre los tornillos.

Utilice una navaja para cortar con cuidado la membrana suficiente para exponer el drenaje y así poder colocar la pieza del medio en su lugar. Saque los tornillos del drenaje, coloque la pieza del medio sobre los huecos de los tornillos. Coloque de nuevo los tornillos, ajústelos en forma pareja y con firmeza para crear un cierre hermético.

(continúa)

Pruebe si el recipiente tiene escapes. Coloque una bola de prueba inflable al interior del drenaje y por debajo de los huecos de desagüe. Llene la ducha con agua hasta llegar a 1" por debajo del borde. Marque el nivel del agua y déjela allí toda la noche. Si el nivel no varía, el recipiente está bien construido. Si el nivel ha bajado, ubique el escape y arréglelo con parches de membrana y aditivo CPE.

Instale los tableros de cemento alrededor de las paredes usando estacas de madera de ¼" para levantar el borde inferior de la membrana (CPE). Para evitar perforar la membrana no use puntillas o grapas sobre las 8" inferiores del tablero. Corte una pieza de lámina de metal para colocarla alrededor de las tres paredes de la ducha. Presione la lámina sobre la parte superior del borde frontal y clávela contra la cara frontal. Mezcle suficiente cemento para las dos caras de la parte frontal.

Instale el borde del frente algo sobresalido con un madero 1× para que quede a ras con el material de la pared frontal. Aplique cemento sobre la malla con un palustre hasta llegar al borde del madero. Limpie el exceso de cemento y use un nivel torpedo para comprobar la plomada. Haga los ajustes necesarios. Repita la acción al interior del borde. Deje secar la mezcla toda la noche. *Nota: La parte superior del borde frontal se terminará después de instalar la baldosa (paso 19).*

Instale la pieza de filtración (o colador) al drenaje dejándola por lo menos 1½" por encima del recipiente de la ducha. Haga una marca de 1½" por encima del recipiente y luego use un nivel para trazar una línea de referencia alrededor del perímetro de la base de la ducha. Debido a que el recipiente primario ha creado un declive de ¼" por cada pie del piso, esta medida mantendrá esa inclinación.

Coloque una serie de separadores sobre los huecos de desagüe del drenaje para evitar que el cemento atasque los orificios. Mezcle el cemento y luego construya el piso de la ducha a más o menos la mitad del espesor de la base. Corte la lámina de metal para cubrir la capa de cemento dejándola ½" separada del drenaje (ver la foto en el paso 18).

Continúe adicionando cemento hasta llegar a las líneas de referencia marcadas sobre las paredes. Use el nivel para comprobar el declive y llene los espacios vacíos con mezcla. Deje un espacio a la altura del drenaje de acuerdo al espesor de la baldosa. Aplane la superficie con una llana de madera hasta que quede suave y se incline en forma pareja hacia el sifón de desagüe. Deje secar el cemento toda la noche antes de instalar la baldosa final.

Después que el piso se haya curado, dibuje las líneas de referencia y establezca el diseño de la baldosa. Mezcle una tanda de cemento e instale las piezas. En el lado frontal, corte las piezas para el lado interior dejándolas salidas ½" por encima de la superficie sin acabar, y las piezas del frente salidas ⅝". Así formará un declive de ⅛" para que el agua se deslice al interior de la ducha. Use un nivel para revisar la inclinación de las baldosas a medida que trabaja.

Mezcle el cemento suficiente para cubrir la parte superior sin acabar del frente de la ducha y aplíquelo entre las baldosas con un palustre. Limpie el exceso de cemento dejándolo a ras con las piezas de los lados. Deje secar la mezcla y luego instale las molduras de los bordes. Instale la baldosa sobre las paredes, aplique la lechada (masilla), limpie y selle toda la baldosa. Después que la lechada se ha curado por completo, aplique una capa de silicona sobre las esquinas interiores para crear uniones flexibles de expansión.

Proyectos de paredes

Este capítulo comienza con un proyecto básico de pared que puede aplicarse a otras situaciones. Luego mostraremos cómo embaldosar las paredes de una ducha. Este es uno de los proyectos más comunes de realizar.

Aquí aprenderá cómo embellecer paredes con emblemas y baldosas, embaldosar una chimenea o la parte trasera de una encimera. Luego podrá realizar proyectos más complejos como cubrir una bañera o construir paredes con compartimientos.

También pondrá en práctica varias e interesantes técnicas. El trabajo en las bañeras le muestra cómo instalar varios tipos de molduras de baldosa, y la construcción de repisas le enseña cómo colocar baldosas de forma irregular y sin lechada. El proyecto con emblemas le indica la forma de embellecer una pared sin tener que embaldosar toda la superficie.

Practique las técnicas ofrecidas y luego agregue unos cuantos acentos y color para convertir su trabajo en algo único y original. Deje volar su imaginación.

Variedad de proyectos de paredes

La baldosa tradicional tiene una orientación horizontal con atractivo para muchos diseñadores. Aún cuando esta baldosa (llamada también "subway") es de colores blancos o primarios, los tonos neutrales en esta foto dan una apariencia natural y calmada.

Las baldosas grandes son apropiadas para las duchas debido a la poca cantidad de uniones. Esto evitará aún más la posibilidad de filtraciones y facilitará su limpieza.

Las paredes con espejos junto con las baldosas pulidas son una combinación con apariencia sobria y elegante. Las repisas de vidrio intensifican el efecto.

Usar la misma clase de baldosa sobre las paredes y el piso puede ser un diseño riesgoso, pero si es trabajado con algo de experiencia, el resultado final puede ser impactante.

La pared cubierta con baldosa de mosaico ofrece mejores resultados cuando es instalada con cierta discreción. La baldosa colocada sólo en una pared es un toque de diseño que por lo general da buenos resultados. Escoja una pared con características especiales (que contenga un lavamanos, un espejo, o un gabinete empotrado) para instalar este tipo de baldosa.

Los colores fuertes junto a un diseño en contraste es una fórmula para llamar la atención. Esto puede tener muy buenos resultados en baños pequeños, pero puede ser algo abrumador si no es moderado de alguna forma.

Los accesorios contemporáneos son excelentes cuando se usan en lugares con paredes de vidrio brillante.

Los toques de diseño en forma de cuadricula no sólo hacen ver el espacio más interesante, también ayudan a definirlo de acuerdo a su función.

Siempre podrá escoger cualquier tipo de forma y estilo en la medida que mantenga una consistencia en su esquema.

Las baldosas estampadas pueden ser creadas a su gusto en algunos centros de distribución. En esta foto, la tina está rodeada con baldosas estampadas y se combinan muy bien con el resto del diseño sobre la pared.

La baldosa sobre la pared puede ser instalada como un panel tradicional para dar una apariencia mayor a espacios pequeños. Si instala el panel más arriba de las 36" tradicionales, creará un efecto aún más antiguo encontrado por lo general en estilos Victorianos.

Las baldosas coloreadas son una buena opción para complementar diseños poco convencionales como la manija verde de vidrio de este lavamanos.

Evaluar y preparar las paredes

La base de las paredes cubiertas con baldosas debe ser estable. Esto significa que la pared no se debe expandir o contraer debido a los cambios de temperatura o la humedad. Por esta razón es necesario quitar la cubierta completa de la pared antes de instalar la baldosa, aún cuando haya sido pintada. De igual forma, deberá remover cualquier tipo de paneles de madera antes de embaldosar la pared. Las paredes pintadas también necesitan cierto tipo de preparación. Por ejemplo, la pintura que puede caerse debe ser lijada por completo antes de empezar a trabajar en el proyecto.

Las paredes lisas cubiertas con concreto pueden ser embaldosadas, pero el concreto debe ser preparado. Ráspelas con un limpiador para concreto, luego aplique un adhesivo para concreto. Utilice una pulidora para suavizar las superficies disparejas. Instale una membrana aislante (ver la página 42) para evitar que la baldosa se quiebre si la pared se raja (este es un problema común).

Las paredes de ladrillo o bloques son una buena base para las baldosas pero la superficie no es lo suficientemente lisa para instalarlas sin algo de preparación. Mezcle una tanda de cemento Portland. Aplique una capa suave y pareja sobre la pared y déjela secar por completo antes de embaldosar.

Puede instalar baldosa sobre paredes ya embaldosadas, pero debe remover el brillo lo suficiente para permitir que el adhesivo se pegue en forma correcta. Tenga en cuenta que la nueva baldosa va a sobresalir de la pared en forma notoria, y necesitará acomodar y suavizar todos los bordes alrededor de tomacorrientes, interruptores, puertas, ventanas, o cualquier otro obstáculo.

En algunos casos será más fácil quitar la base vieja e instalar una nueva (vea las páginas 130 a 131). Aún si está trabajando sobre una base en buena condición, necesitará hacer una evaluación de la pared para estar seguro que está plana y a plomo, y arreglar cualquier desperfecto antes de iniciar la embaldosada.

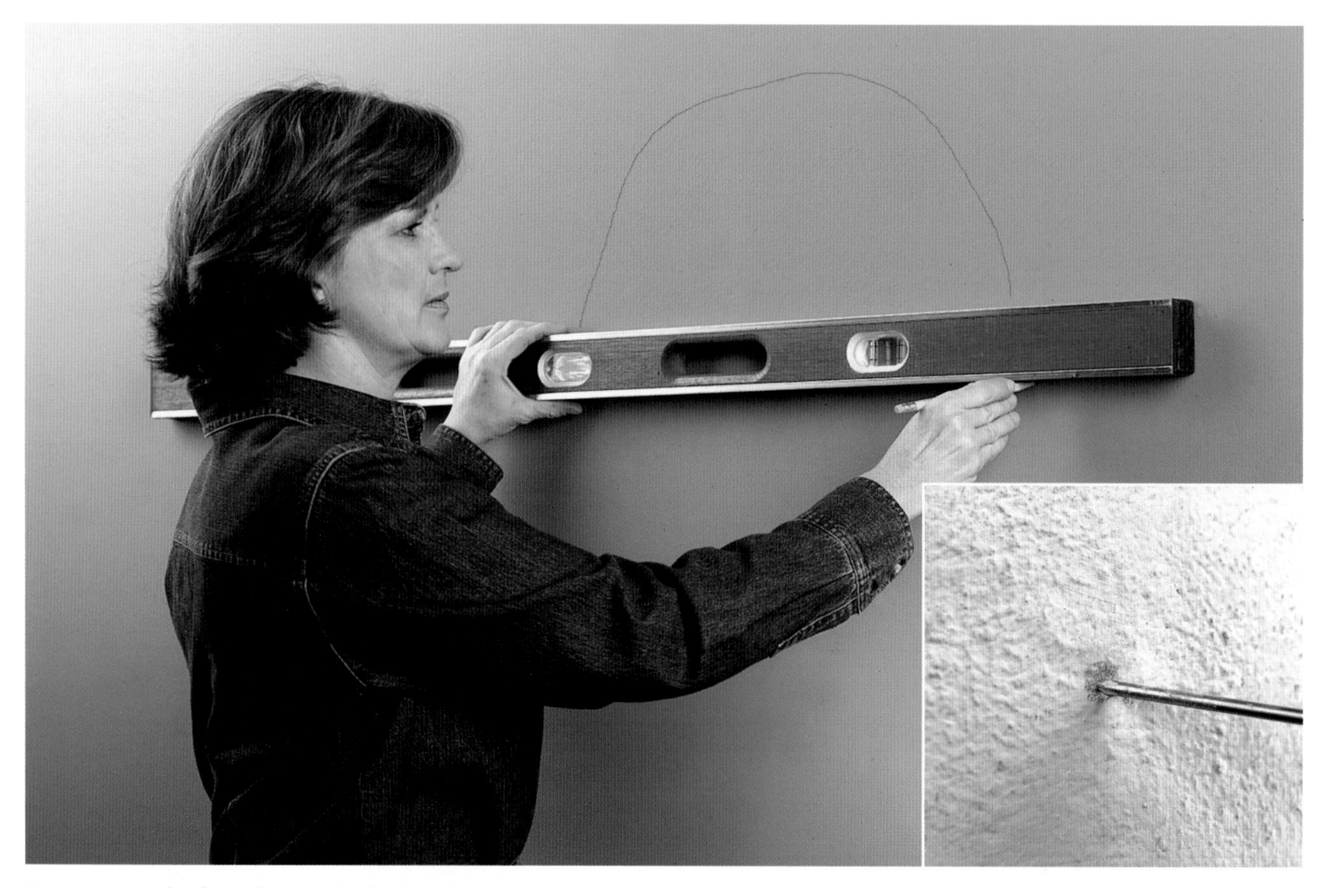

Pase una regla derecha de arriba hacia abajo y de lado a lado a lo largo de la pared. Marque los vacíos encontrados sobre la superficie. Cualquier desperfecto de más de ¼" deberá ser cubierto con algún adhesivo usando una espátula de 12" de ancho. Puede aplicar varias capas delgadas de adhesivo para mejores resultados. Algunas superficies son más lisas que otras. Las de alto contenido de cal (ver foto anexa), son muy suaves para utilizarse como base para la baldosa.

Cómo reparar agujeros

Reparar agujeros pequeños: Cubra los huecos con pasta y luego líjelos. Cubra los huecos irregulares con un parche y luego aplique dos capas de pasta o algún componente para reparar el tablero. Use una esponja húmeda o una lijadora mojada para lijar el área, luego líjela en seco si es necesario.

Reparar agujeros grandes: Marque líneas de corte alrededor del hueco y luego corte la pieza con una sierra para cortar tableros. Coloque tiras de contrachapado en la abertura y clávelas con tornillos al interior de las vigas de la estructura. Clave la pieza de parche sobre las tiras de base. Cubra los bordes con cinta para tableros y luego termínelos con pasta de reparación.

Revisar y corregir las paredes fuera de plomo

Utilice una plomada para determinar si las esquinas están a plomo. Una pared con más de ½" de inclinación debe ser corregida antes de instalar la baldosa.

Si la pared está fuera de plomo, utilice un nivel largo para marcar la línea de plomada sobre toda la altura de la pared. Quite la cubierta de la pared que está fuera de plomo.

Corte e instale estacas sobre las vigas de la estructura para crear una superficie a plomo donde se clavarán los materiales de base. Marque los puntos más altos de las estacas para señalar el sitio donde se colocarán los tornillos.

Remover la cubierta de las paredes

Quizás tenga que remover y reemplazar la cubierta de las paredes interiores antes de iniciar la instalación de la baldosa. En la mayoría de los casos el material que va a quitar es el tablero de base, pero a veces puede ser yeso o baldosa de cerámica. Este trabajo no es placentero, pero tampoco es difícil. Antes de comenzar, corte el servicio de electricidad y revise si hay conexiones eléctricas o de plomería al interior de la pared.

Siempre debe llevar puesto el equipo de protección —gafas y máscaras para respirar— porque va a producir mucho polvo y mugre. Utilice tiras de plástico para tapar las puertas y los conductos de ventilación para evitar que el polvo se esparza por todos lados. Cubra los pisos y la tina del baño con papel de protección pegado con cinta para enmascarar. El polvo y los deshechos pueden introducirse por debajo de las lonas que cubren el piso y pueden rayar la superficie de la bañera.

Herramientas y materiales ▸

Navaja / Mazo
Barra de palanca
Sierra circular con disco para demolición
Regla derecha
Cincel para concreto
Lona fuerte
Sierra recíproca con cuchilla bi-metal
Martillo
Protección para ojos
Máscara contra el polvo
Madero de 2 × 4

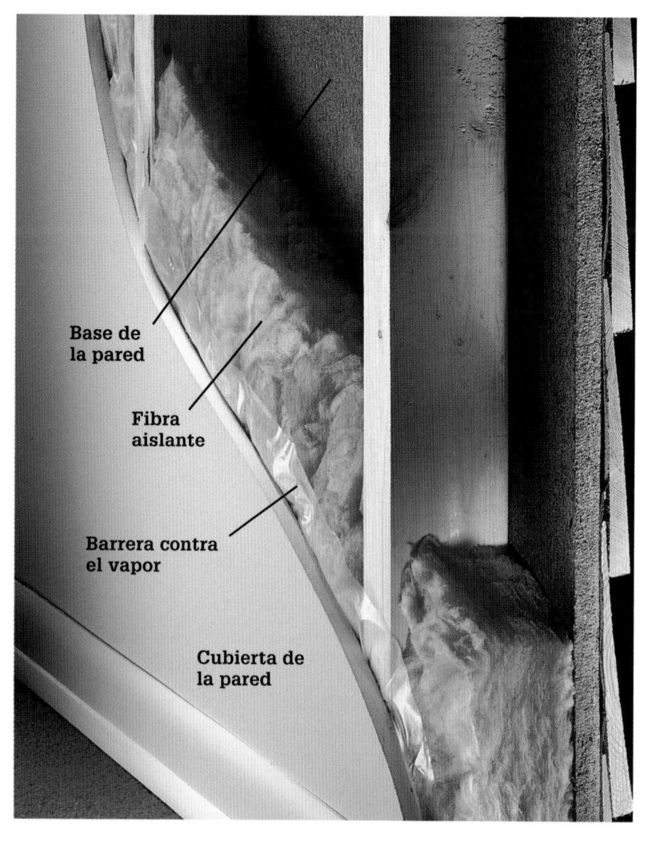

Tenga en cuenta la forma como fue construida la pared antes de remover la cubierta. Si es una pared exterior, tenga cuidado para no averiar la capa aislante. Deberá reemplazar la barrera contra el vapor antes de instalar la nueva cubierta.

Cómo remover la cubierta de la pared

Remueva las molduras de la base y prepare el área de trabajo. Haga un corte a ½" de profundidad desde el piso hasta el cielo raso a lo largo de las líneas de corte. Use una sierra circular. Use una navaja para finalizar los cortes en ambos extremos y para cortar la pared donde se une con el cielo raso.

Introduzca la punta de una barra en el corte cerca de una de las esquinas de la abertura. Haga palanca hasta que rompa la cubierta de la pared. Saque los pedazos rotos. No averíe la pared fuera del área de la abertura.

Cómo remover una cubierta de yeso

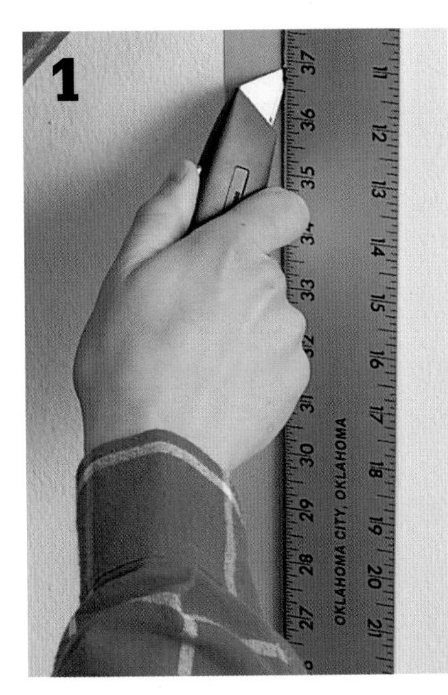

Quite las molduras de la base y prepare el área de trabajo. Corte varias veces con una navaja a lo largo de todas las líneas de corte. Utilice una regla como guía hasta que los cortes queden al menos ⅛" de profundidad.

Rompa el yeso sobre los bordes sosteniendo un trozo de madera de 2 × 4 un poco adentro de la línea de corte. Golpéelo con el martillo. Use una barra para quitar el resto del yeso.

Corte la malla a lo largo de los bordes del yeso utilizando una sierra circular o una de vaivén. Quite la malla de las vigas con una barra de palanca.

Cómo remover la baldosa de cerámica de una pared

Cubra el piso con una lona gruesa, luego desconecte el agua y la electricidad. Abra un hueco pequeño en la parte de abajo de la pared usando un cincel y un martillo.

Corte secciones pequeñas de la pared introduciendo en el hueco una sierra recíproca con cuchilla bi-metal. Corte a lo largo de las uniones. Tenga cuidado cuando corte cerca de tuberías o cables.

Corte toda la superficie en secciones pequeñas removiendo cada una a medida que termina. Evite cortar las vigas de soporte.

Instalar y acabar paneles en paredes

El tablero de cubierta para paredes es una base apropiada para instalar baldosa en lugares secos. El tablero de color verde con cubierta de papel resistente al agua (Greenboard) es bueno para usar en cocinas y en partes secas del baño. Las áreas de la ducha y la parte trasera de las encimeras deben llevar una base con tablero de cemento.

Los tableros vienen en tamaños de 4 × 8 ó 4 × 10 pies, y de ⅜, ½, y ⅝ pulgadas de espesor. Las paredes nuevas tienen un espesor estándar de ½ pulgada.

Instale los paneles de tal manera que los bordes queden centrados sobre la superficie de las vigas de la estructura, no sobre los lados. Utilice cinta adhesiva y masilla para los tableros para cubrir todas las uniones.

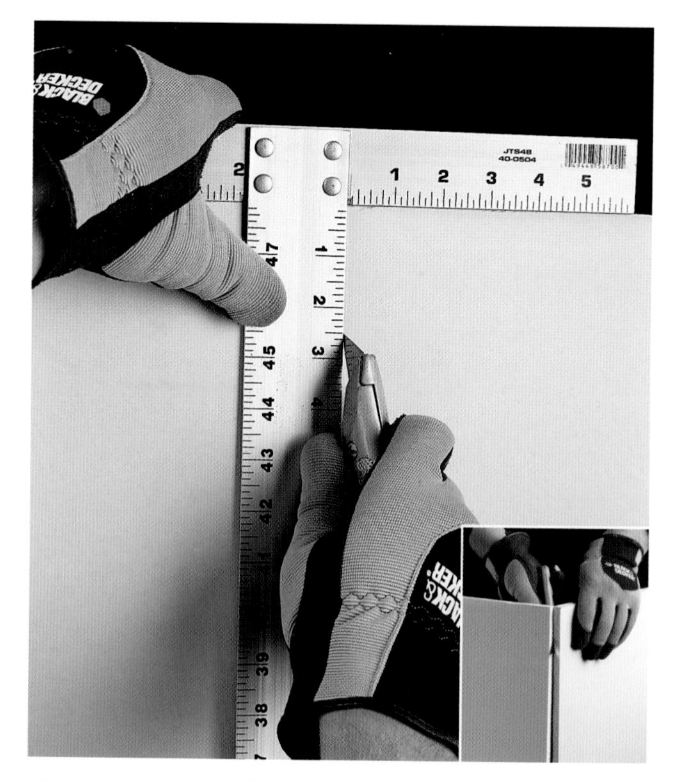

Haga un corte inicial sobre la cara de papel con una navaja y una regla T como guía. Doble el panel contrario a la línea de corte hasta que se quiebre, luego corte al interior del papel (ver foto anexa). Use también la navaja para el corte y luego separe las piezas.

Herramientas y materiales ▸

Cinta métrica / Navaja
Regla en forma de T
Espátulas para instalar la cinta de 6" y 12"
Esponja de lija #150
Pistola de clavado
Tablero de base
Cinta para tableros
Tornillos de rosca burda para tableros de 1¼"
Masilla para tableros
Papel de metal para el interior de esquinas

Cómo instalar y acabar paneles en paredes

Instale los paneles juntando los bordes en curva. Clávelos con tornillos para tableros de 1¼" cada 8" de distancia a lo largo de los bordes y separados 12" al interior. Clave los tornillos lo suficiente para levantar la superficie pero sin averiar la cubierta de papel (ver anexo).

Termine las uniones aplicando una capa pareja de masilla de ⅛" de espesor. Utilice una espátula de 6" de ancho.

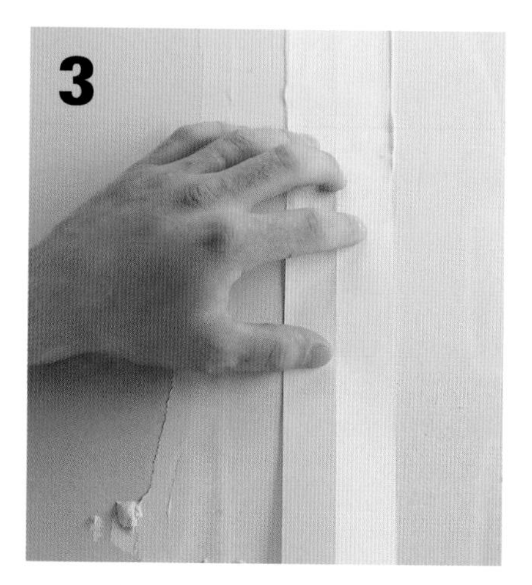

Centre la cinta para tableros sobre la unión y presiónela con cuidado sobre la masilla dejándola suave y derecha.

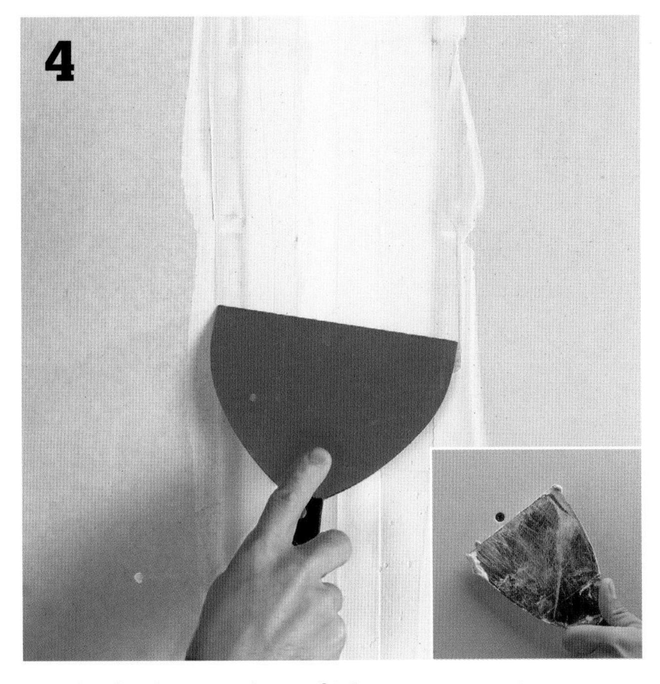

Suavice la cinta con la espátula. Aplique la presión suficiente para empujar la masilla por debajo de la cinta. Deje la cinta plana y con una capa delgada por debajo. Cubra la cabeza expuesta de los tornillos con la primera de las tres capas de masilla (ver anexo). Deje secar la masilla toda la noche.

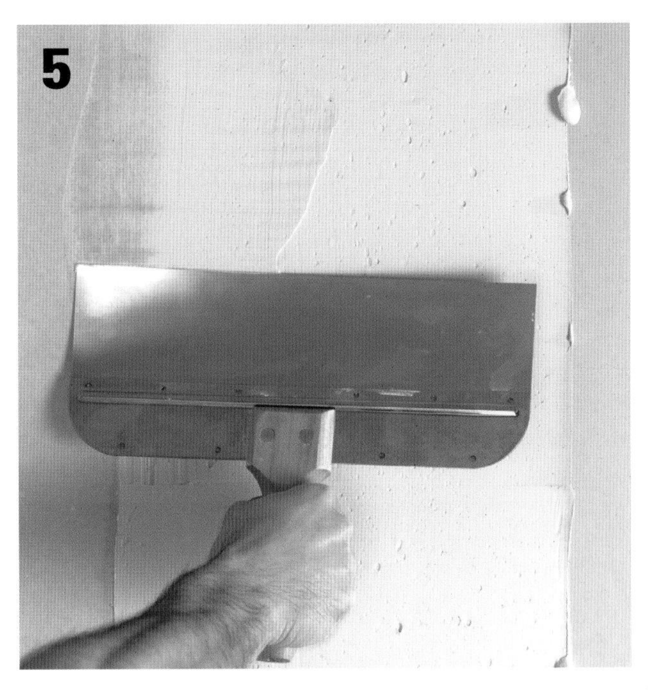

Aplique la segunda capa más delgada de masilla sobre las uniones. Use una espátula de 12". Suavice primero hacia los lados de la masilla sosteniendo la espátula casi plana y aplicando presión hacia afuera de la cuchilla tocando apenas el centro de la unión.

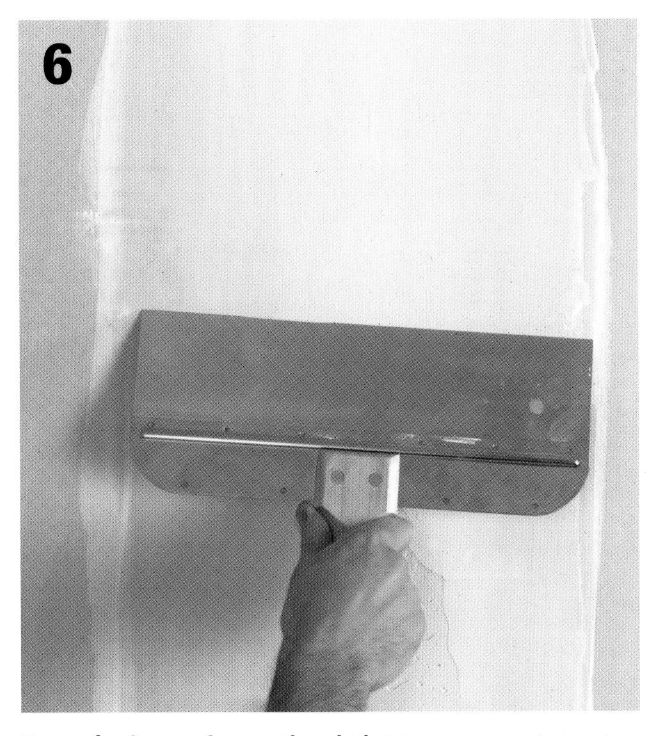

Después de suavizar ambos lados, haga una pasada por el centro de la unión dejándola suave y pareja, y los bordes al mismo nivel de la superficie del tablero. Cubra por completo la unión de cinta. Deje secar la segunda capa, luego aplique la tercera con una espátula de 12". Después que la tercera capa se ha secado por completo, líjela suavemente con una lija para tableros o con una esponja de lija #150.

Capa en la esquina interior ▸

Termine las esquinas interiores usando un papel con cubierta de metal para crear esquinas derechas y durables sin mucho esfuerzo. Introduzca la esquina al interior de la capa delgada de masilla, luego suavice el papel con la espátula. Aplique dos capas finales sobre la esquina, y luego lije hasta suavizar la masilla.

Instalar tableros de cemento en paredes

Antes de empezar el trabajo debe inspeccionar la estructura de la pared y el cielo raso para estar seguro que cumplen con los requerimientos necesarios para la instalación del tablero de base. Las vigas de soporte horizontal y vertical de las paredes (a menudo llamadas vigas miembros de la estructura) deben estar separadas 16 pulgadas a partir del centro.

En las áreas húmedas se requiere la instalación de una barrera contra la humedad (una tira de polietileno o de papel para techo de 15 libras) para proteger el interior de la pared. Esta capa se instala directamente sobre las vigas de la estructura usando grapas o puntillas para techo. El polietileno por lo general se consigue en rollos del ancho suficiente para cubrir la pared entera en una sola pieza. El papel de asfalto para el techo (también conocido como papel para construcción) se instala en rollos traslapados comenzando desde la parte inferior de la pared. Los rollos posteriores deben traslapar el anterior por lo menos dos pulgadas en las uniones horizontales, y seis pulgadas en las verticales y en las esquinas.

Herramientas y materiales ▸

Protección para ojos y oídos
Broca de fácil ajuste / Guantes
Grapadora / Grapas / Taladro
Cemento delgado modificado
Polietileno de 4-mil
Cinta de malla de fibra de vidrio de 2"
Tornillos para tablero de cemento de 1¼"
Papel de techo 15#
Tablero de cemento de ½"
Cinta métrica
Espátula de 6"

Instale un tablero de cemento de ½" de espesor en forma horizontal sobre las vigas de la estructura de la pared. Deje la cara burda hacia afuera. Utilice tornillos para tableros de 1¼". Clávelos cada 6" de distancia de centro a centro sobre el cielo raso, y a 8" de distancia sobre las paredes. Mantenga los tornillos a 2" de distancia de cada esquina y a no menos de ⅜" del borde de los paneles.

Preparación de la pared

La barrera contra la humedad, consistente de una tira de polietileno transparente de 4-mil, puede ser clavada con grapas sobre las vigas en las áreas húmedas antes de instalar los tableros de cemento.

El papel de asfalto para techos (papel para construcción 15#, también puede usarse como barrera para la humedad cuando se instala por debajo de los paneles de cemento en las áreas húmedas.

Cómo instalar los tableros de cemento sobre las paredes

Clave los paneles a las vigas de la estructura por medio de tornillos para tableros de cemento de 1¼". La cabeza de los tornillos debe quedar a ras con la superficie del panel. El borde de los tableros debe quedar sobre las vigas. La hilera inferior de los paneles debe quedar a más o menos ¼" de altura del piso.

Llene las uniones de los paneles con un cemento delgado modificado. Luego aplique cinta de malla de fibra de vidrio sobre el cemento. Quite el exceso de cemento de la unión usando una espátula.

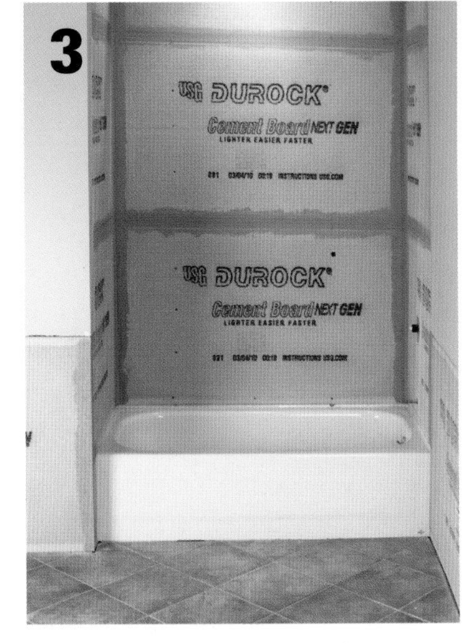

Complete la instalación de los tableros de cemento aplicando cemento delgado sobre la cinta esparciéndolo hacia afuera de las uniones. Si va a instalar una membrana contra la humedad sobre los tableros, deje secar el cemento sobre las uniones 24 horas.

Dibujar diseños de baldosas sobre paredes

Establecer las líneas de referencia perpendiculares es un paso muy importante en todo proyecto de embaldosar, incluyendo los trabajos sobre las paredes. Para crear las líneas, mida y marque el punto medio sobre la parte superior e inferior de la pared, y luego de lado a lado. Trace líneas de tiza entre las marcas opuestas para crear las líneas centrales horizontal y vertical. Utilice el método de triangulación 3-4-5 para asegurarse que las líneas están dibujadas correctamente. Ajuste las líneas hasta que queden exactamente perpendiculares.

Coloque las baldosas sueltas del diseño comenzando desde el centro de la pared y en dirección hacia una de las paredes adyacentes. Si el espacio entre la última baldosa y la pared es muy delgado, ajuste el punto de inicio. Continúe probando con baldosas sueltas alrededor de las paredes prestando atención a las ventanas, puertas, u objetos permanentes sobre la pared. Si resulta con muchas baldosas delgadas por todos lados, ajuste las líneas de referencia (y su diseño) para evitar los cortes. Es mejor no cortar baldosas más de la mitad.

Si la pared tiene una esquina exterior, comience la prueba en ese lugar. Coloque las molduras sobre los bordes de las baldosas adyacentes. Si resulta con un espacio angosto en la pared opuesta, instale baldosa cortada al lado de la moldura para igualar o evitar el espacio.

Dibuje el diseño a escala de la instalación de la baldosa sobre la pared para crear las líneas de referencia.

Examine las paredes

Examine las paredes y las esquinas para comprobar que están a plomo. Haga los ajustes necesarios antes de iniciar el proyecto.

Mida las paredes, poniendo atención en particular a la ubicación de las ventanas, puertas, u otros objetos permanentes sobre la pared. Utilice estas medidas para crear un dibujo a escala de cada pared a embaldosar.

Cómo probar el diseño sobre una pared

Clave un madero derecho con tornillos a lo largo de la línea de referencia horizontal. Coloque las piezas sueltas sobre el madero. Alinee la baldosa del medio con la línea vertical central.

Si termina con un espacio muy angosto al lado de la pared en el paso 1, mueva la pieza la mitad del ancho centrándola sobre la línea vertical del medio.

Utilice una vara de medidas para determinar si el diseño vertical es funcional. Si es necesario ajuste el tamaño de la primera hilera de baldosas.

Coloque las piezas sueltas para crear la primera hilera, luego sostenga la vara de medida sobre la guía horizontal con una unión entre baldosas empatando la línea vertical de referencia. Marque las líneas de lechada que van a corresponder con las líneas de uniones de la primera hilera. Las uniones pueden ser usadas como puntos de referencia.

Embaldosar paredes

La baldosa es un material ideal para cubrir paredes, especialmente al interior de los baños. Las paredes con baldosas son hermosas, prácticas, y fácil de mantener y limpiar. Son apropiadas para los baños, cocinas, recibidores, y otros espacios de uso frecuente en las viviendas.

En el momento de hacer la compra, tenga en cuenta que las piezas de al menos 6 × 6 pulgadas son más fáciles de instalar que las más pequeñas porque requieren menos cortes y cubren más superficie. Las piezas más grandes tienen menos líneas de unión (de lechada) para mantener o limpiar. También averigüe sobre la diversidad de molduras, piezas y accesorios decorativos disponibles que le ayudarán a crear un trabajo único y especial.

La mayoría de la baldosa para paredes está diseñada para tener uniones de lechada angostas (menos de ⅛ de pulgada de ancho) las cuales se llenan con lechada (masilla) sin arena. Las uniones más anchas de ⅛ de pulgada deben cubrirse con lechada con arena para pisos. Ambos tipos durarán más si son mezclados con un aditivo de látex. Para evitar manchas, es recomendable aplicar un sellador sobre las uniones después que la lechada se ha secado. Aplique sellador una vez al año.

Puede utilizar tableros de base en seco o resistentes al agua (llamados "greenboard") como base para las paredes en áreas secas. En las áreas mojadas, instale la baldosa sobre tableros de cemento. Estos tableros hechos de cemento y fibra de vidrio no son afectados por el agua aún cuando la humedad pasa a través de ellos. Para proteger la estructura, instale una membrana contra el agua, como el papel de construcción o las tiras de polietileno, entre las vigas de enmarcado y los tableros de cemento. Cubra las uniones entre tableros con cinta antes de embaldosar.

Herramientas y materiales ▸

Herramientas para cortar baldosa
Marcador / Separadores
Palustre con muescas
Llana y esponja para lechada
Paño suave / Mazo
Brocha pequeña o de espuma
Pistola para silicona
Madero de 2 × 4
Trozo de alfombra
Cemento delgado con aditivo de látex
Baldosas y molduras
Lechada con aditivo de látex
Silicona para baños y baldosa
Sellador alcalino para lechada
Estacas de ⅛"
Protección para ojos

La baldosa es un material práctico, fácil de mantener, y una buena opción para los baños. La variedad de colores, formas y tamaños garantiza la existencia de material para casi cualquier aplicación. Tenga en cuenta que las piezas grandes son más fáciles de instalar, mantener y limpiar.

Cómo instalar la baldosa de pared

Diseñe la colocación y marque las líneas de referencia. Comience la instalación con la segunda hilera sobre el piso. Si el diseño requiere de cortes en esta hilera, marque y corte las piezas de toda la hilera a la vez.

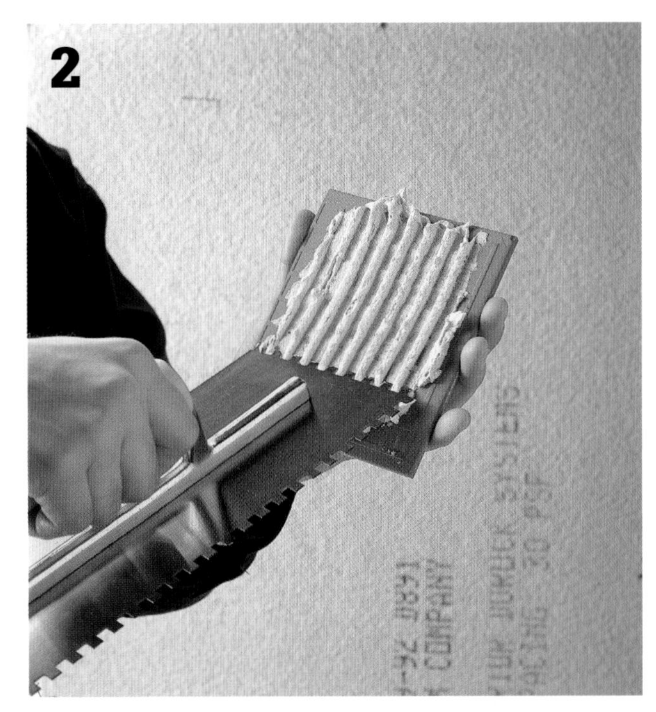

Mezcle una tanda de cemento delgado agregando aditivo de látex. Algunos cementos ya vienen mezclados con aditivo, mientras que otros hay que mezclarlos por separado. Cubra la parte trasera de la baldosa con adhesivo usando un palustre con muescas de ¼".

Variación: Esparza el adhesivo en una sección pequeña de la pared, luego coloque las piezas sobre el mismo. El adhesivo delgado se seca con rapidez y deberá trabajar rápido si escoge este método de trabajo.

Comenzando cerca del centro de la pared, coloque las piezas sobre la pared girándolas levemente y alineándolas perfectamente con las líneas de referencia vertical y horizontal. Cuando corte piezas, coloque el lado cortado en la parte menos visible.

(continúa)

Continúe con la instalación trabajando del centro hacia los lados en forma de pirámide. Mantenga las piezas alineadas con las líneas de referencia. Si las piezas no se separan en forma automática, coloque separadores de plástico en las esquinas para mantener constante las uniones de lechada. Instale la hilera de base al final. Corte las piezas a medida que sea necesario.

A medida que termina las secciones pequeñas, ajuste las piezas con un madero de 2 × 4 envuelto en un trozo de alfombra. Golpee el madero levemente con un mazo. Esto ajustará las baldosas sobre el adhesivo creando una superficie plana y pareja.

Para marcar la hilera inferior y extremos para realizar cortes derechos, comience colocando separadores de ⅛" sobre la superficie y a los lados de las piezas. Coloque una pieza directamente sobre la última baldosa instalada, luego coloque una tercera pieza dejando el borde recostado contra los separadores. Marque el borde de la baldosa salida sobre la pieza intermedia para señalar el corte.

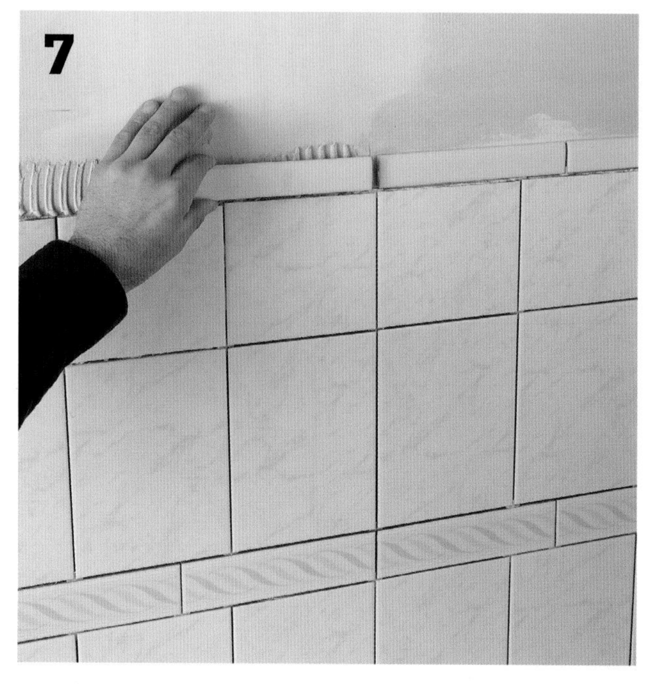

Instale las molduras, como las que cubren los bordes en esta foto. Limpie el exceso de cemento sobre los bordes superiores de las baldosas. Utilice las molduras para borde y esquineras (con dos bordes adyacentes) y para esquinas exteriores para cubrir los bordes burdos de las baldosas.

Deje secar el cemento por completo (de 12 a 24 horas), luego mezcle una tanda de lechada que contenga aditivo de látex. Aplique la masilla con una llana de caucho con movimientos largos para forzarla al interior de las uniones. No aplique masilla sobre las uniones junto a las tinas de baño, pisos o esquinas de las habitaciones. Estos espacios sirven como uniones de expansión y serán cubiertos con silicona más adelante.

Pase una esponja mojada en forma diagonal sobre la baldosa enjuagándola en agua fría después de cada pasada. Limpie cada área sólo una vez (si lo hace en forma repetitiva puede remover la masilla de las uniones). Deje secar la lechada unas 4 horas, luego use un paño suave para limpiar la superficie y remover la capa de masilla.

Después que la lechada se ha curado por completo, utilice una brocha pequeña de espuma para aplicar sellador sobre las uniones siguiendo las instrucciones del fabricante. Evite untar las baldosas con sellador y limpie el exceso del químico de inmediato.

Selle las uniones de expansión sobre el piso y las esquinas con pasta de silicona. Después que se haya secado, brille la baldosa con un paño suave y seco.

Embaldosar alrededor de la bañera

Debido a la cantidad casi que ilimitada de estilos, colores y tamaños de baldosas, la embaldosada de los alrededores de una bañera es uno de los proyectos caseros más populares. Este trabajo puede transformar el baño en un lugar lujoso y a su vez incrementar considerablemente el valor de su propiedad.

La baldosa que rodea la bañera puede ser clasificada en tres componentes. La pared trasera es lo primero a embaldosar. La pared con los colgantes para las toallas contienen los elementos opcionales utilizados para colgar toallas de baño. Por último, la pared con todos los accesorios de plomería (válvulas, regadera, grifos, etcétera). Algunas bañeras están cubiertas con un cielo raso colgante a baja altura. Si este es el caso en su proyecto, instale los tableros de cemento primero sobre el cielo raso y embaldóselo después de instalar las baldosas sobre las paredes. El cielo raso por lo general es embaldosado en patrón diagonal para evitar problemas con lineamientos con las uniones de las baldosas en las paredes.

Con el correcto cuidado y mantenimiento, casi cualquier tipo de baldosa para paredes o pisos puede ser utilizada alrededor de la bañera. Las baldosas clasificadas como vidriosas e impermeables absorben menos humedad y son recomendables para áreas mojadas. Las no vidriosas, como las piezas instaladas en este proyecto, pueden ser utilizadas pero debe cubrirlas correctamente con al menos dos capas de sellador para baldosas.

El cálculo y compra de la baldosa se hace en pies cuadrados, y la moldura se estima en pie lineal. Si la baldosa escogida no viene con la moldura adecuada, puede construirla usando una sierra para corte en agua dotada con una rueda biselada. La baldosa no vidriosa es una buena solución para fabricar moldura debido a que su color es uniforme. La mayoría de los baños incluyen accesorios como jaboneras y colgantes para toallas. Algunas clases de baldosas ofrecen estos elementos con los mismos patrones y colores. De lo contrario puede utilizar accesorios similares o que contrasten con el estilo y color. El espesor de la base de estos elementos debe ser el mismo al del resto de la baldosa.

Para agregar un color llamativo a un área poco atractiva, puede instalar una o más hileras de baldosa que contrasten en color. Algunas baldosas de colores sólidos permiten la combinación de hileras de colores y tamaños similares sin tener que hacer variaciones especiales al diseño. Para lograr efectos aún más llamativos, puede empatar el color de la moldura con el de las hileras, o agregar baldosas como acentos decorativos a lo largo de toda la pared.

Herramientas y materiales ▸

- Tiras decorativas de 1 × 2
- Tornillos para tablero de cemento de 1¼"
- Tablero de cemento de ½"
- Cinta de malla de fibra de vidrio de 2"
- Nivel de 4 pies / Guantes
- Tira de polietileno de 4-mil
- Espátula de 6" / Taladro
- Destornillador / Navaja
- Pistola para silicona / Cartón
- Protección para ojos y oídos
- Palustre con muescas
- Cemento delgado modificado
- Grapadora y grapas
- Herramienta de carburo para cortes
- Separadores
- Cuchilla de carburo para abrir huecos
- Disolvente de lechada
- Llana y esponja para lechada
- Lechada
- Sierra para abrir huecos
- Silicona para látex
- Cinta métrica
- Lonas / Baldosa
- Herramienta para cortar baldosa
- Moldura / Martillo
- Bloque de madera
- Rodillo pequeño

El área que rodea esta bañera funcional (arriba) puede ser transformada por completo con otro tipo de baldosa (página opuesta).

Después

Cómo instalar baldosa alrededor de la bañera

Remueva la vieja cubierta. Quite el tubo del chorro de agua, los grifos y la regadera. Corte y remueva la silicona de las uniones en las esquinas. Quite todos los accesorios, como las jaboneras, para evitar que se caigan y dañen la bañera. Use una navaja para quitar la silicona, la lechada y el adhesivo alrededor del borde de la bañera. Por último cubra las partes expuestas de la bañera con cartón, y use una lona para cubrir los gabinetes y el sanitario.

Corte los paneles o baldosas de los alrededores. Puede abrir un hueco para cortar al interior de la pared en el punto donde se une con la baldosa. Use el borde de la baldosa o del panel como guía. Tenga cuidado para no averiar la tubería u otros elementos instalados al interior de la pared.

Remueva todos los tableros de base del área de instalación. Estos deberán reemplazarse por tableros de cemento. Saque todas las puntillas y quite todo el mugre de la estructura. Si es necesario instale bloques de madera adicionales para acomodar los tableros de cemento.

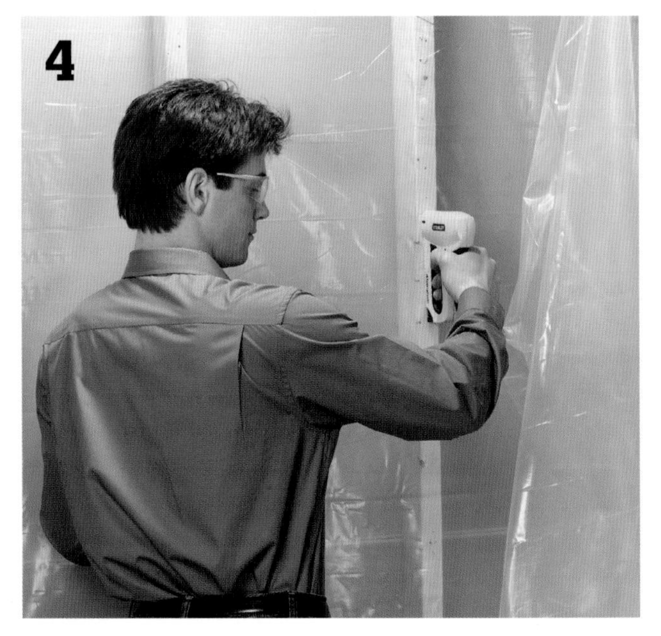

Instale una barrera contra la humedad. Clave con grapas tiras de polietileno transparente de 4-mil sobre las vigas. Este paso puede omitirse si va a aplicar una membrana a prueba de agua sobre la superficie de los tableros de cemento.

Instale primero un tablero de cemento de ½ en forma horizontal sobre la pared trasera. Luego hágalo sobre las paredes de los lados. Utilice tornillos de 1¼" para clavar los tableros. Haga cortes derechos con una cuchilla de carbono, luego doble el tablero sobre la línea trazada. Para abrir agujeros para la tubería u otros elementos sobresalientes, use un taladro equipado con una broca de carburo.

Llene todas las separaciones entre los tableros con cemento delgado traslapando al menos de 2 a 3" en cada lado de la unión. Centre e instale la cinta alcalina de fibra de vidrio de 2" de ancha sobre la unión y cúbrala con una capa delgada de cemento.

Ensaye la distribución de la baldosa sobre una superficie plana. Coloque los separadores de ⅛" entre las piezas para crear el espacio. Coloque baldosas que cubran más o menos la mitad de la altura y luego mida el largo de la hilera de las baldosas sueltas para determinar la altura real sobre la pared.

Dibuje líneas horizontales de referencia sobre la pared con un nivel de 4 pies para asegurarse que queden niveladas. Extienda las líneas sobre las otras paredes. Tome varias medidas desde las líneas hasta la bañera para comprobar que las líneas están paralelas. De lo contrario, mida de nuevo desde el punto más alto de la bañera y transfiera esa medida alrededor.

(continúa)

Dibuje la línea de referencia en el centro de la pared trasera. Instale tiras de maderos de 1 × 2 un poco más abajo de las líneas de referencia horizontal ubicadas en la parte media alrededor de la tina. Los maderos ayudarán a sostener temporalmente el peso de la baldosa instalada a partir de este punto.

Instale las primeras piezas. Mezcle una tanda pequeña de cemento delgado y aplíquelo con un palustre con muescas de ¼". Inclínelo en un ángulo de 45º. Esparza el adhesivo sobre las líneas de guía en la pared alineando el borde de la mezcla en dirección horizontal. Instale primero la baldosa sobre la pared trasera manteniéndolas alineadas sobre la guía central.

Instale dos o tres hileras de baldosas. En este ejemplo también se instala una hilera de piezas decorativas.

Para realizar cortes derechos sobre las piezas, coloque una pieza completa sobre la baldosa adyacente al espacio a cubrir. Coloque otra pieza completa sobre el mismo espacio y empuje el borde colgante contra un separador de ⅛" de espesor. Marque el borde de esta baldosa para señalar el corte de la pieza por debajo.

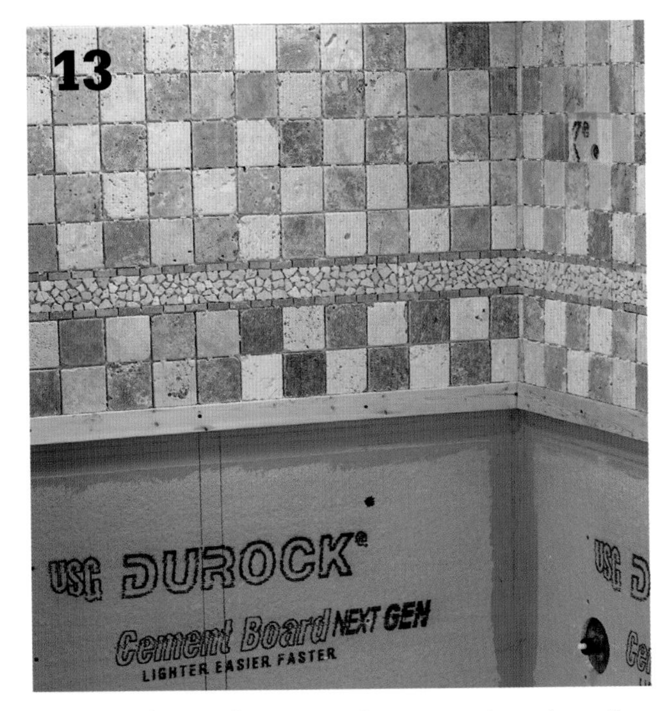

Complete las secciones superiores. Después que la porción superior de la pared trasera ha sido embaldosado, trabaje sobre las secciones superiores de las paredes adyacentes. Deje abierto los espacios necesarios para instalar los accesorios sobre la baldosa (como la jabonera o los toalleros).

Marque y corte las baldosas para instalar alrededor de las tuberías, grifos y regadera (por lo general la regadera es instalada por encima de la baldosa). Finalice la instalación de las hileras inferiores de baldosa y deje secar todo 24 horas. *Consejo: Cubra las baldosas con cinta para enmascarar para evitar que se deslicen mientras se secan.*

Cubra la superficie de la baldosa con un sellador u otro tipo de químico si las piezas no fueron fabricadas con superficie vidriosa. Este tratamiento impedirá que la lechada penetre en lugares donde no debe penetrar.

Aplique lechada en las uniones (ver la página 141). Sostenga la llana en ángulo para presionar la mezcla al interior de las uniones. Quite el exceso de masilla de la superficie en cada pasada. Limpie la baldosa con una esponja humedecida. Después de terminar, limpie toda la superficie con un paño suave para remover los restos de la lechada. Instale los accesorios y aplique silicona alrededor de los bordes.

Embaldosar la pared frontal de la bañera

Las repisas prefabricadas sobre la parte frontal de las bañeras simplifican su instalación, pero a menudo carecen de un buen diseño. Una forma de mejorar la apariencia de este elemento, y convertirlo en una parte elegante de la bañera, es sencillamente construir una pared embaldosada que se combine de manera agradable con la tina. Todo lo que debe hacer es construir un enmarcado básico y cubrirlo con unos cuantos pies cuadrados de baldosa.

La estrategia a seguir es construir un enmarcado en frente de la repisa de la bañera con maderos de 2 × 4 para luego embaldosar la parte superior y la cara frontal. Una opción es tratar de reproducir el mismo diseño de la baldosa de la pared, pero quizás sea difícil conseguir las mismas piezas si las paredes fueron embaldosadas tiempo atrás. Por lo general es mejor utilizar baldosas que contrasten con el diseño existente. Las baldosas especiales, como las piezas de moldura y decorativa, pueden tener un gran resultado sin gastar mucho dinero ya que el área a cubrir es muy pequeña. Consulte con los distribuidores sobre los múltiples diseños, formas y accesorios ofrecidos.

No olvide instalar una base a prueba de agua (use el tablero de cemento), y utilice un sellador de lechada de buena calidad ya que es un área que permanece mojada.

Herramientas y materiales ▸

Localizador de vigas
Cinta métrica
Sierra circular
Taladro
Nivel de carpintero o láser
Herramientas para cortar baldosa
Navaja
Llana y esponja para lechada
Paño para pulir
Brocha de espuma
Madero de 2 × 4
Adhesivo para construcción
Tablero de cemento
Tornillos de (2½", 3")
Baldosa
Cemento delgado
Papel de carburo o piedra mojada
Cinta ancha para pintura
Lechada / Silicona
Sellador para lechada
Palustre con muescas
Alcohol para limpiar
Pistola para silicona
Separadores
Protección para ojos

La repisa frontal de la bañera tiene poco impacto en la apariencia general del baño, pero si la cubre con una pared embaldosada, sin duda creará interés.

Cómo construir una repisa embaldosada frente a la tina

Mida la altura desde el piso hasta el borde de la bañera, así como la distancia de pared a pared. Haga un diseño y un dibujo en detalle del proyecto. Tenga en cuenta el espesor de las baldosas que va a utilizar. Separe las vigas de la estructura 16" a partir del centro.

Corte los maderos de 2 × 4 para la base y tope de la estructura (en este ejemplo tienen 58½" de largo). Corte las vigas (en este caso 5 piezas de 11" de largo). Coloque la viga de base sobre un borde y clave las vigas verticales dejándolas separadas 16" a partir del centro. La primera y última viga deben quedar perfectamente paralelas con la base. Clave dos tornillos de 2½" desde la base hacia el interior de cada viga.

Marque la línea de instalación con un marcador permanente. Aplique suficiente adhesivo para construcción sobre la base. Alinee la estructura con la marca y colóquela en su posición. Coloque ladrillos u objetos pesados entre las vigas para sentar el marco contra el piso. Deje secar el adhesivo según las instrucciones del fabricante.

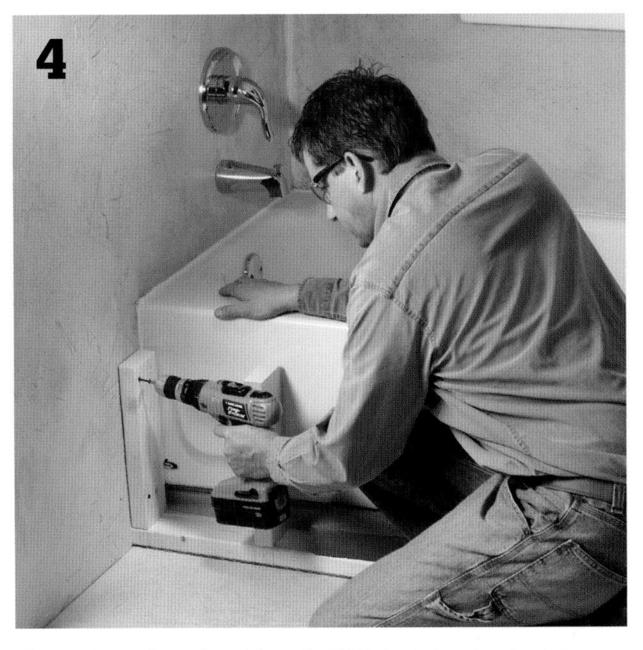

Clave dos o tres tornillos de 2½" desde las vigas hacia el interior de las paredes del baño. Si las vigas de la estructura no concuerdan con las vigas de la pared, clave por lo menos dos tornillos de 3" de largo en forma angular al interior de la pared.

(continúa)

Instale la viga superior sobre la estructura y clávela con tornillos de 2½" sobre cada viga vertical. Incline un poco los tornillos para incrementar la fortaleza del ensamble. La viga superior debe quedar a 2½" por debajo del tope de la bañera.

Corte el tablero de cemento (en la foto miden 14½") para cubrir el frente de la pared. Coloque el tablero con la cara del borde de fábrica sobre la parte superior de la pared. Clávelo a las vigas con tornillos para tableros de cemento.

Corte la pieza de tablero de cemento para instalarla sobre la parte superior de la estructura (de 3½" de ancho). Coloque el tablero con la cara del borde de fábrica contra la bañera. Clávelo a la viga superior con tornillos para tableros de cemento.

Diseñe la instalación y marque las líneas de referencia (vea la página 139) sobre la pared. Dibuje las líneas de referencia vertical y horizontal para la baldosa esquinera (usadas para la transición entre la hilera vertical y horizontal en el borde superior de la pared) y la baldosa con borde en curva (si el proyecto incluye este tipo). Ensaye el diseño sobre el piso y utilice los separadores.

Comience a embaldosar sobre la parte inferior de la pared. Instale la primera hilera sobre el piso utilizando los separadores si es necesario. Ajuste el diseño para dejar el tamaño de los extremos balanceados. Marque y corte las piezas necesarias y lije los bordes cortados con papel de carburo o una piedra mojada. Mezcle pequeñas tandas de cemento delgado e instale la base de la pared.

Comenzando en la intersección del área de la línea vertical central, aplique cemento con un palustre con muescas para esparcirlo en forma pareja. Cubra el espacio necesario para unas cuantas piezas manteniendo las uniones de lechada alineadas.

Termine la instalación hasta llegar a la línea horizontal que marca el lugar para la baldosa decorativa.

Aplique cemento delgado a la parte trasera de las baldosas de acento (decorativas) e instálelas en línea recta. Las uniones posiblemente no van a quedar alineadas con el resto de las baldosas.

(continúa)

Coloque piezas esquineras sueltas sobre la parte superior para crear una transición redonda hacia el borde de la pared. Instálelas antes de embaldosar la hilera superior de la pared (las baldosas esquineras son casi que imposibles de cortar si comete algún error en las medidas). Coloque sueltas las baldosas de la última hilera. Márquelas y córtelas si es necesario.

Instale las piezas de la última hilera de la pared (entre las piezas decorativas y las redondas esquineras de la cubierta). Si ha hecho un buen plano, no tendrá que cortar piezas sobre la pared para hacerlas caber. Si tienen que cortar piezas para crear la altura correcta, corte las de la primera hilera al interior de la pared.

Quite las baldosas sueltas a lo largo de la cubierta superior de la pared. Cubra el borde de la bañera con cinta para pintar y luego aplique una capa delgada de adhesivo sobre la pared y empiece a colocar las baldosas. Mantenga las uniones horizontales alineadas con las verticales de las piezas sobre la cara frontal de la pared.

Mezcle una tanda de lechada y use una llana para forzar la mezcla al interior de las uniones. Mantenga despejado el espacio entre las piezas superiores y la bañera. Allí se colocará silicona más adelante.

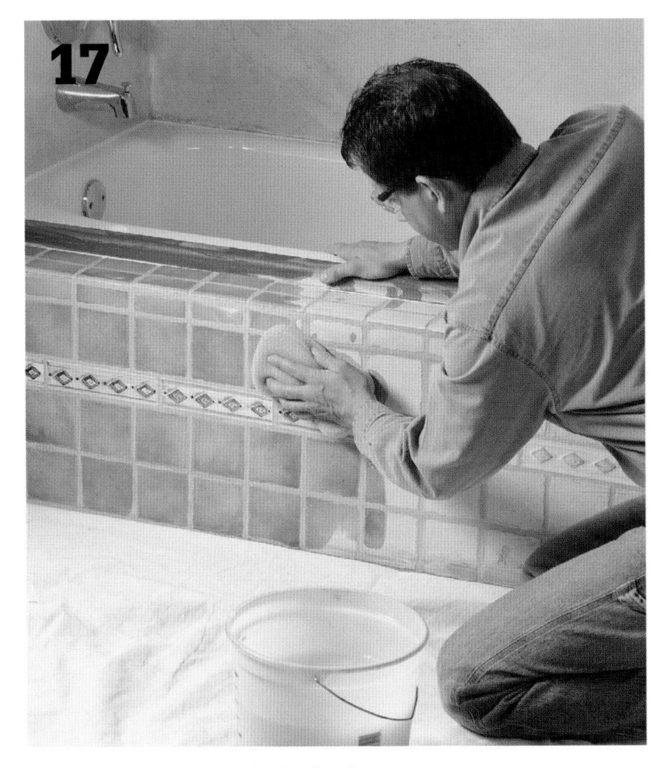

Remueva el exceso de lechada y limpie la baldosa con una esponja humedecida. Enjuáguela con frecuencia.

Después de unas 24 horas, limpie con alcohol el área donde se conecta la baldosa con la bañera. Luego coloque cinta en los bordes de la bañera y baldosa. Aplique una capa de silicona transparente al interior de la separación llenándola un poco más arriba de la superficie.

Suavice la silicona con una vara de plástico humedecida, o con la punta del dedo también humedecida para crear una superficie suave y pareja. Esta unión debe quedar muy bien sellada porque de lo contrario quedará propensa a que entre agua al interior de la pared.

Después que la lechada se haya curado por completo (siga las direcciones del fabricante), aplique sellador sobre todas las uniones.

Este fabuloso salón presenta una pared fabricada con un bello trabajo de baldosa. Las repisas pueden adicionarse a casi que cualquier pared, incluyendo esta pared divisoria construida específicamente para sostener las repisas.

Pared de repisa embaldosada

Una pared con repisas es un espacio ideal de exhibición y un centro de atracción de la habitación. Las repisas convencionales requieren cortarse al interior de la pared, lo cual puede ser un poco inquietante para el constructor. Una solución más fácil es construir hacia el exterior de la pared, como es hecho en este ejemplo.

Las "columnas" que forman los lados que soportan las repisas son cajas de madera construidas por separado en un taller de carpintería y luego instaladas en la habitación. Luego se instaló baldosa de cuarzo sobre las columnas y una baldosa de color claro para crear contraste sobre el espacio entre las columnas. Finalmente se colocaron repisas de vidrio entre las columnas para terminar el proyecto. El trabajo final tiene una apariencia natural, contextura y a su vez sofisticado.

Cuando diseñe su proyecto, tenga en cuenta el tamaño de las baldosas y de las líneas de separación para crear un plano que requiera los menos cortes posibles. Si no es posible terminar toda un área (como la columna o la parte trasera) con baldosas completas, corte piezas de igual tamaño para ambos lados dejando las piezas sin cortar en el centro. Si no es posible clavar ambas columnas a las vigas de la pared, utilice anclajes resistentes o tornillos acodados para asegurar una de las cajas.

Herramientas y materiales ▸

- Cinta métrica
- Localizador de vigas
- Sierra circular / Taladro
- Baldosa / Cinta de teflón
- Broca larga o con extensión
- Abrazaderas de barra
- Barra de palanca
- Martillo / Punzón
- Nivel y cuerda de tiza
- Broca con punta de carbono de ¼"
- Palustre con muescas de ¼"
- Esponja y llana para lechada
- Trapo para pulir
- Brocha de espuma
- Alicates de punta
- Mazo de caucho
- Tornillos de 1¼"
- Adhesivo para construcción
- Cinta ancha para pintar
- Tira de plástico
- Cemento delgado
- Separadores / Lechada
- Aditivo de látex
- Soporte para repisas (4 por repisa)
- Repisas de vidrio
- Sellador de lechada
- Maderos de (1 × 2, 1 × 6, 1 × 8)
- Pistola para silicona
- Herramientas para cortar baldosa
- Protección para ojos

Cómo construir una pared embaldosada para usar como repisa

1 **Utilice un localizador de vigas** para ubicar los soportes de la estructura. Márquelos, mida el área y dibuje un plano sobre un papel de gráfica.

2 **Si hay molduras instaladas sobre la base** en el área de construcción, quítelas con una barra de palanca y un martillo. Cubra el área con tiras de plástico lo más cercano a la pared.

(continúa)

Corte cuatro maderos de 1 × 6 y cuatro de 1 × 8 a la longitud deseada (108 pulgadas en este proyecto). Abra agujeros de ¾ de pulgada en dos de los maderos de 1 × 8, centrados cada 10" a lo largo de toda la longitud. En los otros dos maderos de 1 × 8 abra agujeros guía centrados cada 10".

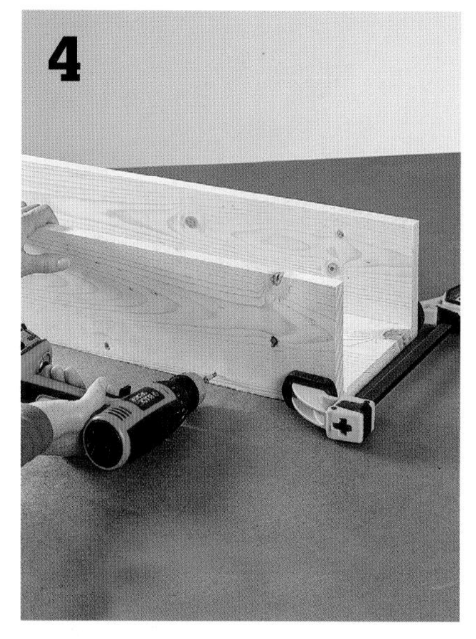

Coloque un madero de 1 × 8 (uno de los que tiene agujeros guía) sobre el área de trabajo, y uno de 1 × 6 al lado del borde. Sujételos con abrazaderas y clávelos con tornillos de 1¼" cada 6". Coloque el otro 1 × 6 y ensámblelo como lo muestra la foto. Clávelos con tornillos cada 6 pulgadas.

Complete la caja ensamblando el otro madero de 1 × 8 (con agujeros de ¾") en el lado opuesto. Clávelo como se describe. Construya la segunda caja de forma idéntica.

Marque una línea vertical sobre la pared con un nivel de láser. Esparza una capa de adhesivo para construcción sobre la parte trasera de la primera caja (el madero de 1 × 8 con agujeros guía). Pida ayuda para alinear el borde exterior sobre la marca. Clave un tornillo de 1¼" con una broca de extensión en cada agujero guía (al interior de la viga de la pared). Instale la segunda caja en el otro lado de la repisa. *Nota: Si no puede clavar las cajas sobre la viga, use tornillos acodados.*

Marque las líneas de referencia (ver la página 139). Si es necesario, coloque un madero de 1 × 2 para soportar la segunda hilera de baldosas sobre el piso. Si debe cortar piezas en esta hilera, márquelas y córtelas todas a la vez.

Mezcle una tanda pequeña de cemento delgado. Espárzalo sobre un área pequeña de la pared y coloque las baldosas en su posición. Si las piezas no se separan en forma automática, coloque separadores a medida que trabaja. Después de instalar toda la baldosa, quite los soportes de madera e instale la hilera inferior.

Repita el paso 8 para instalar la baldosa sobre la primera caja, y después sobre la otra. Deje curar el cemento siguiendo las instrucciones del fabricante.

Si utilizó separadores entre las piezas, utilice unos alicates de punta para removerlos. Aplique lechada en el centro de la repisa. Déjela secar y limpie el exceso con una esponja humedecida.

En los bordes interiores de cada columna, mida y marque el sitio para colocar los soportes para las repisas. Utilice un nivel láser para ajustar las marcas. Use un punzón y un martillo para crear un pequeño agujero de marca, luego use una broca con punta de carbono de ¼" para perforar los huecos.

Envuelva la punta de cada soporte con cinta de teflón. La cinta sellará el agujero para evitar que la humedad penetre al interior y detrás de la baldosa. Use un mazo de caucho, si es necesario, para clavar el soporte en cada hueco. Coloque las repisas de vidrio.

Toques decorativos

Mucha de la baldosa encontrada en las viviendas no es instalada pensando en el gusto del consumidor. Esto es fácil de explicar: los constructores o contratistas que remodelan las casas por lo general instalan baldosa simple y de color neutral con la intención de no descartar futuros compradores. A veces la baldosa en las casas viejas no es tan antigua, pero ya ha pasado de moda. También puede ocurrir que los habitantes anteriores sencillamente tenían un gusto peculiar. Debido a que este material es de gran duración, los nuevos diseños y estilos por lo general se imponen y hacen ver la baldosa anterior anticuada. Sin embargo, puede hacer algo al respecto: no tiene que aceptar la baldosa instalada, ni remover un buen material para instalar otro nuevo.

Quitar la sección de la baldosa que desea actualizar, y reemplazarla con piezas decorativas, puede transformar una simple pared en un área con diseño original. Aún cuando este tipo de trabajo requiere de algo de demolición, puede ser llevado a cabo sin crear mucha mugre y con poco esfuerzo. Debido a que tendrá que cortar el sellador que cubre la pared, es mejor escoger un área con poca exposición al agua o a la humedad (contrario a actualizar un baño o una ducha).

La nueva baldosa deberá ser cubierta con lechada, y sin duda el color de la misma será diferente. La única forma de combinar la baldosa antigua con la nueva es aplicar lechada del mismo color en toda el área. Si sólo va a transformar una pared y el color de la lechada todavía está disponible, es necesario remover la lechada que rodea las baldosas de la pared. Si va a cambiar dos o más paredes, aplique nueva lechada por todas partes.

El proyecto es fácil si no tiene que cortar baldosas ya instaladas. Esta acción no es del todo difícil, pero es mejor saber lo que le espera antes de comprometerse a llevar a cabo el trabajo.

Herramientas y materiales ▸

- Cinta métrica
- Sierra para las uniones
- Raspador de lechada
- Destornillador de cabeza plana
- Regla derecha
- Navaja / Taladro
- Palustre con muescas de ¼"
- Llana y esponja para lechada
- Trapo para pulir
- Alicates de punta
- Lona para cubrir
- Lápiz de cera
- Cinta para enmascarar
- Gafas protectoras
- Tornillos para tablero de cemento
- Tablero de cemento
- Cemento delgado
- Baldosa o emblema decorativo
- Separadores / Lechada
- Máscara contra el polvo
- Cinta para pared

Cómo embellecer una pared embaldosada

Mida las piezas decorativas y haga un dibujo en detalle del proyecto. Indique el área a remover al menos una baldosa más grande del espacio requerido. Si debe cortar baldosa, organice un plano para crear cortes simétricos.

Proteja el piso con una lona. Para reparar la base de la baldosa, tendrá que remover una sección de baldosa por lo menos el tamaño de una pieza alrededor del área de instalación. Use un lápiz de cera para marcar las piezas a quitar según el plano trazado. Coloque cinta para enmascarar sobre el borde de las baldosas que va a dejar puestas para evitar que se averíen cuando use la sierra para cortar la lechada. Si va a usar viejas piezas, protéjalas también.

(continúa)

Lleve puesto gafas protectoras y máscara contra el polvo cuando corte las uniones de la baldosa con la sierra. Si la lechada es suave, sólo tomará un par de pasadas con la sierra. Si está dura, puede llevarle más tiempo. Utilice un raspador para quitar los restos de la lechada en las uniones. Incline las herramientas hacia el área que está quitando para proteger la baldosa instalada.

Utilice un destornillador de punta plana para levantar los bordes de la baldosa en el centro del área de trabajo. Mueva la cuchilla hacia el centro de la pieza y luego levántela hasta sacarla. (En el caso de áreas grandes, vea la página 131 para otro sistema de removido).

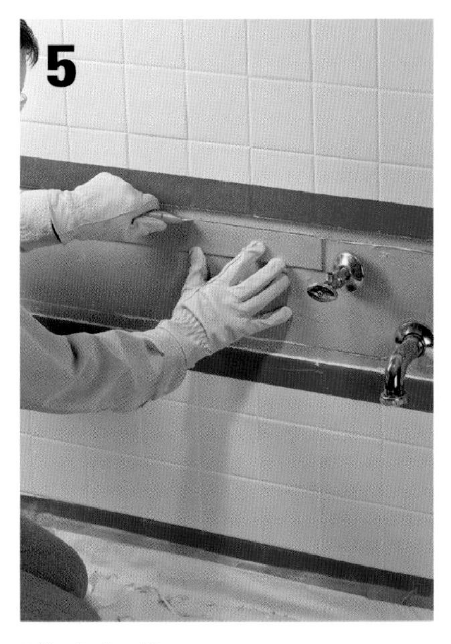

Dibuje las líneas de corte sobre la pared de base al menos ½" al interior de los bordes de las baldosas removidas. Use una regla y un cortador para quitar con cuidado la base antigua. *Nota: Si la baldosa se quitó con facilidad y no averió la base, puede rasparla, limpiarla y volverla a usar de nuevo.*

Corte tiras de tablero de cemento un poco más largas del ancho de la abertura. Colóquelas y empújelas para que las puntas queden ajustadas contra la superficie de la base. Clave tornillos en los bordes de la base vieja y dentro de las tiras para mantenerlas en su lugar.

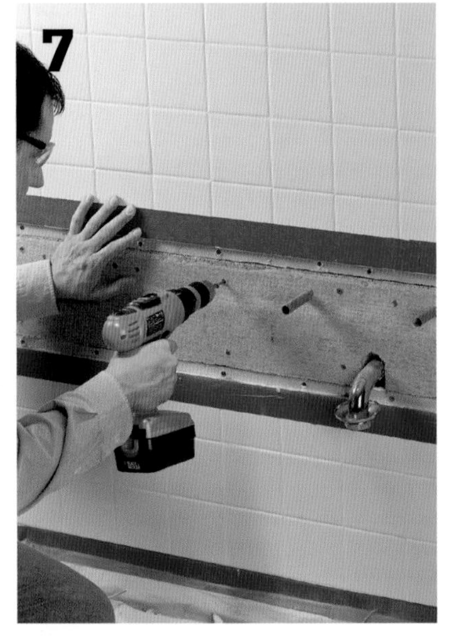

Corte un parche de tablero para cubrir la abertura de la base. Colóquelo en su lugar y clávelo con tornillos para tableros de cemento al interior de las tiras de base. También clave tornillos en el sitio de las vigas de la estructura.

Cubra los bordes con cinta para tableros de cemento. Mezcle una pequeña cantidad de cemento delgado. Utilice un palustre con muescas para esparcirlo en forma uniforme.

Presione la baldosa sobre el adhesivo con suavidad desde el centro hacia los bordes. Deje secar el cemento según las recomendaciones del fabricante.

Utilice una esponja humedecida para mojar la cubierta protectora de las tiras de baldosa. Quite la cubierta cuando esté mojada y descártela.

Mezcle una tanda de lechada y cubra todas las uniones de la baldosa en la pared. Hágalo una sección a la vez. Limpie la superficie con una esponja mojada (ver foto anexa) y enjuáguela con frecuencia con agua fría.

Sugerencias para diseños ▸

Los adornos agregan color y textura a los diseños. Esta pieza combina piedra natural con mármol en un delicado motivo floral.

Este adorno de piedra adiciona un toque contemporáneo a un diseño de baldosa sencillo.

Chimeneas y sus alrededores

La baldosa adorna los alrededores de la chimenea con un gran estilo sin importar la clase de material que escoja. Con tal que la baldosa sea lo suficientemente fuerte para soportar los cambios extremos de temperatura, puede instalar casi que cualquier tipo que desee.

Aún cuando el proyecto presentado en este ejemplo se inicia con un tablero de base sin terminar, puede embaldosar sobre cualquier superficie que no se vidriosa. Si esta embaldosando sobre una baldosa vieja o sobre ladrillo, pula la superficie con un esmeril y luego aplique una capa delgada de cemento reforzado con látex para corregir las imperfecciones. Prepare las superficies pintadas lijándolas un poco antes de iniciar el proyecto.

La baldosa mostrada en este ejemplo se instaló a ras con la cara frontal de la chimenea que sirve como soporte durante la instalación. Si es necesario, clave maderos para que sirvan como soporte durante la embaldosada.

Puede terminar los bordes de los alrededores cubriéndolos con una moldura de madera utilizada en pasamanos de escaleras (como se muestra aquí), con baldosa de borde redondo, o con cualquier otro material para moldura.

Herramientas y materiales ▸

Nivel / Taladro
Martillo / Mazo
Juego de punzones
Palustre con muesca
Llana para lechada
Baldosa / Lechada
Madero de 2 × 4
Paño para pulir
Separadores
Cinta para enmascarar
Moldura para pasamanos
Masilla para madera
Esponja / Lijadora
Cinta métrica
Retazos de madera 2 × 4
Herramientas para cortar baldosa
Repisa para chimenea
Tablero de base
Protección para ojos
Tablero de cemento
Compuesto para las uniones
Tiras de madera de soporte
Navaja para cortar tableros
Cinta de fibra de vidrio
Retazo de alfombras / Navaja
Moldura (1 × 2, 1 × 3, 1 × 4)
Puntillas para acabado 6d y 4d
Martillo neumático para puntillas
Materiales para acabados de madera
Cemento delgado reforzado con látex

Debido a que la baldosa es resistente al fuego, es una primera defensa de gran apariencia alrededor de la abertura de la chimenea.

Cómo embaldosar los alrededores de la chimenea

Para instalar la repisa de la chimenea, tome la medida desde el piso y trace una línea para colocar el soporte. Utilice un nivel al trazar la marca. Ubique las vigas al interior de la pared arriba de la línea trazada. Coloque el madero de soporte sobre la línea, céntrelo entre los lados del marco y abra agujeros guía en cada viga. Clave el madero contra las vigas usando los tornillos suministrados por el fabricante.

Pinte las partes del tablero de base que no van a ser embaldosadas. Aplique el acabado deseado sobre la repisa, luego colóquela sobre el madero de soporte y céntrela. Perfore agujeros guía para clavar las puntillas 6d sobre la parte superior de la repisa a más o menos ¾" del borde trasero. Asegure la repisa al madero de soporte clavando cuatro puntillas. Introduzca la cabeza de las mismas con un punzón y luego cubra los huecos con masilla para madera. Aplique el acabado final.

Coloque piezas sueltas de baldosa alrededor de la chimenea. Puede colocarlas sobre la cubierta frontal de color negro, pero no cubra el vidrio o ninguna parte de la malla refractaria que cubre el interior de la chimenea. Si está usando baldosa sin separación, utilice separadores para crear la distancia entre las uniones (al menos ⅛" para la baldosa de piso). Marque el perímetro del área de instalación y haga todas las marcas necesarias que le ayuden en la embaldosada. Corte las piezas por adelantado.

(continúa)

Coloque la cinta para enmascarar alrededor de la baldosa. Utilice un palustre con muescas para esparcir en forma pareja la mezcla de cemento reforzado con látex al interior del área marcada. Instale las piezas sobre el cemento y presiónelas con firmeza para crear una buena unión. Utilice los separadores a medida que pone las baldosas. Embaldose toda el área y deje secar el cemento por completo.

Mezcle una tanda de lechada y distribúyala sobre la superficie con una llana de caucho. Pase la llana sobre las uniones inclinándola en un ángulo de 45°. Pásela de nuevo para quitar el exceso de lechada. Espere de unos 10 a 15 minutos y luego remueva el exceso de la masilla con una esponja humedecida. Enjuague la esponja con frecuencia. Deje secar la lechada por una hora y luego pula las baldosas con un paño seco. Deje secar la lechada por completo.

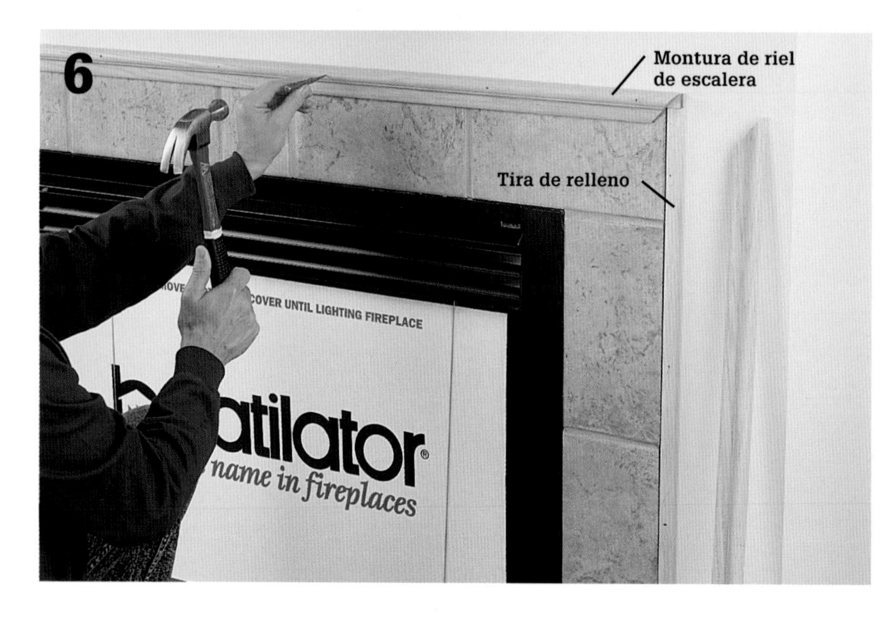

Corte piezas de moldura de riel para escalera para instalar alrededor de la baldosa. Corte los bordes en un ángulo de 45°. SI la baldosa es más ancha que el espesor de la moldura, instale tiras de relleno por detrás de la moldura y clávelas con puntillas de acabado. Termine la moldura empatando el estilo de la repisa. Abra agujeros guía en la moldura y clávela con puntillas 4d. Incruste las puntillas con un punzón y cubra lo huecos con masilla para madera. Aplique el acabado final.

Cómo instalar la baldosa rodeada con un borde de madera

Esta chimenea operada con gas instalada en el salón de recreos del sótano está enmarcada con una vistosa cerámica y una llamativa madera de cerezo.

Corte tiras de tableros de cemento del ancho del área a cubrir con la cerámica y clávelos a los maderos de 2 × 4 alrededor del borde de la abertura de la chimenea. Por lo general es recomendable abrir agujeros guía antes de clavar los tornillos al interior de los tableros, especialmente en espacios angostos.

Cubra los bordes alrededor de los tableros, si es necesario, usando base normal para pared. Si va a embaldosar alrededor de un área húmeda, como el sótano, utilice un tablero resistente a la humedad.

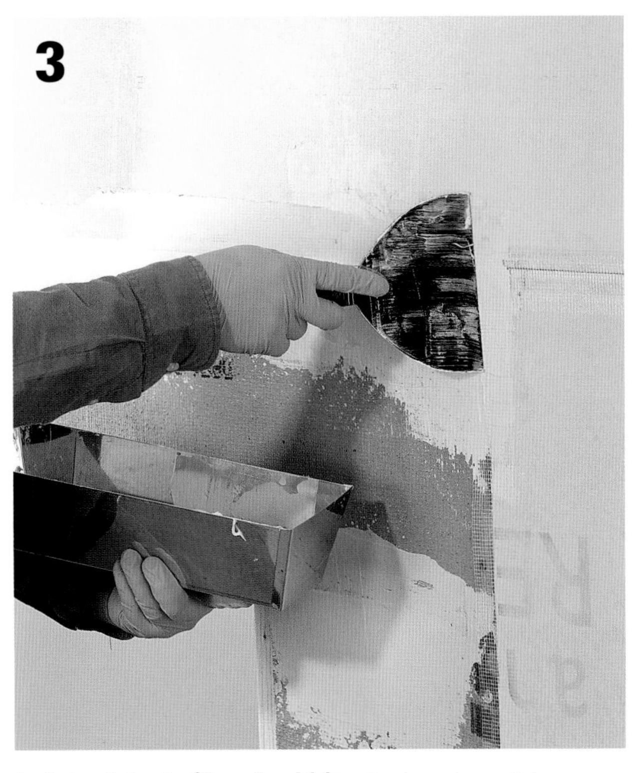

Instale cinta de fibra de vidrio sobre las uniones de los tableros y cubra la cabeza de los tornillos con un compuesto (vea las páginas 132 y 133). Lije el compuesto hasta suavizarlo.

(continúa)

Pinte alrededor del área instalada si es necesario.

Aplique una capa de cemento sobre el área a embaldosar usando un palustre con muescas (por lo general se usa uno de ¼", pero revise las recomendaciones impresas en el paquete de cemento). Aplique sólo la mezcla que pueda embaldosar en 10 minutos. Es recomendable instalar cada hilera de baldosas por separado.

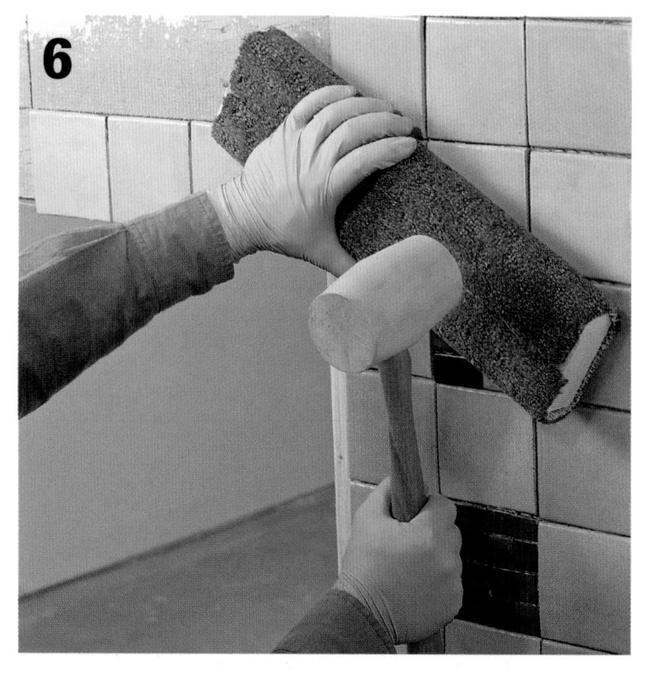

Presione las piezas sobre la mezcla y golpéelas suavemente con un trozo de madero de 2 × 4 envuelto en un paño suave. La mayoría de las baldosas (en este ejemplo se muestran piezas de vidrio en forma de mosaico de 12 × 12) vienen con separadores instalados en los bordes. Si las baldosas que está instalando no tienen estas separaciones, utilice los separadores de plástico disponibles en el almacén de distribución. Después de terminar deje secar la mezcla toda la noche. Vaya a la página 26 si necesita cortar piezas.

Aplique lechada oscura con una llana de caucho. Déjela endurecer un poco y luego quite el residuo con un paño suave y limpio. Para mayor información sobre cómo aplicar la lechada vaya a la página 141.

Comience la instalación de la moldura del borde. En este ejemplo se utilizó madera de cerezo de 1 × 4 clavada sobre las vigas de la pared. La moldura debe quedar un poco arriba del piso (si no lo ha instalado todavía, tenga en cuenta su espesor) y ajustada contra la baldosa alrededor. SI su plano es correcto, va a encontrar vigas detrás de las molduras. *Nota: Aquí se escogió madera de cerezo de 1 × 4 por su atractiva apariencia, y también porque puede ser preparada y cortada en todos los tamaños en el depósito de madera. Si tiene acceso a herramienta de carpintería, utilice la madera que desee.*

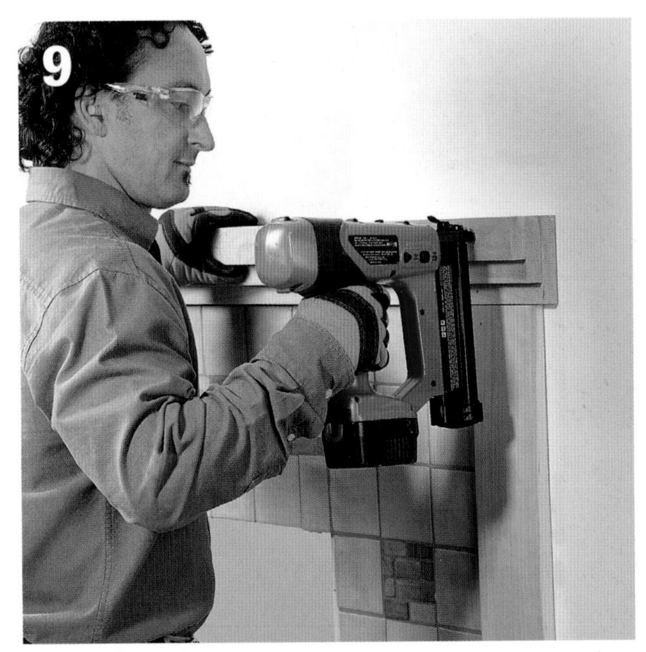

Adicionar relleno por debajo de la moldura. La moldura de la cabecera debe sobreponerse sobre las laterales más o menos una pulgada. Aquí se utilizó una técnica de relleno para adicionar algo de espesor a la moldura de cabecera. Primero, instale un madero de 1 × 4 del ancho correcto sobre la pared. Luego, instale un madero de 1 × 3 para que las puntas y la parte superior queden a ras con las puntas del madero de 1 × 4. Finalmente instale el madero de cerezo de 1 × 2 de la misma forma.

Corte e instale la repisa. Aquí se utilizó otra pieza de cerezo de 1 × 4 de igual longitud de la cabecera de la moldura, pero si tiene acceso a herramientas de carpintería, puede instalar una repisa un poco más ancha. También puede adherir dos piezas de 1 × 4 con pegamento.

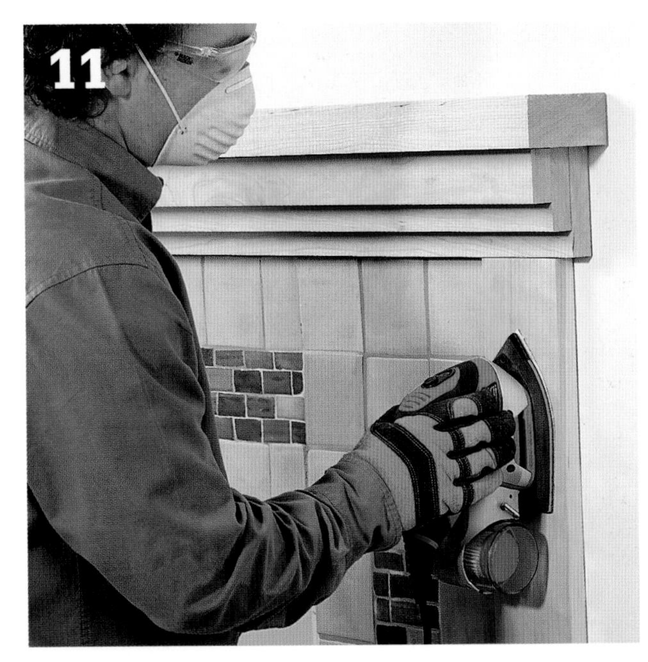

Lije la madera de cerezo y aplique una tintura de color claro. Después que se haya secado, aplique una capa de tono de cereza o de caoba claro que va a jugar con el color del cerezo. Llene los huecos de las puntillas con masilla del mismo tono.

Encimeras

Las encimeras cubiertas con baldosa es una de las comodidades preferidas por los cocineros: son resistentes al calor, a las manchas, son fáciles de limpiar y altamente durables. El proceso de construcción es mucho más fácil de lo que muchos creen. Los proyectos incluidos a continuación lo guiarán paso a paso tanto en la construcción de una encimera, así como la forma de embaldosar su superficie y la parte trasera.

El diseño del borde es parte integral de la encimera. En este caso puede considerar el uso de moldura de baldosa, madera, u otro tipo de materiales cuyos bordes se complementen con el diseño escogido.

En el momento de crear la encimera recuerde que las piezas de baldosa más grandes producen menos uniones para limpiar y superficies más estables. En las áreas de trabajo, es mejor utilizar piezas planas que con bordes redondeados debido a que sartenes y ollas se mecen sobre estas superficies.

Antes de seleccionar piedra natural como material para las encimeras, haga las averiguaciones necesarias. Cierta clase de piedra natural se raya y mancha con facilidad y requiere de mayor mantenimiento del que desearía dedicar a la encimera. También debe poner atención a la porosidad de la piedra lo cual hace difícil mantener limpias cocinas o baños.

En este capítulo:

Baldosa para encimeras

Las baldosas de cerámica y porcelana son materiales populares usados para cubrir las encimeras y las partes traseras por varias razones: están disponibles en variedad de tamaños, estilos y colores, son durables, pueden repararse, y en su mayoría, no siempre, tiene un precio razonable.

La mejor baldosa para instalar en las encimeras es la de superficie vidriosa o la de porcelana para pisos. La vidriosa es mejor que la no-vidriosa por su resistencia a las manchas; y la porcelana para pisos es mejor que la de paredes porque es más gruesa y durable. Aún cuando la vidriosa protege contra las manchas, las uniones porosas de lechada son más vulnerables. Para minimizar el efecto de las manchas, utilice lechada que contenga látex o mézclela con algún líquido aditivo también de látex. Después que la lechada se haya curado por completo, aplique un sellador de buena calidad sobre las uniones. Aplique el sellador una vez al año. Si utiliza baldosas grandes reducirá el número de uniones que debe mantener. La baldosa de 13 × 13 pulgadas (la selección es un poco más limitada) puede extenderse desde el frente hasta la parte trasera de la encimera con una sola unión.

La encimera de este proyecto fue instalada sobre una base de contrachapado para exteriores de ¾ de pulgada diseñada para ajustarse con los gabinetes. El contrachapado está cubierto con una tira de plástico (como barrera protectora contra la humedad) y un tablero de cemento de ½ de espesor. El espesor final de la encimera es alrededor de 1½ pulgadas. También puede usar como base dos capas de contrachapado de ¾ de espesor sin utilizar el tablero de cemento.

Puede comprar baldosas diseñadas específicamente para la parte trasera y frontal de la encimera. Aún cuando la textura y el color pueden empatar, estas piezas por lo general sólo vienen en una sola longitud lo cual hace difícil alinear las uniones con el resto de las baldosas de la superficie plana. Puede solucionar esta inconveniencia cortando las piezas a la medida y usar piezas de la superficie en la parte trasera.

Herramientas y materiales ▸

Cinta métrica / Navaja
Sierra circular / Regla
Taladro con broca para concreto
Silicona / Lechada
Grapadora / Escuadra
Navaja para cortar pared
Palustre con muescas
Llana para lechada
Esponja / Separadores
Soporte para la esquina
Pistola para silicona
Baldosa de cerámica
Contrachapado de ¾" (CDX)
Tira de polietileno de 4-mil
Cinta para empacar
Tablero de cemento de ½"
Tornillos para terraza de 1¼"
Cinta para malla de fibra de vidrio
Cemento delgado
Sellador de silicona para lechada
Tornillos para tablero de cemento
Regla de metal
Protección para ojos
Retazos de madera
Sierra para cortar en agua (puede alquilarse)

La baldosa de porcelana es un material durable para instalar sobre las encimeras. Es resistente al calor y relativamente fácil de instalar. El uso de piezas grandes minimizará la cantidad de uniones a cubrir con lechada (y el mantenimiento y limpieza requeridos).

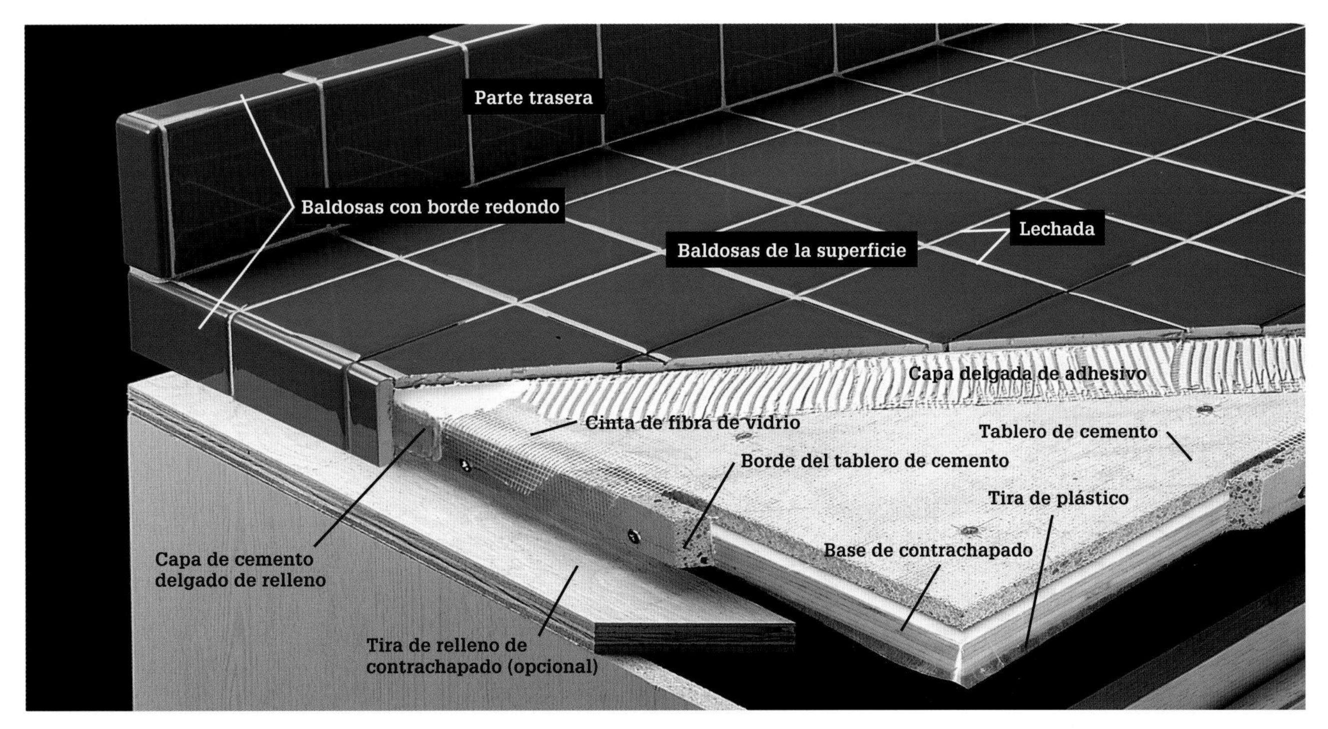

La construcción de encimera cubierta con cerámica para pared o piso debe comenzar con una base de contrachapado para uso exterior de ¾" de espesor. La base debe estar cubierta con una tira de poliuretano de 4-mil como barrera contra la humedad. Luego se atornilla un tablero de cemento de media pulgada contra el contrachapado. Los bordes se cubren con cemento y con cinta de malla de fibra de vidrio y cemento delgado. Las baldosas para los bordes pueden ser molduras con borde redondo o piezas utilizadas sobre la superficie también con bordes redondeados.

Opciones para el borde frontal y parte trasera de la encimera

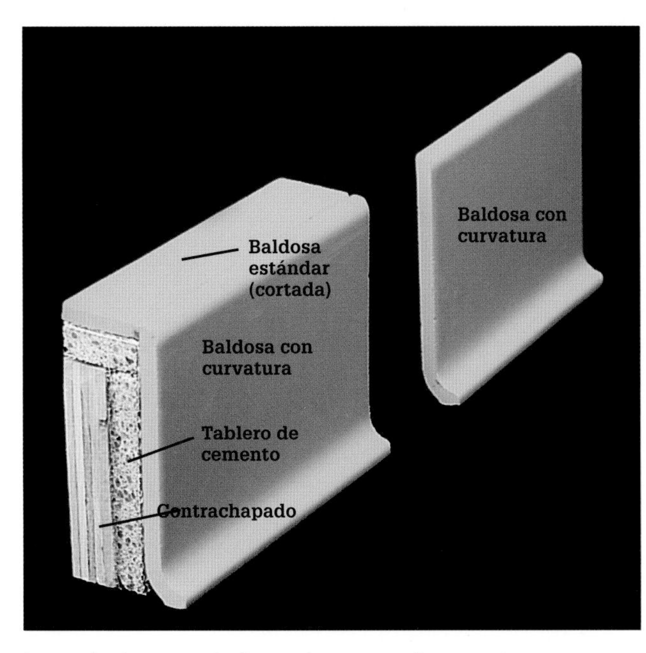

La parte trasera de la encimera puede construirse con baldosa con curvatura unida a la pared. Puede utilizar sólo este tipo de baldosa o construir la pieza siguiendo el mismo procedimiento de la encimera. Conecte el contrachapado de base sobre la pared y cúbralo con el tablero de cemento antes de instalar la baldosa.

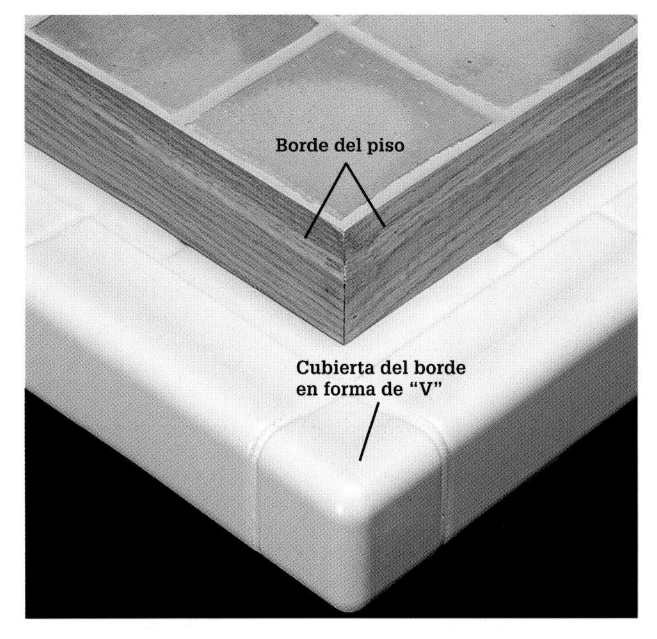

Las opciones para los bordes incluyen la cubierta de baldosa en forma de "V" y las tiras de madera. Las piezas en forma de "V" tienen esquinas redondeadas y sobresalidas que crean un caballete alrededor de la encimera (para contener salpicaduras y agua) y deben ser cortadas con una sierra de agua. Las tiras de madera deben estar cubiertas por lo menos con tres capas de acabado de poliuretano. Conéctelas a la base de contrachapado dejando su superficie a ras con la baldosa.

Consejos para la embaldosada ▸

- Puede embaldosar sobre una encimera laminada en la medida que esté nivelada y con una estructura sólida. Utilice una lijadora de banda equipada con una lija #60 o #80 para raspar la superficie antes de instalar las baldosas. La superficie laminada no debe tener el borde frontal redondo.

  Si va a instalar una nueva base y debe remover la encimera existente, compruebe que los gabinetes de base están nivelados del frente hacia atrás. Desatornille el gabinete de la pared y coloque estacas sobre el piso o contra la pared para nivelarlo si es necesario.
- Instale maderos de soporte a lo largo del borde frontal de la encimera. Esto le ayudará a embaldosar la primera hilera en forma derecha. En el caso de las piezas en forma de "V", clave un madero de 1 × 2 con tornillos a lo largo de la línea de referencia. La primera hilera colocada sobre la superficie horizontal se coloca recostada contra el madero. En el caso de baldosas con borde redondo, clave un madero del mismo espesor del borde de la pieza, más ⅛" para el espesor de la mezcla, a la cara frontal de la encimera para dejarla a ras con la parte superior del gabinete. Las puntas redondas de las piezas deben quedar a ras con el borde exterior del madero. Para instalar borde de madera, clave un madero de 1 × 2 sobre la cara de la encimera dejando el borde superior por encima de la encimara. Las baldosas se colocan a ras con el madero de soporte.
- Antes de instalar cualquier tipo de baldosa, colóquelas sueltas utilizando separadores. Si la encimera es en forma de "L", comience en la esquina y trabaje hacia afuera. De lo contrario, comience al lado del lavaplatos para dejar una distancia y cortes equidistantes en ambos lados. Si es necesario mueva el lugar de inicio para no tener que cortar piezas muy angostas.

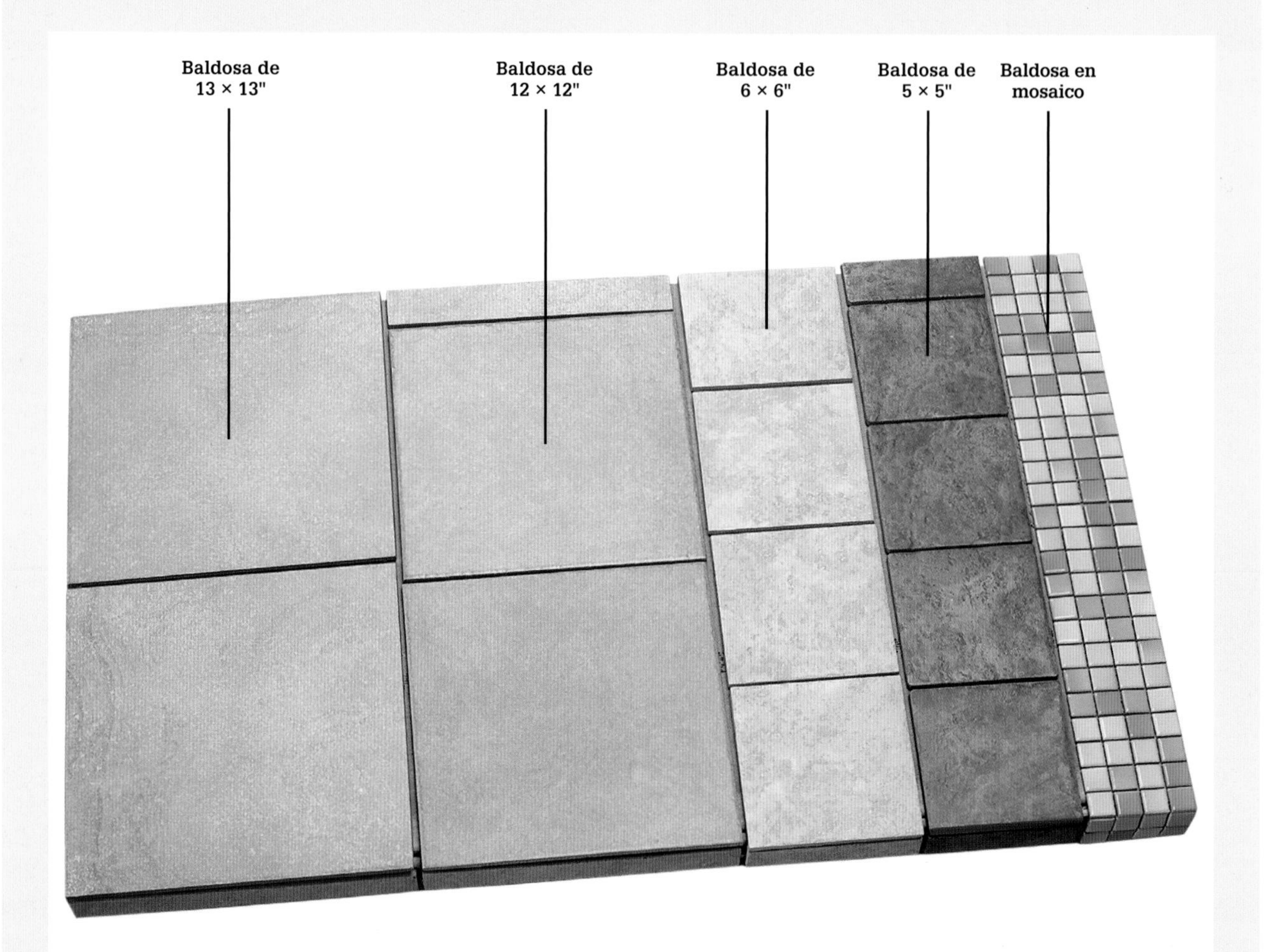

La baldosa más grande tiene menos uniones de lechada. Si desea construir una encimera estándar de 25" de profundidad, la única forma de hacerlo sin cortar piezas es usar tiras de baldosa en mosaico o baldosa de 1". Si usa piezas de 13 × 13" debe cortar 1" en la parte trasera, y tendrá sólo una línea de lechada desde el frente hasta atrás. A medida que disminuye el tamaño de las piezas, aumentarán los cortes.

Cómo embaldosar una encimera

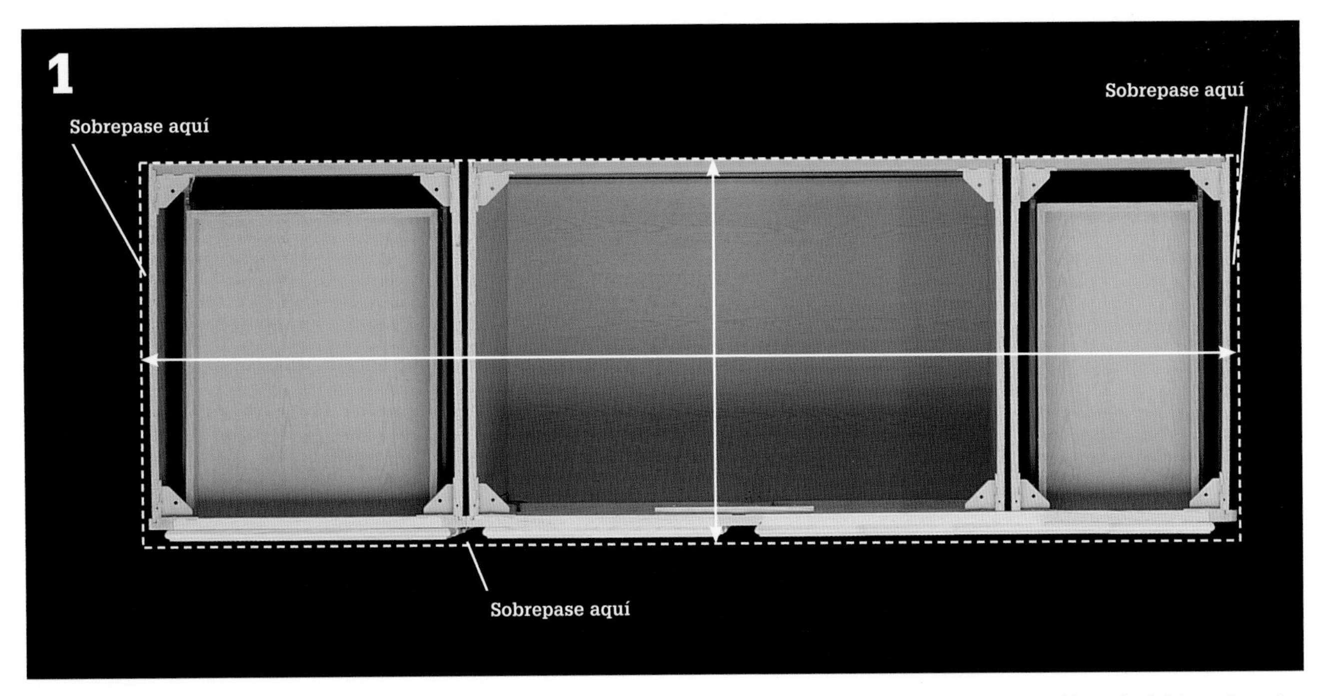

Determine el tamaño del contrachapado de base midiendo a lo largo de la cubierta de los gabinetes. La cubierta final debe sobresalir la parte frontal de los cajones por lo menos ¼". Tenga en cuenta el espesor del tablero de cemento, el adhesivo y la baldosa cuando decida qué tan largo quiere dejar la parte colgante. Corte la base de una placa de contrachapado de ¾" de espesor. Use una sierra circular para el corte. También haga los cortes para instalar los lavaplatos y cualquier otro accesorio.

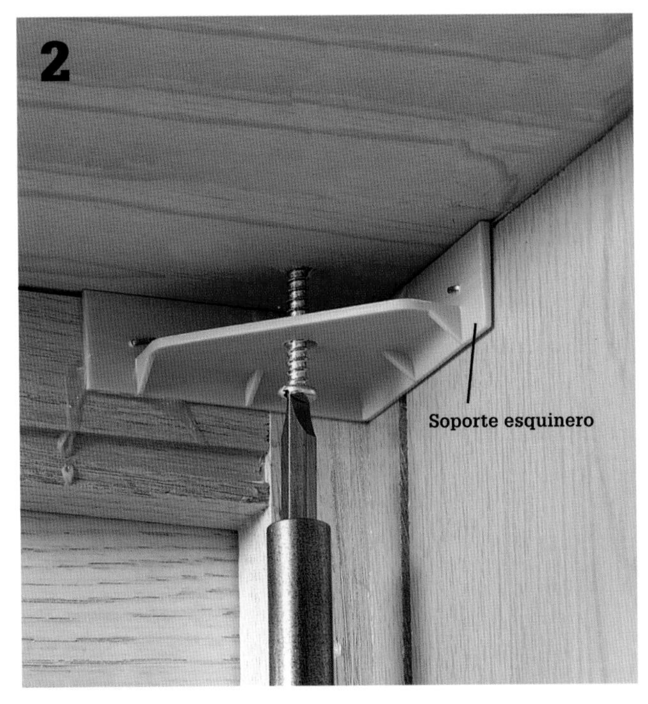

Coloque la base de contrachapado encima de los gabinetes, y conéctelos con tornillos al interior de los soportes esquineros. Los tornillos no deben traspasar la superficie del contrachapado.

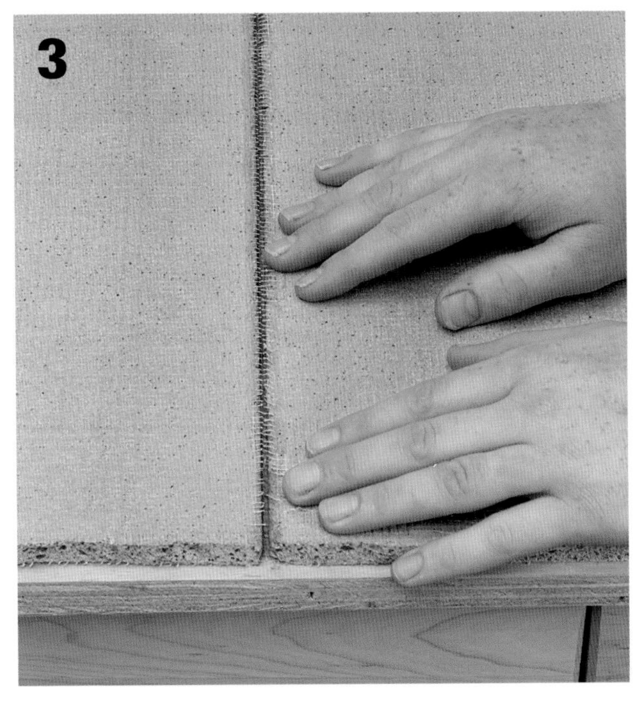

Corte las piezas de tablero de cemento, luego mida y haga el corte del espacio del lavaplatos. Coloque las piezas sueltas sobre el contrachapado dejando la superficie burda hacia arriba. Deje un espacio entre ⅛" las piezas y ¼" de espacio alrededor del perímetro.

(continúa)

Opción: Corte los tableros de cemento utilizando una regla derecha y una navaja equipada con una cuchilla de carbono. Sostenga la regla a lo largo de la línea de corte y trace varios cortes con la navaja. Doble la pieza hacia atrás para cortarla a lo largo de la línea marcada. Corte la parte trasera para terminar.

Coloque una tira de plástico como barrera contra la humedad sobre la base de contrachapado. Déjela colgar sobre los bordes. Clave la tira con unas cuantas grapas. Traslape las tiras de plástico unas 6" y únalas con cinta para empacar.

Coloque las piezas burdas de tablero de cemento boca arriba sobre la barrera contra la humedad y clávelas con tornillos para este tipo de tableros. Clávelos cada 6" de distancia. Perfore agujeros guía con una broca para concreto, y deje la cabeza de los tornillos a ras con la superficie de los tableros. Cubra los bordes del contrachapado con tiras de tableros 1¼" de ancho, y clávelas con los mismos tornillos.

Cubra todas las uniones entre las piezas de tablero con cinta de malla de fibra de vidrio. Aplique tres capas de cinta a lo largo del borde frontal donde los tableros horizontales se unen con las piezas del borde.

Llene todas las uniones y luego cubra toda la cinta con una capa de cemento delgado. Esparza la mezcla hacia los bordes exteriores con una espátula para crear una superficie plana y suave.

Establezca el ancho requerido del borde de las baldosas. Coloque una baldosa sobre la superficie horizontal dejándola que sobresalga del borde ½". Sostenga una regla metálica verticalmente por debajo de la pieza y mida la distancia desde allí hasta la parte inferior de la base. Las piezas del borde deben ser cortadas a ese tamaño (el ancho del espacio para la lechada hace que el borde de la baldosa expanda la base que la oculta por completo).

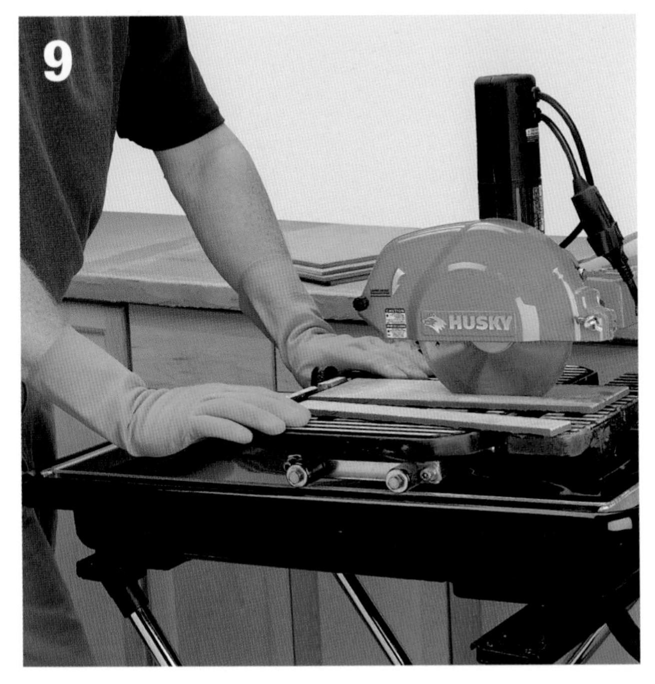

Corte las baldosas para el borde al tamaño establecido usando una sierra para corte en agua. Si no posee una sierra de buena calidad, alquílela en un centro de distribución de materiales. La baldosa para piso es gruesa y difícil de cortar con una herramienta manual (en especial las baldosas de porcelana).

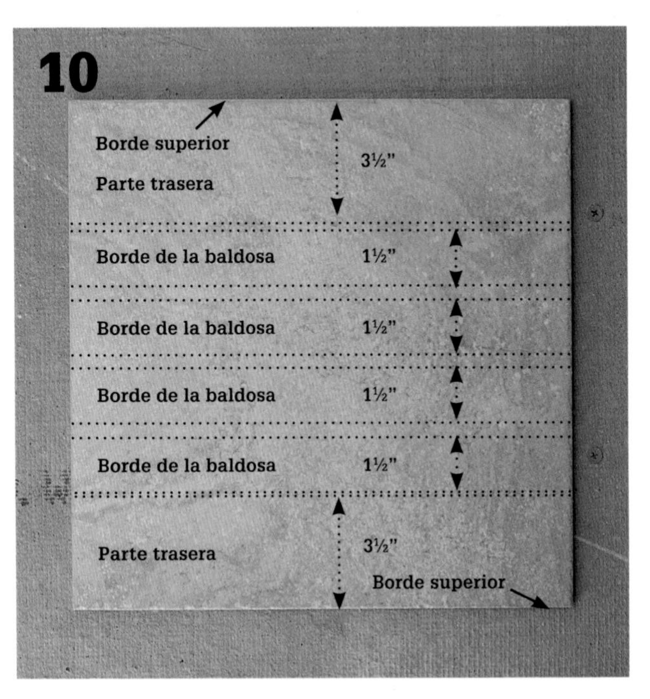

Corte las piezas para la parte trasera. Estas baldosas (de 3½" de ancho en este proyecto) deben ser cortadas para que el borde de fábrica quede mirando hacia arriba en el momento de la instalación. Puede ahorrar material cortando los bordes de la parte central de las baldosas que cortó para colocar sobre la parte trasera.

(continúa)

Coloque piezas sueltas sobre la encimera para establecer el mejor diseño. Una vez haya decidido lo que desea, trace las marcas a lo largo de las hileras horizontal y vertical. Trace las líneas de referencia sobre las marcas y use una escuadra para comprobar que las líneas están perpendiculares.

Baldosas pequeñas para el piso y bordes redondos ▸

Coloque las baldosas sueltas junto con los separadores. Ajuste las líneas de inicio si es necesario. Si usa maderos de soporte, coloque las piezas del centro a ras con los mismos y luego coloque las del borde. De lo contrario, coloque primero las piezas de borde. Si la encimera tiene una esquina interior, comience allí colocando una pieza prefabricada o cortando una en un ángulo de 45° para fabricar la esquina.

Coloque la primera hilera de baldosas internas recostadas contra el borde frontal y conectadas por los separadores de plástico. Coloque el resto de las hileras. Ajuste las líneas de inicio si es necesario para crear un diseño donde tenga que hacer la menor cantidad de cortes.

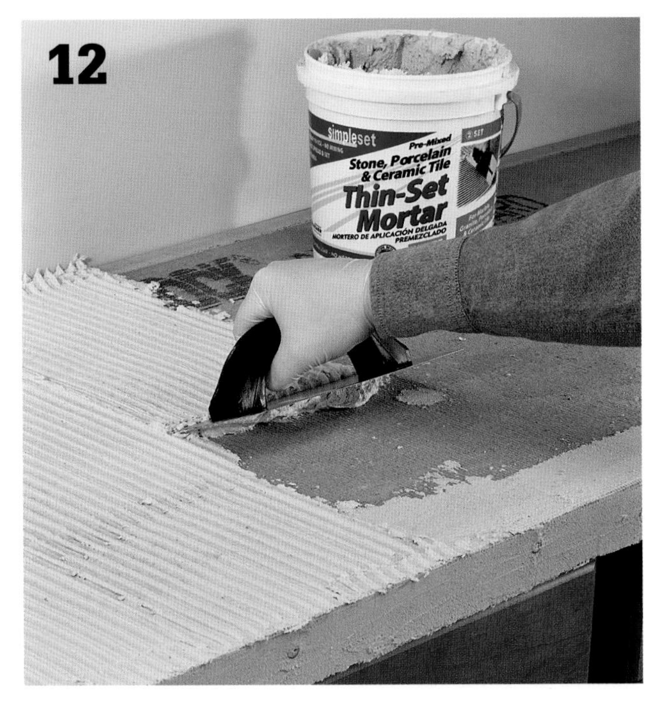

Use un palustre con muescas cuadradas de ⅜" para aplicar una capa delgada de cemento delgado sobre el tablero de cemento. Aplique lo suficiente para dos o tres piezas comenzando en una punta. Sostenga el palustre en un ángulo de 30° y trate de no mover o quitar mucho cemento.

Coloque la primera baldosa sobre la mezcla. Sostenga la pieza desde los bordes y colóquela contra el borde de la encimera como guía para mostrar exactamente cuánta parte de la baldosa debe quedar sobresalida.

Corte todas las baldosas de la parte trasera para encajarlas en el diseño (necesitará cortar cerca de 1" de una pieza de 13 × 13") antes de iniciar la instalación final. Coloque las piezas traseras sobre la capa de cemento manteniendo constante la separación entre piezas para la lechada. Use separadores en este paso. Si las baldosas no vienen con separadores, vea la opción a continuación.

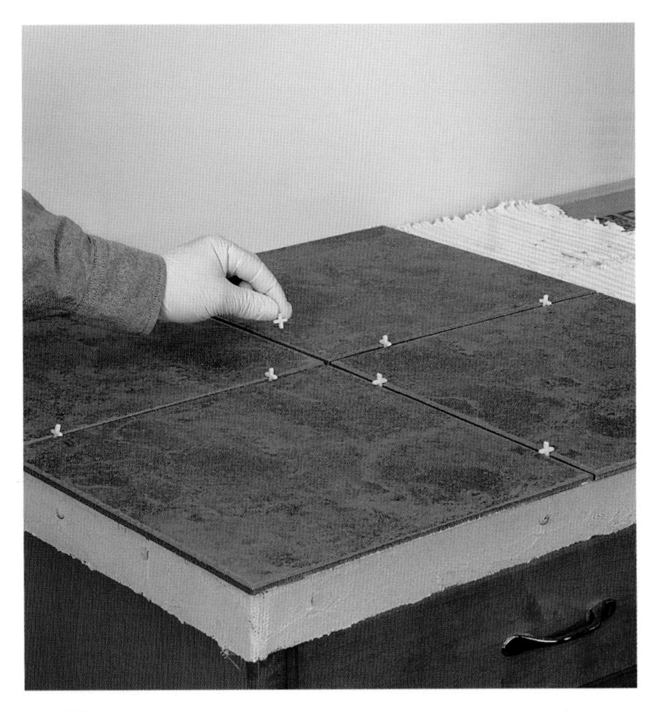

Opción: Para mantener la distancia constante entre los espacios para la lechada, algunos instaladores principiantes instalan separadores de plástico en forma de cruz entre las uniones. Este método es menos efectivo con baldosas grandes (mostrado en este ejemplo), pero de todos modos sirve de ayuda. Muchas baldosas ahora vienen con lengüetas y no hay que usar separadores. Remueva los separadores antes de que la mezcla se seque. De lo contrario afectará la lechada.

(continúa)

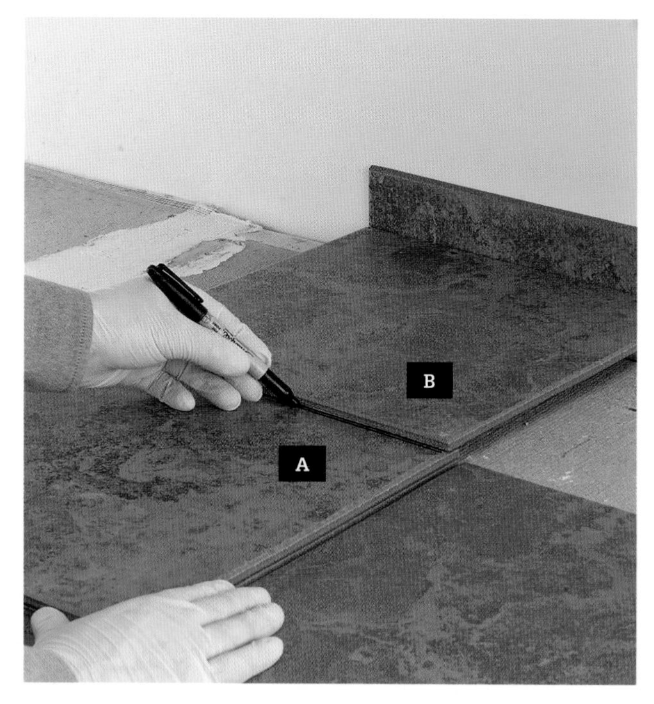

Consejo: Para marcar las baldosas del borde para cortarlas, debe dejar espacio para las piezas traseras, la lechada y la mezcla. Coloque las piezas contra la pared. Coloque otra pieza (A) por encima de la última pieza completa en el interior. Ponga la tercera pieza (B) sobre la (A) y sosténgala sobre la pieza vertical. Marque y corte la pieza (A), instálela con el borde cortado contra la pared. Termine el resto de la instalación.

Para crear un soporte para las baldosas del borde, instale maderos de 2 × 4 por debajo del borde frontal de la base colgante. Utilice retazos de madera para empujar el soporte en forma ajustada contra la base.

Aplique una capa gruesa de cemento sobre la superficie del borde de las baldosas con un palustre. Esta acción es más fácil que intentar colocar adhesivo con un palustre sobre el borde de la encimera. Presione las baldosas en su posición dejándolas a ras con los bordes de las baldosas de la superficie horizontal.

Aplique cemento sobre la parte trasera de las piezas y presiónelas en su lugar. Mantenga en lo posible el espacio de la lechada alineado. Deje secar el cemento según las instrucciones y recomendaciones del fabricante.

Mezcle una tanda de lechada de color similar a la baldosa. Tenga en cuenta que la lechada más oscura no se ensuciará tan rápido como la de color claro. Aplique la masilla con una llana espacial.

Deje secar la lechada hasta que se forme una capa transparente sobre la superficie. Limpie el exceso con una esponja limpia y humedecida con agua caliente. Siga las instrucciones del fabricante de la lechada en cuanto al secado y pulida.

Aplique una capa de silicona transparente a lo largo de la unión de la parte trasera y la pared. Instale el lavaplatos después que la lechada se haya secado (y antes de usar el lavaplatos si es posible).

Espere por lo menos una semana y luego selle las uniones con un sellador penetrante. Este es un paso muy importante. Sellar sólo las baldosas no es buena idea al menos que esté usando piezas no vidriosas. De todas formas este no es el material apropiado para encimeras.

Baldosa de granito para encimeras

Las encimeras construidas con granito son muy populares en la decoración de las cocinas modernas. El acabado final es hermoso, sólido, resistente y de apariencia natural. También es un material muy costoso y casi que imposible de instalar por alguien sin la experiencia suficiente. Sin embargo, un aficionado emprendedor puede lograr excelentes resultados con un acabado similar a un costo muy razonable: instalar una encimera con baldosa de granito.

En general, tiene dos opciones básicas en cuanto a las baldosas de granito. La baldosa de granito estándar consiste de piezas para la superficie y el borde cuadrado. Se instalan de igual forma que la baldosa de cerámica o porcelana, y los bordes se cubren con piezas delgadas para crear el acabado redondo. Puede utilizar baldosas de granito con bordes frontales integrados que dan la apariencia de granito sólido. Por lo general estas piezas se unen en forma más ajustada que las baldosas de cerámica y puede aplicar lechada del mismo color para dar la apariencia de un acabado casi que sin uniones.

El diseño de la instalación es el paso más importante en cualquier proyecto de este tipo. Si debe cortar las piezas, es mejor hacerlo sobre las piezas en el centro de la instalación o sobre las que van a quedar en ambas puntas. Esto crea una apariencia más uniforme. La baldosa de granito puede instalarse sobre superficies laminadas de encimeras (no "post-form") si remueve primero la moldura frontal y la sección de la pared. La base del área debe estar en buena condición, sin daños causados por agua o partes despegadas.

Herramientas y materiales ▸

Contrachapado para exteriores de ⅝"
Tablero de cemento de ¼"
Tornillos para tablero de cemento y para madera
Baldosas de granito
Sierra para cortar en agua con disco de diamante
Piedra para afilar
Taladro con batería y broca para concreto de ½"
Madero de 2 × 4
Cemento modificado delgado
Sierra circular / Navaja
Sierra de vaivén
Compás / Mazo / Regla
Palustre con muescas de ¼"
Lechada sin arena
Sellador para piedras
Guantes de caucho
Retazo de alfombra
Protección para ojos

Las baldosas de granito se instalan casi de la misma forma que las de cerámica, pero las uniones bien ajustadas y la lechada del mismo color imitan la apariencia del granito sólido.

Cómo instalar encimeras con baldosa de granito

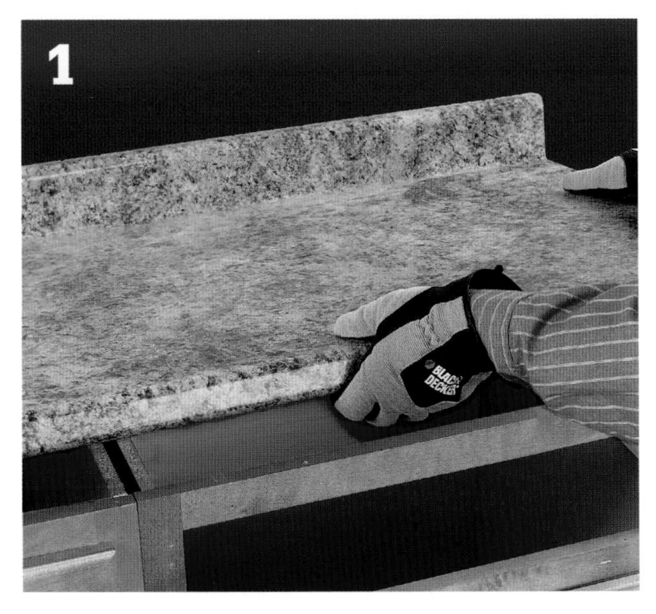

Remueva las encimeras. Saque los tornillos del interior de los gabinetes de base. Desatornille las turcas de las secciones en ángulo de la encimera. Use una navaja para cortar la unión de silicona (si está instalada). Las encimeras deberán levantarse con facilidad, de lo contrario utilice una barra de palanca para forzarla y sacarla con cuidado de la base de los gabinetes. *Nota: En algunos casos puede instalar este tipo de baldosas sobre viejas superficies laminadas (ver la página anterior).*

Prepare e instale la sub-base. Mida el área del gabinete alrededor de los bordes externos en todas las direcciones y corte una pieza de contrachapado para exteriores de ⅝" de espesor a esa medida. Los bordes del contrachapado deben quedar a ras con los bordes exteriores de los gabinetes. Atornille desde abajo el contrachapado contra los soportes de los gabinetes.

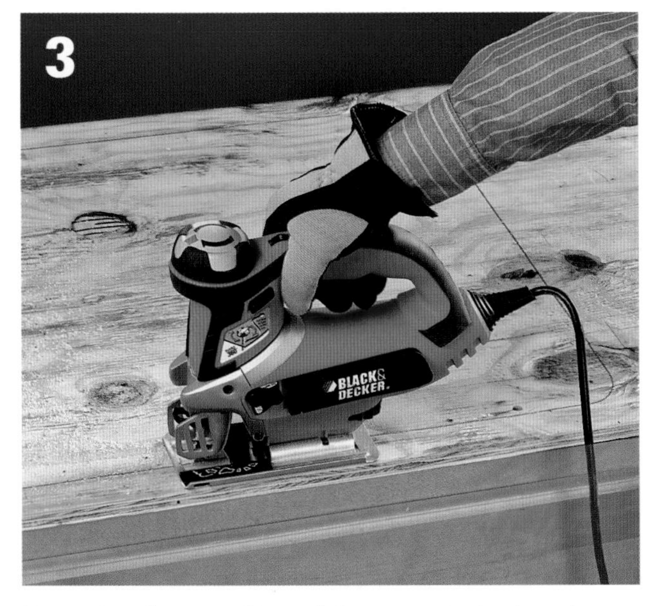

Haga el corte para el lavaplatos. Para crear las líneas de corte, coloque el lavaplatos boca abajo en el sitio deseado. Trace el borde del accesorio y remuévalo. Para crear un soporte para la pieza de descarte al interior del lavaplatos, use un compás para trazar nuevas líneas al interior de las líneas ya marcadas (por lo general ⅝"). Lea las instrucciones del fabricante para confirmar las medidas (algunas piezas vienen con una plantilla para hacer el corte). Use una sierra de vaivén para el trabajo.

Instalación de la base de la baldosa. La baldosa de granito (al igual que la cerámica) requiere de un tablero de cemento de alta densidad sobre la base. Corte el material (ver la página 174) de las mismas dimensiones que la base de contrachapado y luego coloque el tablero a ras con los bordes del contrachapado. Utilice un marcador para trazar la línea de corte del lavaplatos al interior de la base del mismo. Remueva la base y haga el corte con una sierra de vaivén equipada con una cuchilla de carbono.

(continúa)

Conecte el tablero de cemento a la sub-base. Primero aplique una capa de cemento modificado de ⅛" de espesor sobre la base de contrachapado usando un palustre con muescas de ¼". Atornille el tablero de cemento con tornillos especiales. Sepárelos de 4" a 5" a lo largo de toda la superficie.

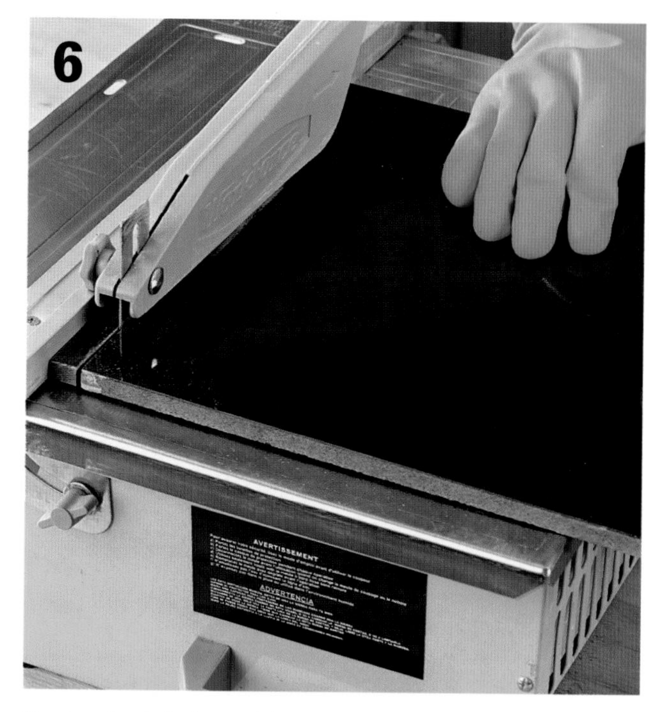

Corte e instale las baldosas, comenzando desde la esquina interior (si existe). Coloque las piezas para combinar su color lo mejor posible. Las piezas se instalan sin dejar espacio entre las mismas. Corte las piezas necesarias Corte primero el lado redondeado de las baldosas. Córtelas con el lado pulido hacia arriba. Utilice una piedra fina para afilar los discos para hacer cortes perfectos.

Variaciones para las esquinas y ángulos ▸

Las esquinas interiores en ángulo son algo difíciles de cortar porque el punto en ángulo debe estar alineado con el borde de la moldura frontal. Esto hace que la esquina se incline hacia atrás más o menos una pulgada.

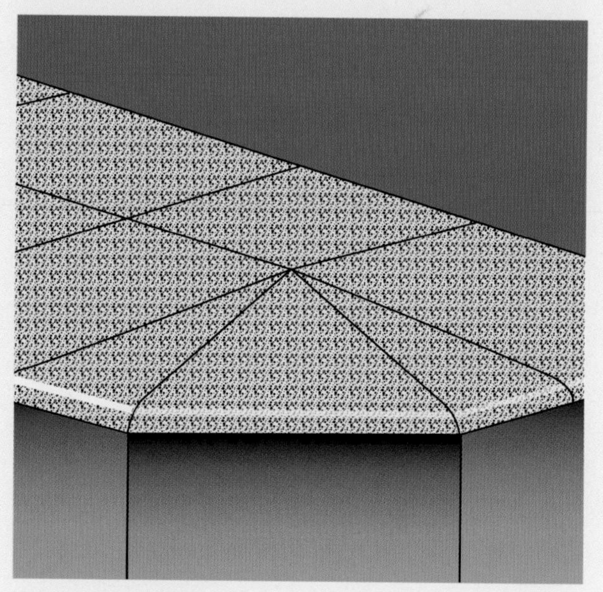

Los muebles instalados en el centro de las cocinas por lo general tienen esquinas que no forman ángulos correctos. Es este caso puede evitar los bordes cortantes de la encimera cortando una pieza de moldura triangular para empatar el ensamble.

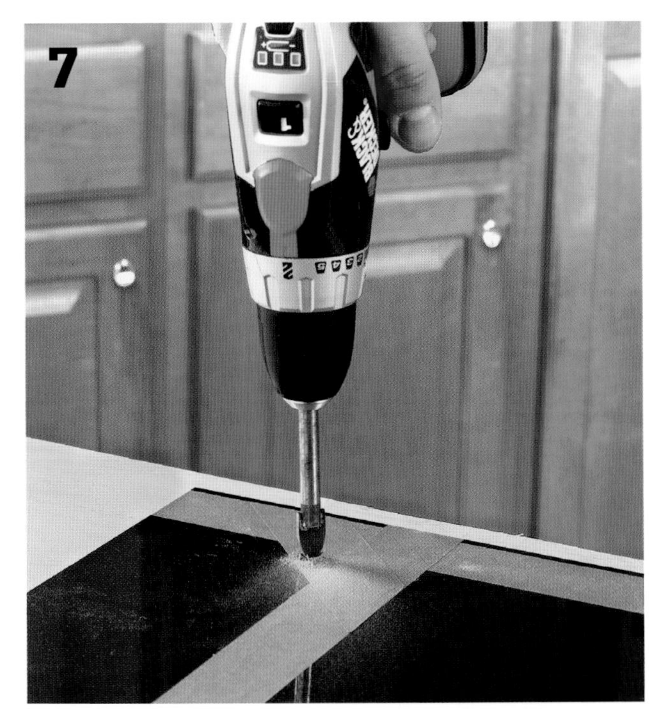

Redondee el interior de los cortes esquineros. Aún cuando la pestaña del lavaplatos aquí mostrado va a cubrir las esquinas interiores del orificio, redondee con cuidado las esquinas abriendo un hueco con una broca para concreto de ½". Los cortes perpendiculares en las esquinas pueden rajarse. Termine el corte con una sierra de vaivén equipada con una cuchilla para concreto.

Comience a embaldosar. Aplique cemento modificado con un palustre de ¼". Si tiene una esquina interior en la encimera, comience en ese punto. Aplique suficiente cemento sobre la esquina para instalar cuatro o cinco baldosas. Coloque las piezas esquineras interiores a la izquierda y derecha, y la primera pieza de 12 × 12 al interior de la encimera.

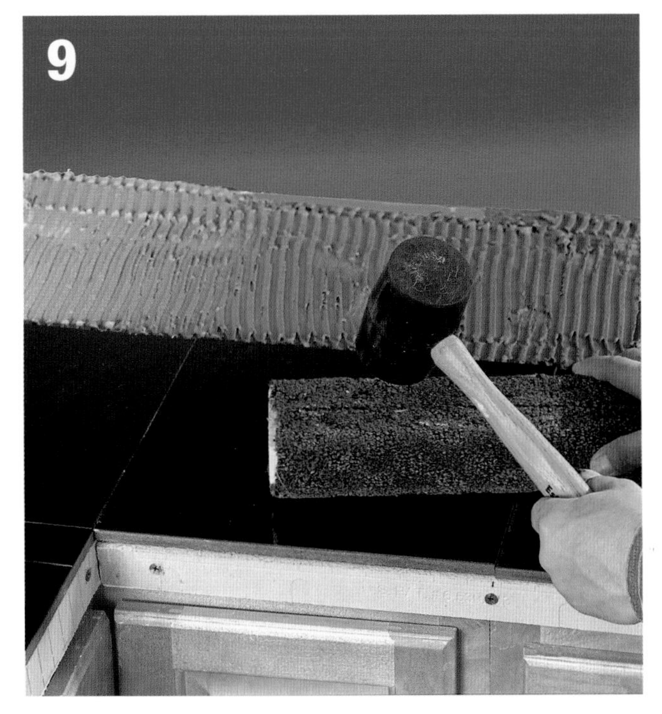

Continúe colocando las piezas. Aplique cemento suficiente para instalar de dos a cuatro baldosas. Utilice el madero de 2 × 4 cubierto con el trozo de alfombra para sentar las piezas. Presione las baldosas sobre la mezcla y sobre los bordes para crear una superficie pareja.

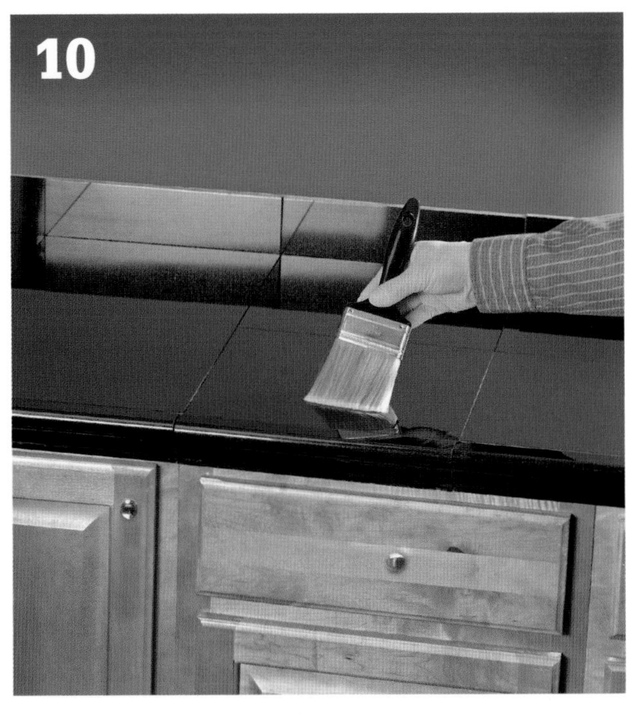

Aplique la lechada y el sellador. Después que la mezcla se ha secado por lo menos 24 horas, aplique lechada sin arena. Después que se haya secado, séllela con sellador para piedra natural.

Embaldosar el área trasera de la encimera

Existen muy pocos espacios al interior de la vivienda con la capacidad para la creatividad. El espacio entre los gabinetes y la encimera es uno de ellos. Esta pared trasera bien diseñada puede transformar una cocina ordinaria en una con gran impacto visual. Las piezas en esta área pueden ser instaladas directamente sobre el tablero de pared o cemento y no requieren de una base adicional. En el momento de comprar el material, compre un 10% extra para cubrir los cortes y el desperdicio. Remueva las cubiertas de los interruptores y tomacorriente e instale cajas más profundas para compensar el ancho de la baldosa. Cubra la encimera con una lona para protegerla contra los rayones durante la instalación de la baldosa en la pared.

Herramientas y materiales ▸

Nivel / Cinta métrica
Lápiz Esponja
Cortador de baldosa
Palustre con muescas
Llana de caucho para lechada
Mazo de caucho
Vara para medir
Separadores (si son necesarios)
Baldosa para pared
Adhesivo de resina "mastic"
Cinta para enmascarar
Lechada / Silicona
Trapo para limpiar
Pistola para silicona
Madero de 2 × 4
Retazo de alfombra
Paño para pulir

Baldosa en mosaico ▸

Corte las baldosas en fragmentos y cubra la pared trasera. Siempre utilice lechada con arena para uniones más anchas de ⅛".

Las tiras de baldosa en mosaico de vidrio modernas crean una superficie a prueba de agua y con un extraordinario efecto visual.

Cómo embaldosar el área trasera de la encimera

Construya una vara para medir marcando un madero de al menos la mitad de la longitud del área para empatar con el ancho del espacio entre las baldosas.

Comenzando en el punto medio de la instalación, utilice la vara de medición para marcar a lo largo de la pared. Si una de las piezas finales es muy pequeña (menos de la mitad del tamaño de la baldosa), ajuste el punto medio para crear piezas finales más grandes y atractivas. Use el nivel para marcar el punto con la línea de referencia vertical.

Aún cuando parezca derecho, la encimera podría no estar nivelada y por tal razón no es una línea de referencia confiable. Coloque un nivel a lo largo de la encimera para ubicar el punto más bajo. Haga una marca dos baldosas por encima del punto más bajo y extienda una línea de nivel sobre toda el área de trabajo.

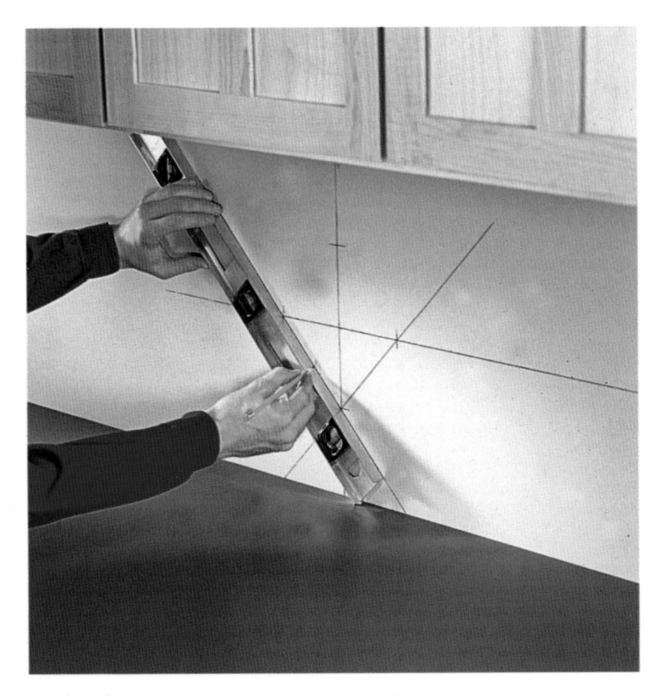

Variación: Diseño diagonal. Marque las líneas de referencia horizontal y vertical dejando las intersecciones en ángulos perfectos de 90°. Para marcar las referencias diagonales, mida distancias iguales a partir de los puntos de intersección y luego conecte esos puntos con una línea. Puede adicionar más líneas a medida que lo necesite.

(continúa)

Aplique adhesivo de resina 'mastic' en forma pareja al área por debajo de la línea horizontal de referencia. Use un palustre con muescas. Esparza el adhesivo en forma horizontal.

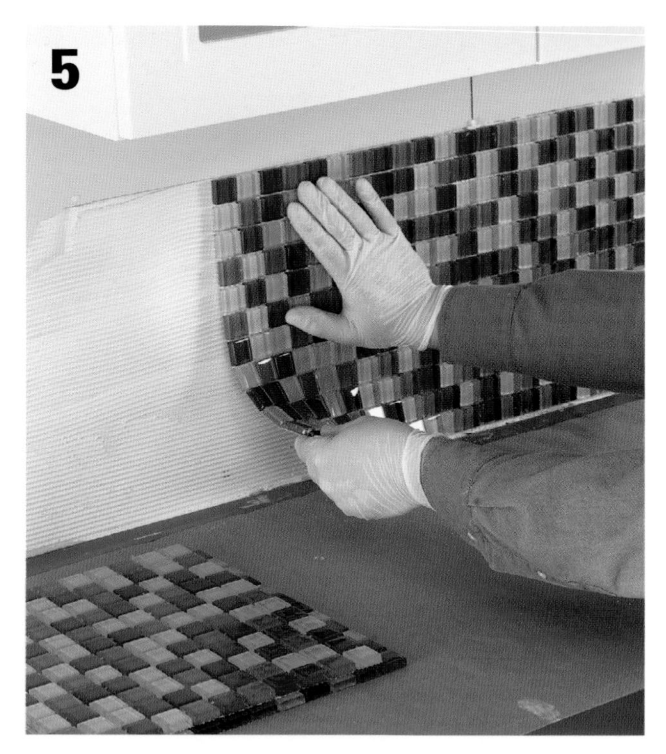

Presione las piezas sobre el adhesivo girándolas un poco. Si no tienen lengüetas de separación, utilice los separadores para mantener las uniones constantes. Si las piezas no se mantienen en su lugar, use cinta de enmascarar para sostenerlas hasta que el adhesivo se seque.

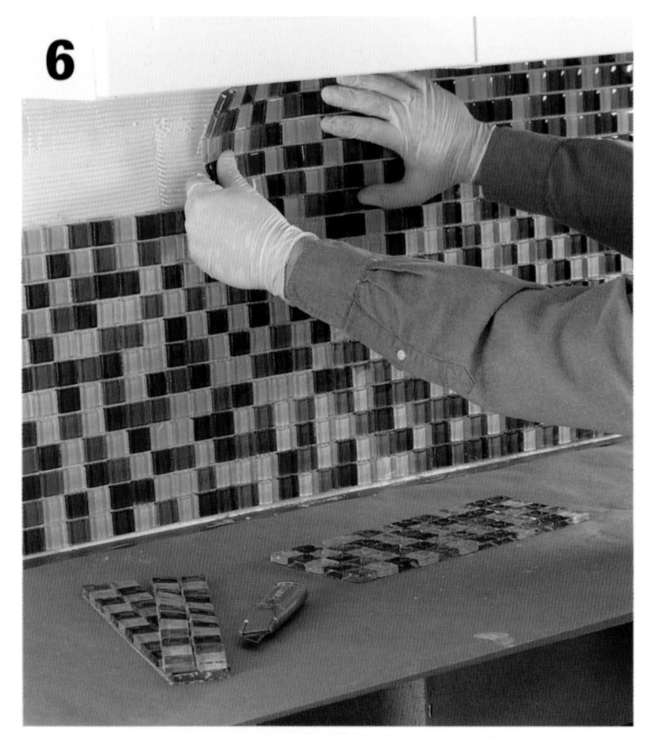

Instale una hilera completa a lo largo de la línea de referencia. Revise el nivel de las piezas a medida que las instala. Continúe embaldosando más abajo de la primera hilera, corte las piezas colocadas contra la encimera si es necesario.

Instale el borde frontal si es parte del diseño. La baldosa en mosaico por lo general no tiene molduras en los bordes. Si desea evitar los bordes cortados de las piezas exteriores, instale una columna vertical en el borde al final del área contra la pared.

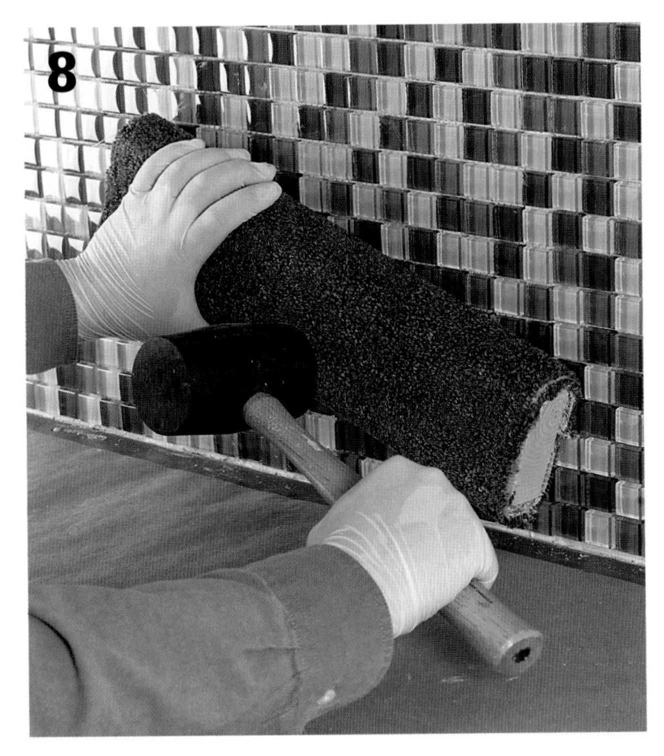

Después que las piezas estén en su lugar, asegúrese que queden planas y adheridas firmemente usando un madero cubierto con un trozo de alfombra y golpeándolas suavemente con un mazo. Quite los separadores. Deje secar el adhesivo de resina 'mastic' por lo menos 24 horas, o el tiempo sugerido por el fabricante.

Mezcle la lechada y aplíquela con una llana de caucho. Espárzala sobre las baldosas manteniendo la llana inclina en un ángulo de 30°. Presione la lechada al interior de las uniones. *Nota: En uniones de 1/8" o más angostas, debe utilizar lechada sin arena.*

Limpie el exceso de lechada. Sostenga la llana en el ángulo correcto sobre la baldosa. Trabaje en dirección diagonal para evitar remover la lechada de las uniones.

Limpie el exceso de lechada con una esponja húmeda. Después de secarse y formar una capa opaca, limpie y pula la superficie con un paño suave. Aplique una capa de silicona entre la encimera y las baldosas.

Embaldosar un mueble separado

Los muebles construidos por separado en medio de las cocinas son uno de los requerimientos más comunes en las viviendas y son muy atractivos por muchas razones, incluyendo la funcionalidad del espacio de dos niveles sobre la encimera. En la mayoría de los casos el espacio inferior es usado como área de trabajo y el superior como espacio para comidas casuales. La parte de arriba sirve como protección para el área de trabajo, lo cual es bien recibido en cocinas abiertas donde la preparación de comidas es visible desde los espacios sociales.

En el momento de planear un área de comedor casual, recuerde que los diseñadores sugieren un espacio de al menos 24 pulgadas por cada persona. En los espacios de trabajo, las guías de diseño estándar recomiendan al menos 36 pulgadas de espacio interrumpido de trabajo al lado del lavaplatos o cubierta de la cocina.

La baldosa en mosaico o la de tamaño pequeño no es recomendada sobre la superficie de trabajo. La baldosa más grande requiere de menos uniones de lechada lo cual es aconsejable para una mejor limpieza y mantenimiento. No existe una regla que diga que los tres elementos que componen el mueble central en la cocina deben usar los mismos materiales. Los proyectos de este tipo ofrecen excelentes oportunidades para mezclar materiales, colores y texturas. Escoja la baldosa hecha específicamente para encimeras y luego diversifique con la pared trasera donde la baldosa de pared y los mosaicos se combinan maravillosamente.

Herramientas y materiales ▸

Cinta métrica
Sierra circular / Estacas
Taladro / Navaja
Regla / Grapadora
Navaja para cortar pared
Escuadra / Esponja
Palustre con muescas
Cortador de baldosa
Llana para lechada
Brocha de espuma
Pistola para silicona
Madero de 1 × 2 y 2 × 4
Baldosa de cerámica
Adhesivo para construcción
Pintura y sellador
Separadores
Cinta para enmascarar
Contrachapado para exterior de ¾" (CDX)
Tablero de cemento de ½"
Tornillos para terraza de 3"
Cinta de malla de fibra de vidrio
Cemento delgado
Lechada con aditivo de látex
Masilla de silicona
Sellador para lechada
Soportes en forma de "L"
Puntillas de acabado 6d
Tornillos para tableros de pared
Martillo neumático
Rodillo y bandeja
Puertas de gabinetes y accesorios
Protección para ojos
Tornillos para tablero de cemento
Baldosa en mosaico
Paño para pulir

Los muebles construidos en medio de las cocinas adicionan áreas de almacenaje y de trabajo, y más espacio para comer. La funcionalidad de este elemento es muy bien recibida por los diseñadores y usuarios debido al potencial que puede alcanzar.

Cómo construir un mueble separado en la cocina

Construya la base con maderos de 2 × 4 para el gabinete separado. Corte los maderos a la medida indicada y conéctelos sobre una superficie plana para formar el marco (la foto muestra el lado ancho). Utilice conectores de metal en forma de "L" para reforzar las uniones. Si no va a mover el mueble alrededor de la cocina, clávelo al piso con adhesivo y tornillos para terraza.

Corte el panel inferior de las mismas dimensiones de la base. Use una placa de contrachapado de ¾". Clávela al marco con puntillas para acabado. Corte los paneles laterales a la medida correcta y clávelos sobre los bordes con puntillas 6d y adhesivo. Inserte estacas de ¾" (también puede usar retazos de madera) debajo de los paneles laterales antes de clavarlos.

Corte los soportes de maderos de 2 × 4 e instálelos entre los paneles laterales en cada esquina, incluyendo las esquinas creadas con las uniones en forma de "L". Clave tornillos para terraza de 3" al interior de los paneles laterales y al interior de las puntas de los soportes cruzados.

Aplique sellador y pintura al interior y exterior del gabinete.

(continúa)

Construya el marco de la cara frontal con un madero de 1 × 2 para unirlo con el gabinete frontal. Clávelo al gabinete con puntillas de acabado 6d y luego cuelgue las puertas (en este ejemplo se instalaron tres puertas de 13" de ancho).

Corte tiras de contrachapado de ¾" para uso exterior para construir las sub-bases para las encimeras y base para la pared trasera. La sub-base inferior debe sobresalir 2" al frente y a los lados La superior debe sobresalir 2" hacia los lados y debe ser centrada sobre la parte frontal y trasera del gabinete. Clave las bases con tornillos para tableros incrustados al interior de maderos de soporte cruzados de 2 × 4.

Corte tiras anchas de contrachapado de 2" para conectarlas sobre los lados inferiores de las sub-bases con adhesivo para construcción y tornillos.

Conecte el tablero de cemento a las sub-bases del gabinete y sobre la pared trasera. Cubra las uniones con cinta y la cabeza de los tornillos con cemento delgado (vea las páginas 174 y 175).

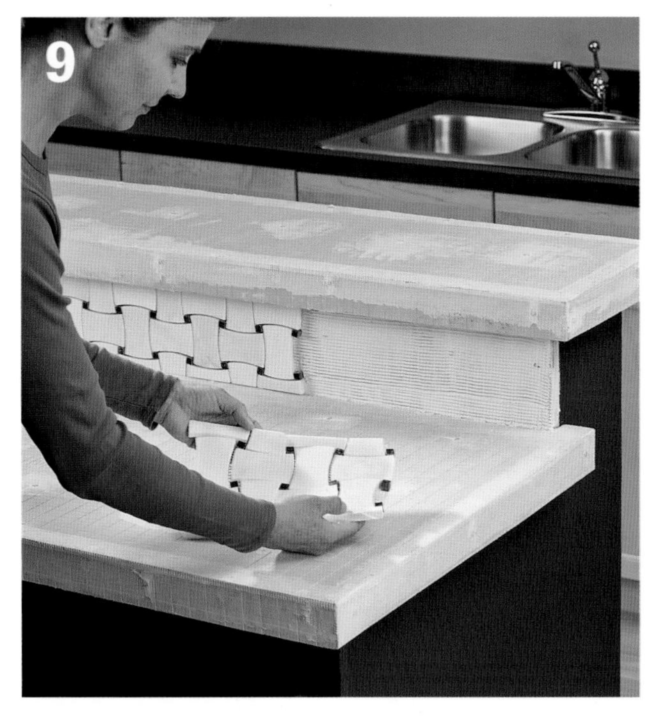

Corte las tiras de baldosa en mosaico a las dimensiones del área de la pared trasera. Adhiéralas con adhesivo delgado (vea Embaldosar el área trasera, en la página 184).

Corte las piezas para el borde de la baldosa y conéctelas alrededor del perímetro de la sub-base usando cemento delgado. Las piezas deben quedar a ras o un poco por debajo de las tiras de la sub-base y niveladas con las baldosas de la superficie horizontal. Si no va a utilizar molduras con borde redondo, instale las piezas a nivel con la sub-base y sobrepóngales con las baldosas horizontales de la superficie.

Instale por último el resto de las baldosas sobre las encimeras (ver Baldosas para encimeras, en las páginas 170 a 179).

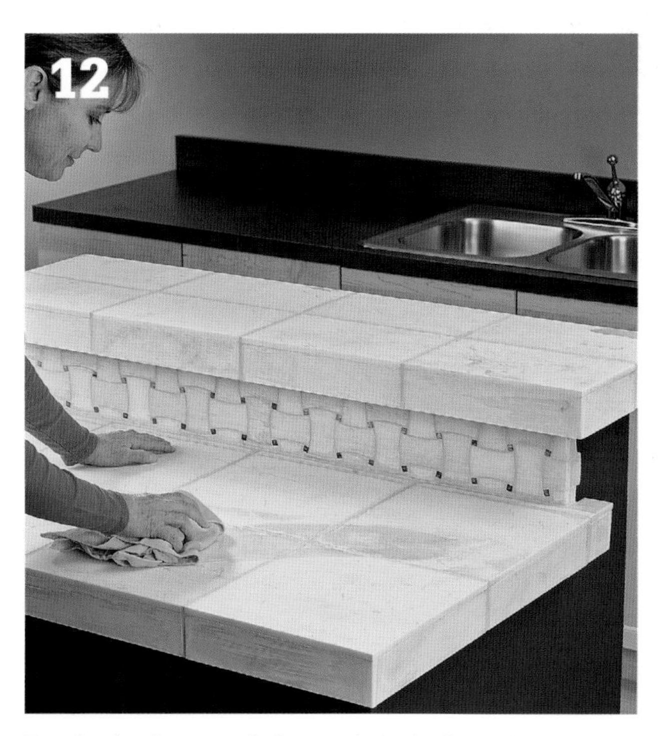

Escoja el color apropiado para la lechada y aplíquela sobre la baldosa con una llana de caucho. Limpie el exceso de lechada después que se haya secado. Selle las uniones con sellador para lechada.

Proyectos en exteriores

La baldosa es un material apropiado tanto para el interior como el exterior de la vivienda. Su durabilidad, fácil mantenimiento y apariencia atractiva, la hace apropiada para los patios, jardines y cocinas exteriores, para nombrar apenas unos pocos ejemplos.

La baldosa sentada sobre una capa de cemento puede crear una superficie exterior durable, pero en los climas fríos con cambios de temperatura extremos no tendrá la misma eficacia. En el momento en que la temperatura baja, apenas un poco de humedad al interior de la baldosa o en la base hará que se suelte o raje. En los climas fríos tendrá mejores resultados conectando la baldosa sobre superficies duras como concreto (en el patio o las escaleras) usando un adhesivo para construcción para uso exterior. Quizás tenga que adherir de nuevo piezas ocasionalmente, pero tendrá menos problemas con rajaduras o piezas salidas. Utilice silicona de látex teñida entre las piezas en lugar de lechada con arena.

En este capítulo:

- Embaldosar escalones
- Embaldosar patios
- Construir una fuente de agua con cerámica

Embaldosar escalones

Fuera de los arreglos tradicionales llevados a cabo para darle a la vivienda una atractiva apariencia (pintura, jardinería, nuevas ventanas o puertas), una entrada cubierta con baldosa crea una magnífica impresión. Los escalones deben ser lo suficientemente grandes para instalar la baldosa y a su vez caminar con seguridad. Revise las especificaciones de los códigos de construcción locales. La mayoría requiere que los escalones tengan 11 pulgadas de profundidad (desde el borde hasta el fondo) después que la baldosa ha sido instalada.

Antes de comenzar a instalar la baldosa, la base de concreto debe estar limpia, sin químicos sobre la superficie, y en buena condición. Haga los arreglos necesarios y permita el tiempo suficiente para que se cure. Puede aplicar una membrana aislante antes de colocar la baldosa. La membrana puede ser una capa de fibra de vidrio, o una líquida aplicada con una brocha (déjela secar). En ambos casos, separa la baldosa del concreto permitiendo el libre movimiento de ambas superficies, y la protege de posible asentamiento o movimiento fuera del concreto.

Instale baldosa para exteriores, no vidriosa, y con una superficie no resbaladiza. La usada en áreas para caminar debe tener por lo menos ½ pulgada de espesor. Use baldosas con bordes redondeados para los bordes en escalones (y en encimeras), y con bordes cóncavos para las contrahuellas.

Herramientas y materiales ▸

Lavador a presión
Palustre para concreto
Nivel de 4 pies
Regla
Cinta métrica
Cortador de cerámica o sierra de agua
Pinzas de punta
Palustre cuadrado con muescas
Llana para lechada
Esponja para lechada
Pistola para silicona
Componente para reparar concreto
Cemento delgado con adhesivo de látex
Membrana aislante
Separadores
Tarros
Tiras de plástico
Baldosa
Baldosa para moldura
Lechada
Sellador de látex
Sellador para lechada
Madero de 2 × 4
Retazo de alfombra
Cincel o destornillador con cabeza plana
Cepillo con cerdas de metal
Escoba o aspiradora
Tiza
Protección para ojos

Cómo instalar baldosas sobre escaleras de concreto

Use un lavador a presión para limpiar la superficie de concreto. Debe tener por lo menos 4.000 libras de presión (psi). Siga las instrucciones del fabricante con cuidado para evitar averiar el concreto con la presión del agua.

Desprenda las partes sueltas en las grietas grandes usando un cincel pequeño o un destornillador de cabeza plana. Use un cepillo con cerdas de metal para limpiar los escombros y el polvo sobre las grietas. Barra el área o use una aspiradora para remover el mugre.

Cubra las grietas y daños pequeños con componente para reparar concreto usando un palustre. Permita que el arreglo se seque según las indicaciones del fabricante.

Opción: Si el daño se encuentra en el borde frontal, límpielo como se describe arriba. Coloque un madero en el frente y sosténgalo con ladrillos o bloques. Moje el área y cúbrala con componente para reparar concreto usando un palustre para alisar el remiendo. Permita que el arreglo se cure por completo.

Pruebe la superficie de los escalones y nivélela con un nivel de 4 pies o una regla larga y derecha. Llene los vacíos con componente para reparar concreto y déjelo curar por completo.

(continúa)

Instale una capa de membrana aislante sobre el concreto usando un palustre con muescas. Nivele la superficie de la membrana con el lado plano de la llana o un palustre. Deje secar la superficie siguiendo las instrucciones del fabricante.

Es importante mantener una secuencia cuando instale baldosas sobre una escalera con descanso. El objetivo principal es hacer la instalación con los menos cortes posibles visibles desde el ángulo más notorio. Si va a cubrir con baldosas los lados laterales de la escalera, comience primero en ese lugar. Trace líneas horizontales para marcar las hileras superiores de baldosas junto a la casa. Use un nivel de 4 pies.

Mezcle una tanda de cemento delgado con adhesivo de látex y aplíquelo sobre los lados de los escalones tratando de dejar visibles las líneas marcadas. Debido a que los escalones superiores son más visibles que los inferiores, comience de arriba hacia abajo.

Instale las baldosas sobre la mezcla a los lados de los pasos. Comience desde arriba y continúe hacia abajo. Trate de dejar los bordes verticales de las baldosas alineados de una hilera a la siguiente. Utilice separadores de baldosas si es necesario.

Envuelva un trozo de madero de 2 × 4 con un pedazo de alfombra y páselo de un lado al otro sobre las baldosas para igualar las superficies. No aplique mucha presión para evitar sacar el cemento por debajo.

Mida el ancho de la contrahuella, incluyendo el espesor de las baldosas que instaló a los lados. Calcule el punto central y señálelo claramente con una tiza o un marcador visible.

Instale las baldosas sobre las contrahuellas. Debido que la ubicación de los bordes superiores de las baldosas afecta la posición de las mismas en la contrahuella y descanso, puede hacer una mejor instalación si coloca primero las baldosas de las contrahuellas. Coloque las piezas verticalmente sobre la contrahuella. A veces sólo necesita una sola pieza de un descanso al otro. Coloque los separadores. Marque el borde del descanso detrás de la baldosa superior para hacer el corte.

Corte las baldosas para instalar sobre todas las contrahuellas. Deje espacio suficiente entre las piezas para aplicar la masilla entre las uniones.

Aplique el cemento combinado con el adhesivo sobre las caras de las contrahuellas. Deberá instalar toda una contrahuella a la vez.

Instale las baldosas en las contrahuellas. El borde inferior de la pieza puede quedar sobre la base del descanso, y el borde superior debe quedar a ras o un poco más bajo que la superficie del descanso superior.

(continúa)

Coloque baldosas sueltas sobre la superficie en ambas direcciones del descanso. Mantenga las mismas distancias entre baldosas creadas por las piezas verticales en la contrahuella, pero examine las hileras del frente y atrás para no terminar con baldosas de menos de 2" de ancho.

Corte las baldosas siguiendo el orden establecido anteriormente. Aplique la mezcla a las piezas del borde frontal del descanso. Éstas deberán traslapar el borde de las piezas verticales de la contrahuella, pero no extenderse más allá de la cara.

Instale la primera hilera de baldosas centrales manteniendo igual la distancia entre éstas y las piezas frontales.

Instale las últimas dos hileras de baldosas al lado de la casa y del umbral. Córtelas si es necesario para dejarlas entre ¼ y ½" de distancia separadas de la casa.

Instale las baldosas sobre los escalones comenzando desde el más alto hasta llegar abajo. Coloque primero la pieza frontal a cada lado de la línea central y continúe hacia los lados manteniendo la hilera de las baldosas verticales con las horizontales.

Instale las baldosas centrales de los escalones. Compruebe que el espacio entre las piezas traseras y las verticales siempre es el mismo.

Deje curar la mezcla por unos días, luego aplique la masilla o lechada sobre las uniones con una llana. Limpie la masilla después que haya creado una capa semi-transparente. Cubra la superficie con un plástico en el caso de lluvia.

Después que hayan pasado unas semanas, selle las uniones cubiertas con lechada con un sellador para uso exterior.

Compre (o prepare) una silicona pre-pintada del mismo color de la lechada de las uniones. Llene el espacio entre la hilera trasera de baldosas y la pared de la vivienda. Alise la silicona con un dedo mojado si es necesario.

Embaldosar patios

La baldosa para uso en exteriores puede ser fabricada de diferentes materiales y está disponible en muchos colores y estilos. En la actualidad existe la tendencia popular a usar baldosas de piedra natural en diferentes formas y colores como lo demuestra el proyecto presentado a continuación. Muchos fabricantes ofrecen información con variedad de ideas de cómo crear patrones de instalación de sus productos. No olvide que la baldosa que escoja debe ser para uso exterior.

Cuando esté instalando baldosa de diferentes tamaños con un diseño modular o geométrico, es importante probar el diseño con cuidado antes de iniciar el trabajo. Las primeras baldosas por lo general van a establecer el patrón de instalación del diseño consecutivo.

Existe la posibilidad de construir una nueva placa de concreto sobre la cual instalará la baldosa, pero otra opción es usar la base existente cubriéndola con el chapado. Este es el caso demostrado a continuación.

La baldosa para exteriores debe ser instalada sobre una superficie limpia, plana y estable. Cuando haga una instalación sobre una base de concreto existente, ésta debe estar libre de grietas anchas y otros daños notorios. Una base averiada puede ser reparada aplicando una capa de concreto nuevo de una a dos pulgadas de espesor antes de instalar la nueva baldosa.

Nota: Debe usar gafas protectoras cuando haga cortes de baldosa —los bordes de algunos de estos materiales pueden ser muy cortantes y peligrosos—.

Herramientas y materiales ▸

Cinta métrica
Lápiz / Lechada / Paño
Cuerda de tiza / Palustre
Cortador de cerámica o sierra de agua
Pinzas para baldosa
Palustre cuadrado con muescas
Madero de 2 × 4 cubierto con un trozo de alfombra
Rodillo y brocha para pintar
Martillo / Tarros
Llana para lechada
Esponja para lechada
Pistola para silicona
Separadores
Tiras de plástico
Cemento delgado
Baldosa modular
Aditivo para lechada
Sellador para lechada
Sellador para baldosa
Brocha de espuma
Protección para ojos

Este pequeño patio embaldosado crea un ambiente de bienvenida sin utilizar mucho espacio del resto del jardín.

Cómo embaldosar la placa de concreto de un patio

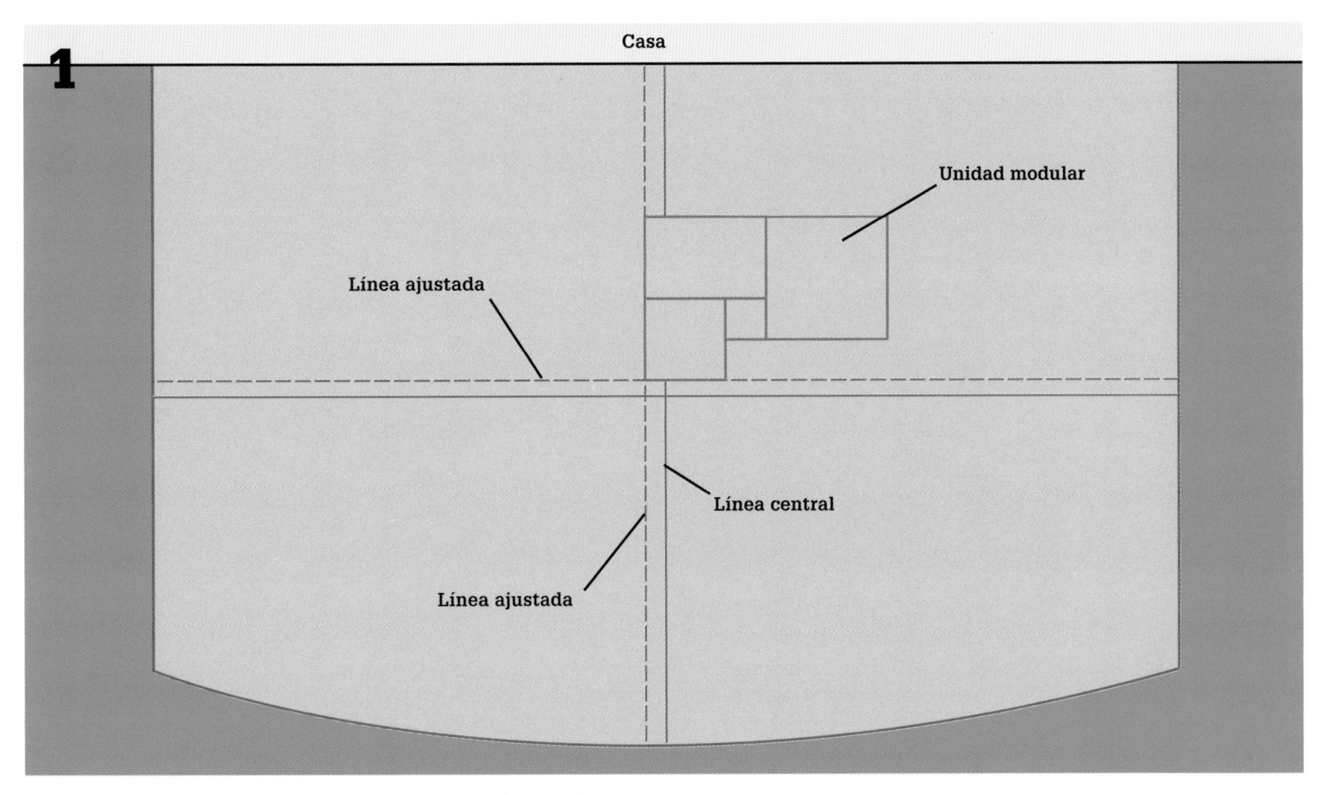

Para crear el diseño de la baldosa con patrón modular, debe decidir con cuidado el sitio de la primera pieza. Mida y marque la línea central sobre la superficie limpia y seca de concreto. Coloque baldosas sobre la línea para hacer una prueba (en este ejemplo, las baldosas están intercaladas debido al diseño modular). Marque el borde de la baldosa más cerca al centro de la sub-base, luego dibuje una segunda línea perpendicular a la primera, y coloque baldosas de prueba a lo largo de esa línea.

Haga ajustes necesarios para que el diseño modular tenga un despliegue simétrico de lado a lado sobre la superficie. Quizás tenga que ajustar la posición de una o ambas líneas. La instalación de las piezas comenzará sobre la intersección de las líneas. Marque la posición de cada grupo sobre la base.

(continúa)

Variación: Para crear un patrón cuadriculado tradicional, haga una prueba colocando las hileras de baldosas en ambas direcciones interceptándolas en el centro del patio. Ajuste el diseño para minimizar los cortes de las piezas en los lados y puntas, y luego marque el diseño final con la cuerda con tiza para crear cuatro cuadrantes. Instale las baldosas a lo largo de las marcas y en un cuadrante a la vez.

Mezcle suficiente cemento delgado para trabajar por unas dos horas, según las instrucciones del fabricante (comience con unas 4 a 5" mezcladas en un balde). Use un palustre con muescas cuadradas para esparcir la mezcla sobre la intersección de ambas líneas del diseño en un área grande para acomodar el primer grupo de baldosas. Sostenga el palustre en un ángulo de 45° para extender la mezcla a una profundidad consistente.

Instale la primera baldosa moviéndola un poco de lado a lado a medida que la presiona sobre la mezcla. Alinee la pieza con ambas líneas ajustadas, luego coloque el madero de 2 × 4 cubierto con la alfombra sobre el centro de la baldosa y golpee la baldosa con un martillo para asentarla.

Coloque la segunda baldosa adyacente a la primera con un poco de espacio entre ambas. Coloque los separadores cerca de las esquinas y empuje la segunda pieza contra los mismos. Compruebe que la primera pieza permanezca sobre las líneas de marca. Coloque el madero sobre ambas piezas y golpéelas para asentarlas. Use un trapo mojado para limpiar el cemento rebosado de las uniones o de encima de las baldosas. Las uniones deben ser de por lo menos ⅛" de ancho para dar cabida a la lechada.

Use los separadores para instalar el resto de las baldosas del primer módulo. Quite con un palustre el exceso de cemento de las áreas donde todavía no va a trabajar para evitar que la mezcla se endurezca e interfiera con la instalación.

Después de terminar el primer módulo, continúe instalando las baldosas siguiendo el patrón establecido. Puede usar las líneas marcadas con la cuerda con tiza como referencia, pero no serán necesarias como marcas para la instalación. Para evitar el rebose de cemento entre las uniones de las baldosas, quite la acumulación excesiva a ½" de la pieza instalada antes de colocar la siguiente baldosa.

Cómo cortar baldosas en curva ▸

Para hacer un corte cóncavo (abajo a la izquierda), o uno convexo (abajo a la derecha), marque la curva sobre la baldosa y use una sierra para corte en mojado para hacer cortes paralelos lo más cerca posible a la línea demarcada. Use unos alicates (tenazas) para cortar las porciones pequeñas de la baldosa a lo largo de la curva. Al final use el esmeril angular para suavizar los bordes filosos de la pieza. Use una máscara para polvo cuando haga los cortes y guantes cuando use las tenazas.

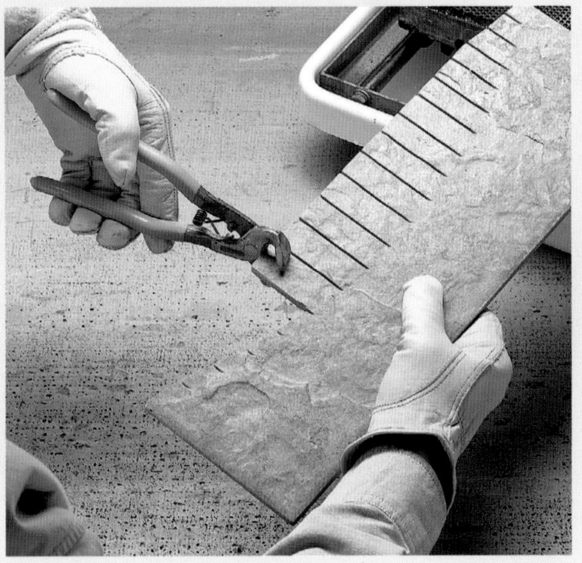

(continúa)

Después de instalar todas las baldosas, quite los separadores, cubra el área con un plástico y deje curar el cemento siguiendo las recomendaciones del fabricante. Cuando la baldosa haya quedado sentada por completo, quite el plástico y mezcle la lechada usando el aditivo en lugar de agua. El aditivo es especialmente importante para las aplicaciones al exterior porque crea uniones más resistentes a los cambios de temperatura.

Use la llana para expandir la lechada sobre un área de unos 10 pies cuadrados. Presione la mezcla con la base de la llana para penetrarla sobre las uniones, luego sosténgala en un ángulo de 45° sobre la superficie para quitar los excesos de lechada.

Después de haber cubierto el área con la masilla, limpie los residuos con una esponja mojada. Hágalo suavemente con movimientos circulares —va a limpiar las baldosas y no a remover la lechada—. No intente limpiar la superficie perfectamente la primera vez. En lugar, límpiela varias veces y enjuague la esponja de seguido.

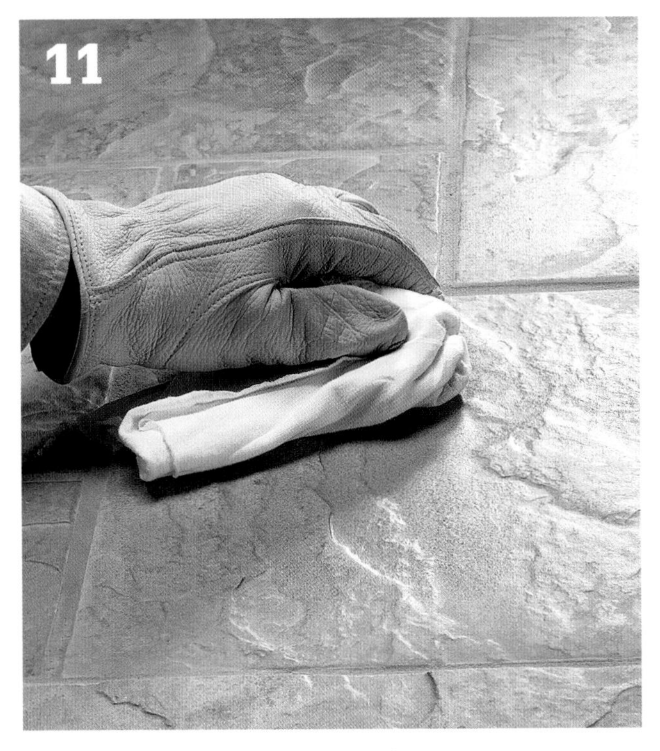

Una vez la lechada haya empezado a sentarse, (más o menos en una hora dependiendo de la temperatura y la humedad), limpie una vez más la superficie. Esta vez debe limpiar todo por completo porque es difícil remover los residuos de lechada cuando se ha endurecido. Quite con un trapo la capa delgada que ha sido dejada al final por la mezcla.

Lechada en baldosas porosas

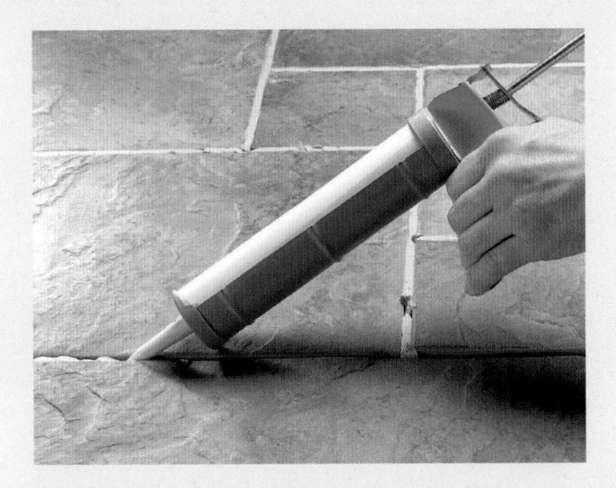

Algunas baldosas, como las de cantera, tienen superficies muy porosas que pueden mancharse demasiado con la lechada. En este caso, aplique la mezcla llenando el interior de un recipiente de silicona vacío (disponible en los depósitos de materiales para construcción) e instale la lechada en las uniones con una pistola. Corte la punta para abrir un hueco grande lo suficiente para presionar la lechada hacia afuera. Pase la punta a lo largo de la unión a medida que la presiona. Quite la lechada que cae sobre la baldosa con una esponja mojada. Quizás tenga que usar el dedo para presionar la lechada en la unión. Use guantes para proteger las manos si aplica este método.

Cubra toda la superficie con plástico y deje secar la lechada según las instrucciones del fabricante. Después que se haya curado, use una brocha de espuma para aplicar sellador de lechada sólo sobre las uniones. Limpie cualquier derrame sobre el resto de la superficie.

Aplique el sellador para baldosa a toda la superficie usando un rodillo de pintar. Cubra el patio con plástico y déjelo secar por completo antes de exponerlo al uso y al clima.

Construir una fuente de agua con cerámica

Una fuente de agua es una adición siempre bienvenida en un patio o jardín, y construir e instalar una es mucho más fácil de lo que piensa. Imagínese una baldosa colorida reflejándose en una pequeña pila de agua, y salpicando lentamente agua con un sonido armonioso. Así de fácil podrá construir su propia fuente en el jardín.

Comience con una baldosa común usada en el tiro de la chimenea y con unos cuantos pies cuadros de baldosa de mosaico de algún color brillante. Luego agregue una bomba de agua y pequeñas luces que pueden ser conectadas a un sistema de bajo voltaje. Cuando menos lo piense, ya tendrá lista una fuente que creará envidia a sus vecinos.

Una nota de precaución: antes de agregar accesorios al sistema de bajo voltaje, compruebe que el transformador tenga la capacidad de aceptar sobre cargas.

La cerámica para el tiro puede conseguirse en muchos tamaños en la mayoría de los distribuidores de chimeneas o elementos de cemento. También puede conseguir tiras de rejilla de metal expandible en la mayoría de los almacenes de venta de materiales para construcción.

Herramientas y materiales ▸

- Palustre con muescas
- Llana para lechada
- Pistola para silicona
- Sierra de vaivén o herramienta para cortar tornillos
- Baldosa para el tiro de la chimenea de 18 × 18 × 24"
- Ladrillos
- Soportes de metal en forma de "L"
- Rejilla de metal expandible de 18 × 18"
- Baldosa de mosaico de 12 pies^2
- Cemento delgado
- Lechada
- Bloque de concreto
- Adhesivo para construcción
- Bomba de agua y luces de bajo voltaje para la fuente
- Vidrio de agua (unas 4 libras)
- Masilla de silicona

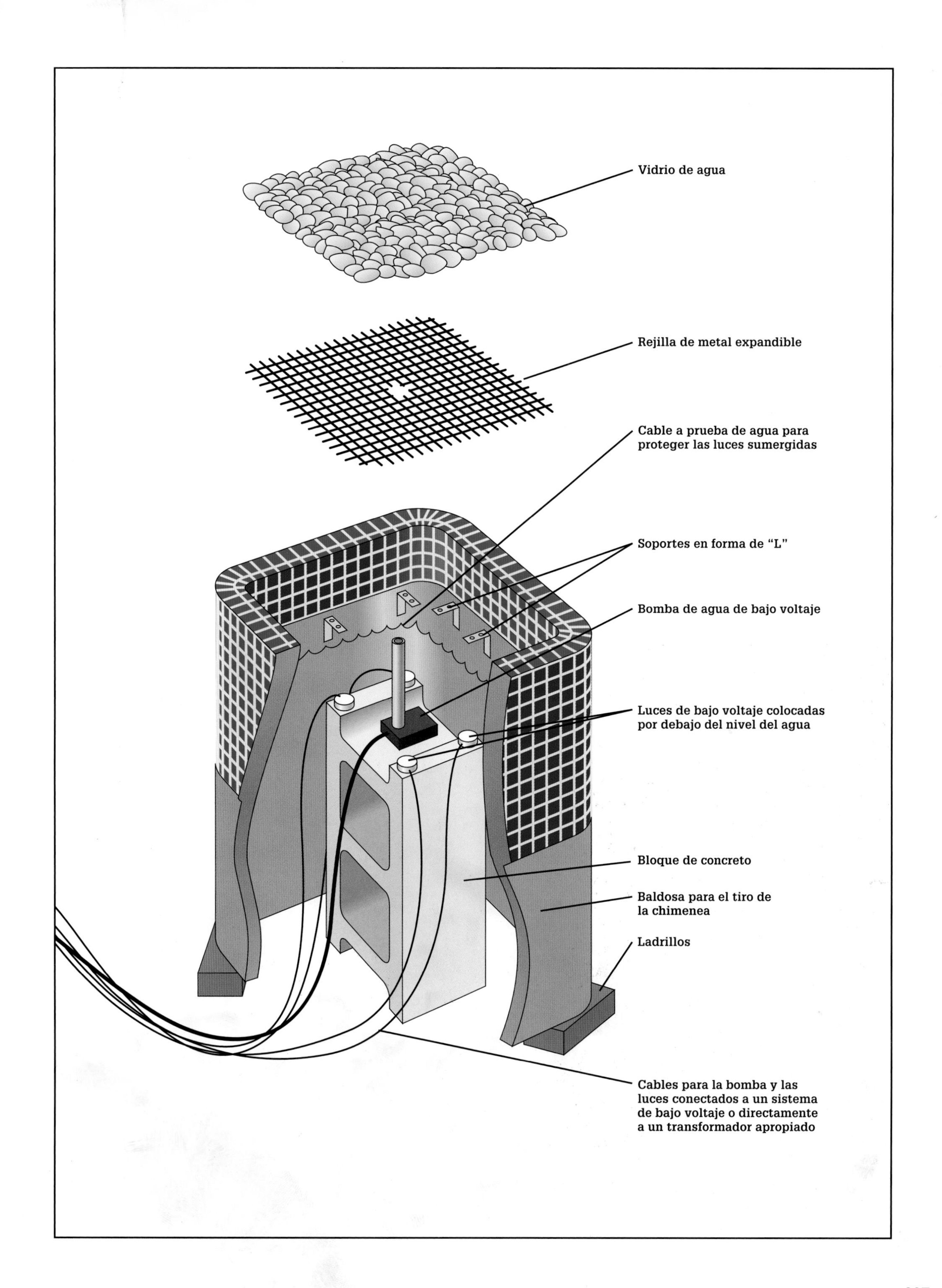
Vidrio de agua
Rejilla de metal expandible
Cable a prueba de agua para proteger las luces sumergidas
Soportes en forma de "L"
Bomba de agua de bajo voltaje
Luces de bajo voltaje colocadas por debajo del nivel del agua
Bloque de concreto
Baldosa para el tiro de la chimenea
Ladrillos
Cables para la bomba y las luces conectados a un sistema de bajo voltaje o directamente a un transformador apropiado

Cómo crear una fuente con cerámica para el tiro de chimenea

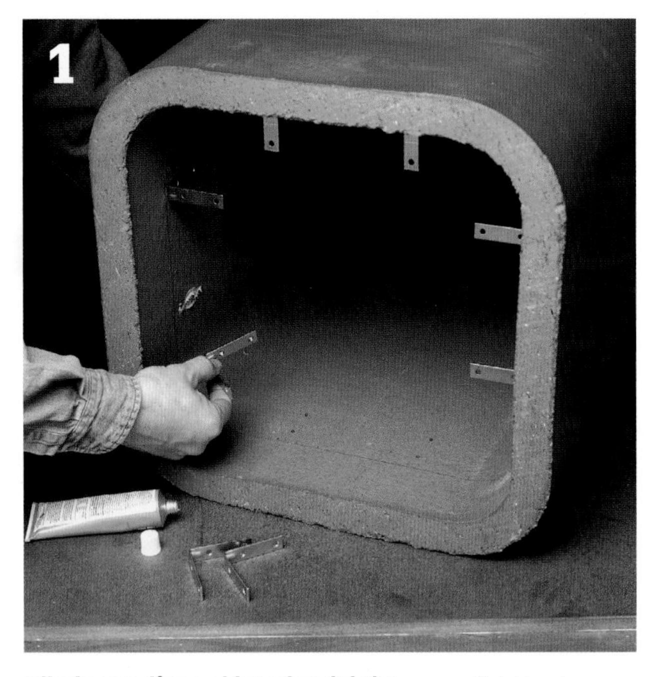

Dibuje una línea al interior del tiro a unas 4" del borde superior. Conecte dos soportes en forma de "L" sobre la línea y en cada lado del tiro. Pegue cada soporte con adhesivo para construcción.

Instale baldosa de mosaico al exterior de la baldosa de tiro y al interior en la parte inferior de la línea marcada. Esparza cemento delgado sobre una cara del tiro a la vez y luego presione la baldosa de mosaico en su lugar. Deje secar la mezcla según las indicaciones del fabricante. Después de secarse, aplique lechada sobre la baldosa.

Coloque cuatro ladrillos en la parte inferior de la salida del agua y luego coloque la pieza de tiro encima. El tiro es muy pesado y debe pedir ayuda para este paso. Coloque el bloque de concreto en el centro del tiro y luego coloque la bomba de agua encima del bloque.

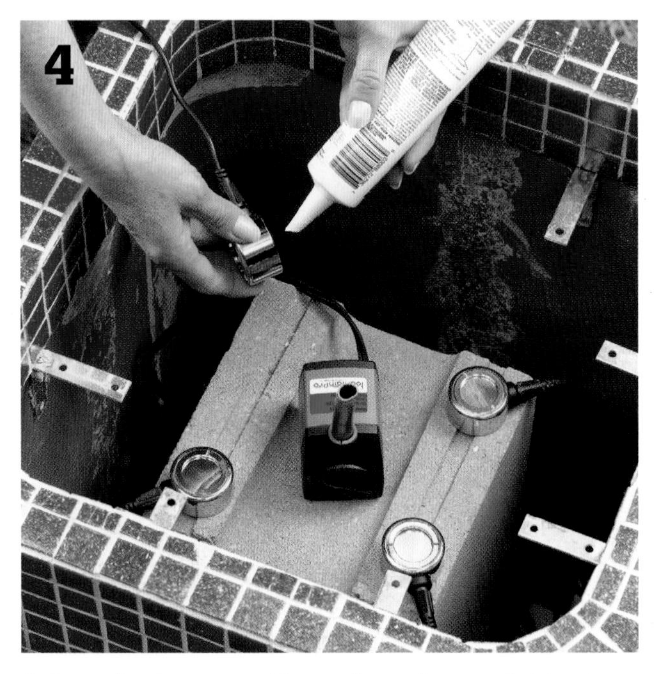

Coloque las luces en el lugar deseado asegurándolas al bloque de concreto con adhesivo de silicona. Conecte todos los cables (luces y bomba) al sistema de bajo voltaje más cercano. Si no tiene un sistema, conecte los cables a un transformador y luego conéctelo a la salida de tomacorriente GFCI más cercana).

Conecte los cables de la bomba y las luces al cable del sistema de bajo voltaje usando los conectores incluidos con la bomba de agua. Llene el tiro de agua y pruebe las luces y la bomba. Ajuste el funcionamiento de la bomba si es necesario. Abra una pequeña trocha y entierre todos los cables.

Si es necesario, corte la rejilla de metal expandible para instalarla al interior del tiro. Use una sierra de vaivén con cuchilla para cortar metales. Use también la sierra o un cortador de tornillos para abrir un agujero en el centro de la malla de unas 2" de diámetro. Inserte el tubo de descarte de la bomba dentro del hueco. Luego coloque la malla sobre los soportes en forma de "L" al interior del tiro. Coloque piezas de vidrio alrededor del tubo de descarte. Use silicona para adherir las piezas si es necesario mantenerlas juntas. Cubra el resto de la malla con otra capa de piezas de vidrio.

Accesorios de bajo voltaje ▸

Sí tiene un sistema de luces de bajo voltaje, agregue más luces alrededor del área. Esto hará la fuente aún más llamativa.

Antes de adicionar más luces y accesorios, compruebe que el transformador tenga la capacidad necesaria para aceptar sobre-carga. De lo contrario, conecte las luces a un circuito separado o compre un transformador de mayor capacidad.

Proyectos decorativos

Este tipo de trabajos son agradables de llevar a cabo. Una vez entienda con claridad las diferentes técnicas de la decoración con baldosa, las posibilidades son limitadas sólo por su imaginación, su tiempo, y el dinero que desee gastar.

En el siguiente capítulo encontrará proyectos que varían desde trabajar con objetos pequeños, como macetas o placas de direcciones, hasta labores un poco más complejas como embaldosar la base de un lavamanos. Aquí aprenderá cómo enmarcar con baldosa un espejo de baño y cómo crear un diseño artístico con baldosa de mosaico para colgar sobre la pared. En general, puede poner en práctica sus habilidades decorativas sin importar su grado de experiencia.

También encontrará instrucciones detalladas de cómo fabricar su propia baldosa. Es un proceso fácil y puede compartirlo con jóvenes de todas las edades. Esto requiere de tener acceso a un horno y a material vidrioso, pero con algo de organización puede contactar fabricantes y talleres donde pueda solicitar estos servicios. Estos proyectos requieren de pruebas y experimentación. Ensaye con diferentes tipos de formas y colores; utilice herramientas tradicionales o poco convencionales para crear texturas; mezcle el material vidrioso hasta encontrar algo que lo satisfaga.

A medida que mejora su talento, descubrirá que este tipo de proyectos decorativos son excelentes regalos.

En este capítulo:

Construir macetas en mosaico

Los pasos básicos para decorar una maceta con baldosa son prácticamente los mismos que instalar baldosa sobre cualquier otra superficie: debe planear con cuidado, instalar la baldosa y aplicar la lechada. La parte agradable de estos proyectos comienza cuando deja volar su imaginación con la inmensidad de posibilidades de diseños.

No hay necesidad de limitarse sólo a la baldosa. Puede mezclar otros materiales como canicas aplanadas de mármol o piezas rotas de vidrio de colores, de espejos o porcelana. Los diseños pueden ser tan simples o complicados como lo desee.

Intente crear un mosaico de flores como margaritas usando trozos de vidrio pintado de blanco para los pétalos, canicas planas doradas para el centro y trozos de baldosa para el fondo. También puede usar pedazos de baldosa verde para crear ramas y hojas combinadas con canicas de vidrio de color púrpura amontonadas en forma de uvas. Agregue un fondo de porcelana rota o vidrio de colores y tendrá en sus manos una bella obra de arte en sólo unas cuantas horas.

Utilice macetas con bordes planos como la mostrada aquí abajo, u otras con una superficie plana (ver el proyecto en la página siguiente). Trate de empatar el estilo y color de las macetas con el diseño existente.

Herramientas y materiales ▸

- Cortador de baldosa
- Pinzas para baldosa
- Espátula / Lechada
- Llana para lechada
- Esponja para lechada
- Baldosa en mosaico de 1"
- Adhesivo "mastic" para baldosa
- Sellador para lechada
- Protección para ojos

Unas cuantas piezas rotas de baldosa en mosaico pueden convertir una maceta ordinaria en un bello objeto para el jardín.

Cómo decorar macetas

Remueva unas cuantas piezas de baldosa de mosaico de la base y experimente con nuevos diseños y decoraciones. Corte piezas a diferentes tamaños con un cortador para baldosas.

Dibuje un borde irregular de 1½ a 2" de ancho alrededor de la maceta. Utilice una espátula para aplicar aditivo 'mastic' en el área dibujada y luego comience a colocar las piezas alternando los tamaños.

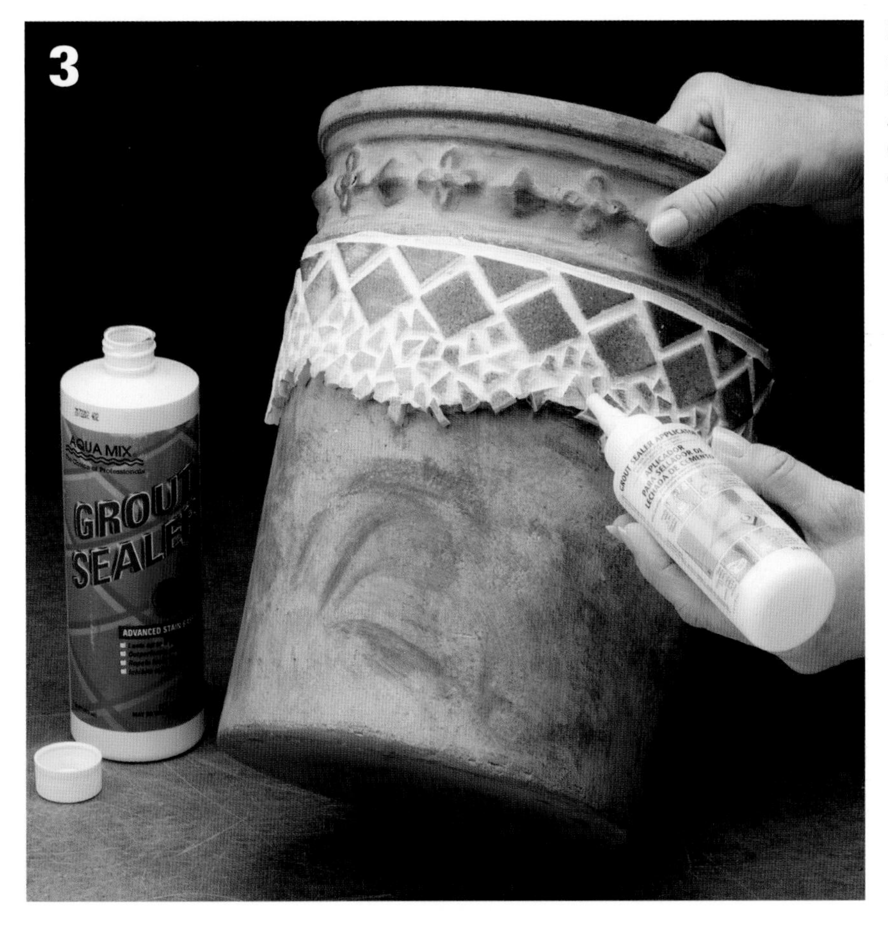

Rellene el resto del espacio con piezas rotas de baldosa. Deje secar el adhesivo siguiendo las instrucciones del fabricante. Aplique la lechada. Si va a usar la maceta en el exterior, aplique sellador sobre la lechada después que se haya curado por completo.

Espejos enmarcados para el baño

La mayoría de los baños de las casas modernas vienen equipados con espejos que carecen de algún tipo de diseño atractivo. Los espejos cumplen con su función, pero su apariencia deja mucho que desear. Enmarcar uno de estos elementos con baldosa o piezas de vidrio convierte un accesorio aburrido en uno atractivo, y todo el proyecto toma apenas unas pocas horas.

El proceso es muy simple. Lo más difícil es conseguir la baldosa que va a utilizar. Si va a embaldosar el resto del baño a la vez, puede combinar las piezas del marco para empatar con el diseño total. Si el baño no tiene otro tipo de baldosa, puede mezclar y diseñar prácticamente todo a su gusto hasta convertir el espejo en una obra original.

Hay dos formas que puede tener en cuenta cuando vaya a enmarcar el espejo: instalar las piezas de baldosa directamente sobre el espejo, o embaldosar alrededor del mismo dejando los bordes sobresalidos. En nuestro caso, decidimos quitar el espejo, instalar la baldosa alrededor del borde y luego colgamos el espejo. Si va a colgar el espejo de nuevo, asegúrese de utilizar un tipo de gancho o soporte fuerte ya que el espejo va a pesar mucho más que antes debido al peso de la baldosa.

Herramientas y materiales ▸

- Cinta métrica
- Marcador permanente
- Sierra para cortar en agua
- Separadores
- Llana para lechada
- Esponja para lechada
- Brocha de espuma
- Pistola para silicona
- Regla / Espátula
- Papel fuerte o cartón
- Moldura para el marco y baldosa en mosaico
- Adhesivo para vidrio
- Cinta ancha para pintar
- Lechada con aditivo de látex
- Sellador para lechada
- Protección para ojos
- Nivel de carpintero o láser

Diseños de espejos embaldosados ▸

En este proyecto, la baldosa es instalada sobre el espejo. El espejo es enmarcado con baldosa de mosaico y pequeñas piezas de vidrio. Estos proyectos son muy fáciles de realizar y son una estupenda decoración en espacios pequeños como éste.

En la construcción nueva o en los proyectos de remodelación, el marco puede instalarse sobre la pared en lugar de crearlo sobre el espejo.

Cómo enmarcar el espejo de un baño

Mida el espejo y corte una plantilla con un pliego de papel fuerte o con un pedazo de cartón. Ponga la plantilla sobre el piso o sobre un área de trabajo. Coloque las piezas sueltas de baldosa usando separadores si la baldosa no viene diseñada con los mismos.

Marque las baldosas que va a cortar para crear las piezas esquineras. Es completamente necesario cortar las piezas de las esquinas en tamaños iguales. Corte la punta de cada pieza en un ángulo de 45°.

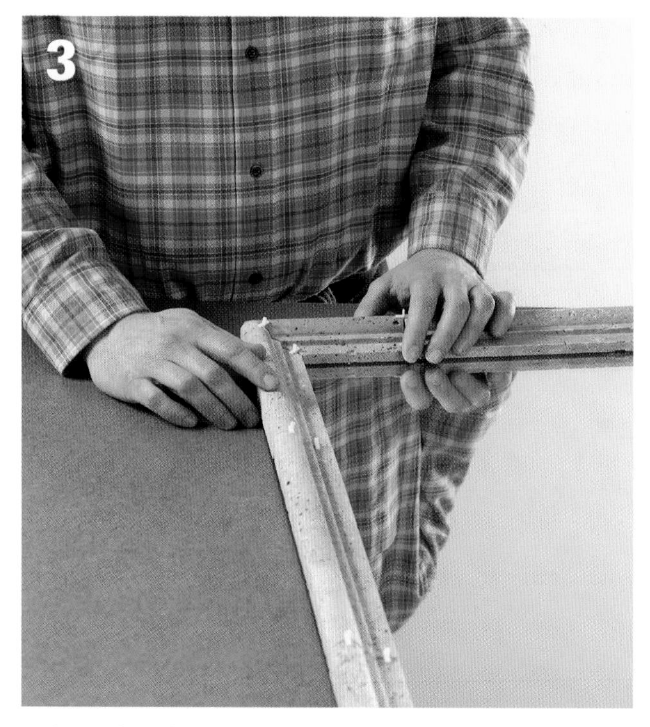

Coloque las piezas exteriores de la moldura del marco. Revise las esquinas y compruebe que han sido cortadas correctamente y alineadas con el espejo.

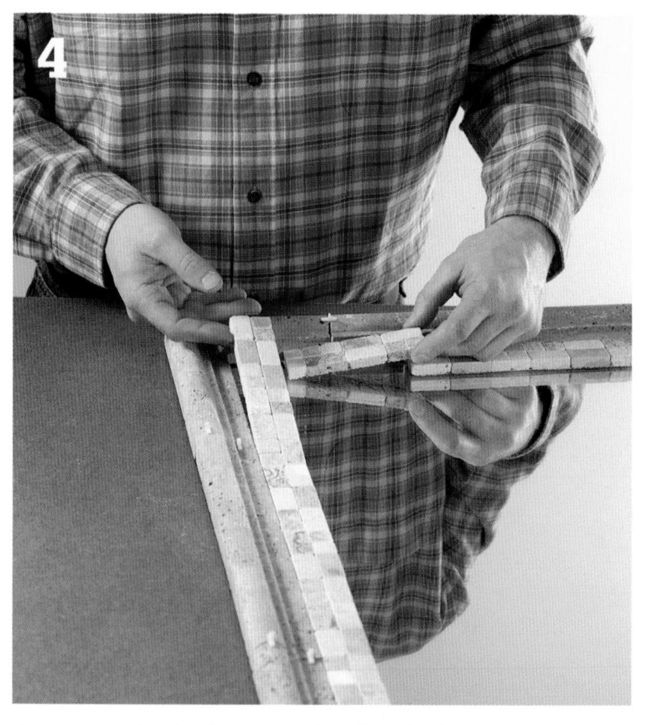

Comenzando desde la esquina izquierda, coloque las piezas sueltas en las siguientes dos hileras del marco. Incluya los separadores para mantener consistencia. Compruebe que las baldosas empatan en las esquinas.

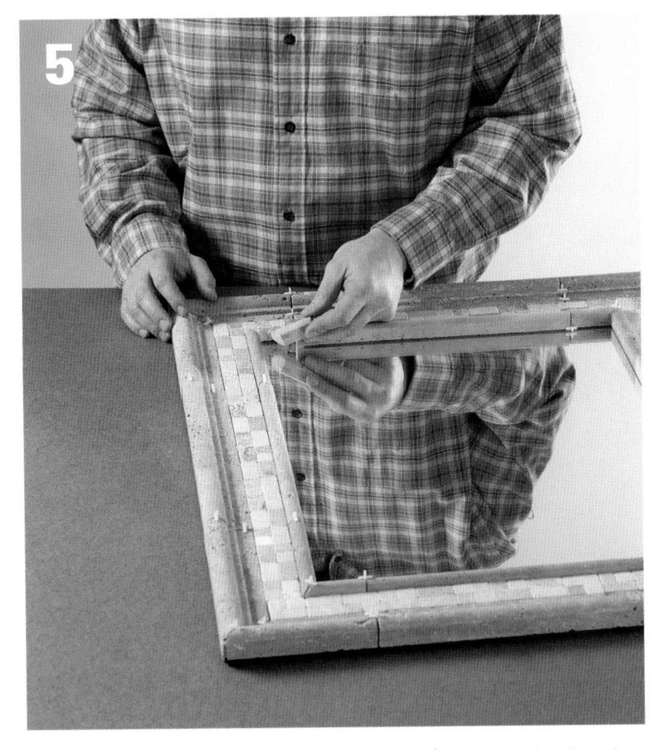

Ahora que los marcos y las dos hileras de baldosa están alineadas, coloque las piezas sueltas para la última hilera del marco. Corte las piezas a medida que lo necesite para acomodarlas al interior del espejo. Luego quite todo menos la primera hilera del marco de baldosas.

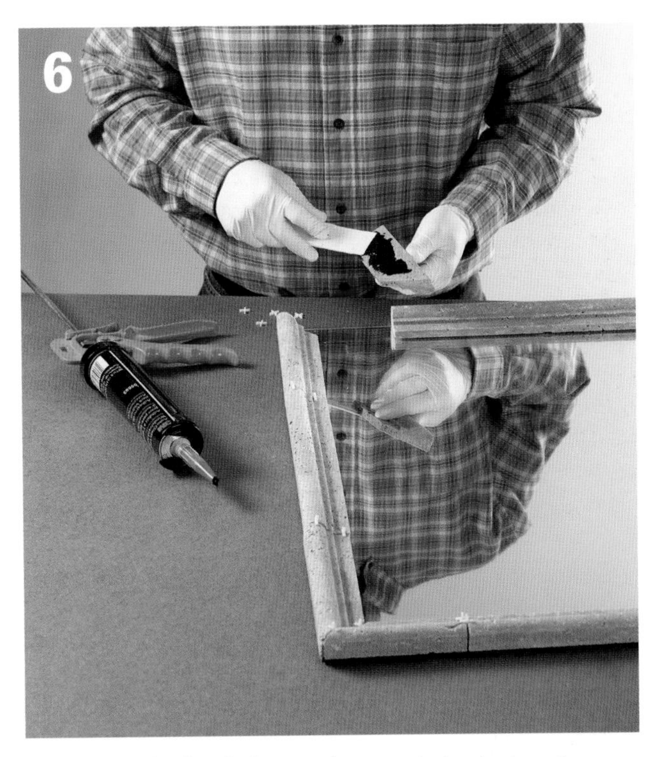

Comenzando desde la esquina superior izquierda, aplique el adhesivo sobre la parte trasera de las piezas usando una espátula pequeña. Siente cada pieza sobre el espejo girándola un poco para asegurarlas a medida que las coloca.

Siga colocando las piezas en cada esquina y luego trabaje alrededor de borde hasta pegar todas las piezas con el adhesivo. Después de terminar una hilera, continúe con la siguiente. Repita el proceso hasta asegurar todas las hileras sobre el espejo.

Prepare una pequeña cantidad de lechada para cubrir todas las uniones de las piezas. Limpie y brille la superficie con un paño. Deje secar la lechada por completo siguiendo las recomendaciones del fabricante.

Placas de direcciones en mosaico

Las piezas rotas de baldosa de mosaico y porcelana se combinan a la perfección para crear otros mosaicos para diferentes usos. En este ejemplo han sido combinados para crear una placa de dirección; es un proyecto fácil y una manera práctica de usar los desperdicios.

Corte el material para crear la base de la placa, ver este ejemplo, o diséñela a su gusto. Sin importar la forma o diseño que escoja, use contrachapado para uso exterior y selle la lechada después que se haya curado siguiendo las instrucciones del fabricante. Con estas precauciones, la placa permanecerá atractiva por muchos años.

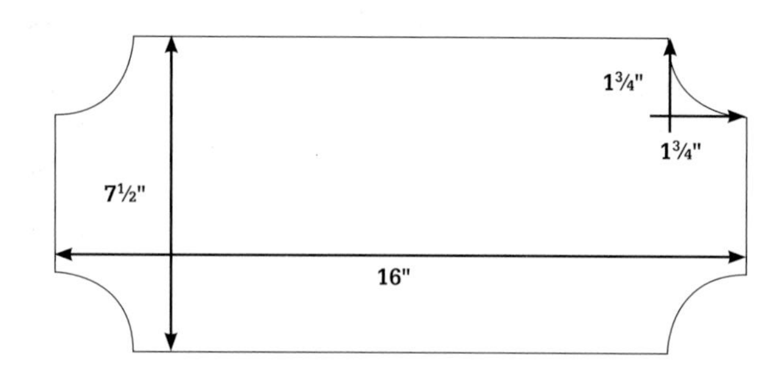

Herramientas y materiales ▸

- Sierra de vaivén
- Brocha para pintar
- Mazo de caucho
- Pinzas para baldosa
- Herramienta rotativa
- Pistola para adhesivo caliente
- Llana para lechada
- Taladro
- Disco para pulir
- Pistola para silicona
- Sellador para lechada
- Contrachapado para exterior de ¾"
- Sellador de madera
- Plantillas de números de 4"
- Baldosa y placas
- Adhesivo caliente o masilla de silicona
- Lechada
- Colgantes y tornillos
- Cinta métrica
- Bolsas de papel
- Protección para ojos
- Brocha de espuma

Una placa de dirección diseñada a su gusto con pedazos de baldosa rota es una atractiva invitación para todos sus visitantes.

Cómo fabricar una placa de dirección

Amplíe y copie la plantilla de la página opuesta. Trace el borde sobre un trozo de contrachapado y luego córtelo con una sierra de vaivén. Aplique una capa de sellador para madera y déjelo secar. Marque el centro y dibuje líneas paralelas, luego marque los números sobre la placa y trace un borde de 1¼" alrededor de la misma.

Use una herramienta rotativa, o esmeril, equipado con un disco para pulir el borde sobresaliente de la parte trasera de cada plato. Coloque los platos al interior de una bolsa de papel y ciérrela. Golpee la bolsa con un mazo hasta romper el plato. Lleve puestas las gafas protectoras. Rompa las baldosas de la misma forma.

Coloque las piezas al interior de los dibujos de los números. Use unas tenazas para cortar y condicionar las piezas a la medida. Utilice pegamento caliente o silicona para adherir las piezas a la base. Llene el fondo con trozos de porcelana.

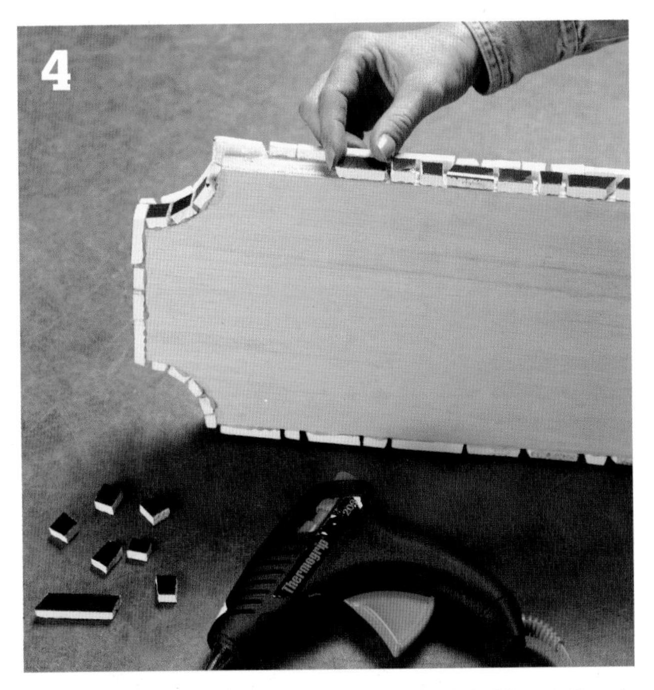

Cubra el borde de la base con más trozos de baldosa. Aplique la lechada, déjela secar y luego cúbrala con el sellador apropiado. Instale un par de ganchos para colgar la placa por detrás de la misma.

Cuadros en mosaico

A diferencia con la mayoría de los trabajos con baldosa, un cuadro fabricado con este material no necesita ser impermeable o tener una fuerte estructura. Estos proyectos le permiten combinar piezas de baldosas con otros materiales complementarios. Puede usar fragmentos de baldosa, pedazos de platos rotos, espejos y otros tipos de vidrios.

En la actualidad es un poco difícil conseguir piezas pequeñas de "masonite" (clase de madera procesada) en depósitos de materiales para construcción o en almacenes especializados, sin embargo muchos almacenes de venta de artículos para el arte y dibujo ofrecen marcos y elementos similares perfectos para este tipo de proyectos.

El vidrio de agua es una gran adición al mosaico pero es difícil de encontrar y también es costoso. En su lugar puede crear su propio vidrio con más variedad de colores (el marrón y el verde son los colores más comunes del vidrio de agua).

Fuera de crear proyectos como el aquí mostrado, puede combinar las técnicas de los trabajos sobre pisos (ver las páginas 100 a 105) para combinarlas con las aquí presentadas para crear una forma diferente de mosaico.

Cómo fabricar un cuadro en mosaico

Herramientas y materiales ▸

- Gafas de seguridad
- Mazo de caucho
- Pinzas para baldosa
- Máquina para revolver y pulir rocas
- Palustre cuadrado con muescas
- Llana para lechada
- Esponja para lechada
- Baldosa / Platos viejos
- Botellas de vidrio
- Adhesivo "mastic"
- Masonite para artistas
- Lechada / Paño
- Bolsa de papel
- Guantes

Revise la variedad de objetos que ha recolectado y escoja los que desea usar. Lleve puestas las gafas de protección, coloque las baldosas, platos o botellas al interior de una bolsa fuerte y luego golpéela con un mazo. Utilice las pinzas para seleccionar las piezas que desee.

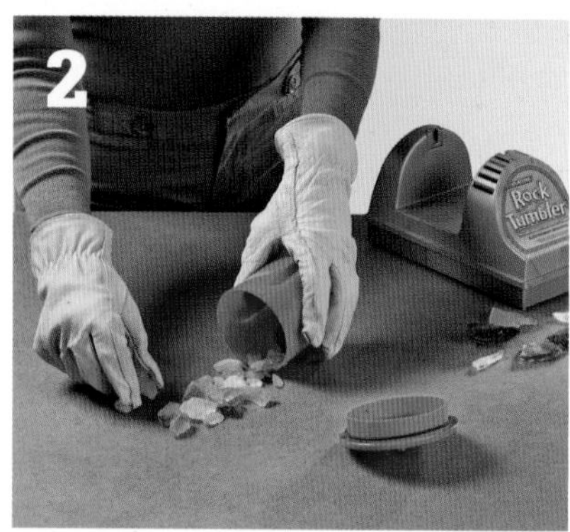

Siguiendo las instrucciones del fabricante, introduzca todas las piezas en una máquina para pulirlas. *Nota: Va a llevar bastantes días para pulir y crear una cantidad considerable de vidrio pulido.*

Dibuje líneas de referencia sobre la lámina de 'masonite' y esparza adhesivo 'mastic' sobre una sección usando un palustre cuadrado. Coloque las piezas que desee en esa sección. Continúe trabajando en secciones pequeñas hasta cubrir todo el tablero.

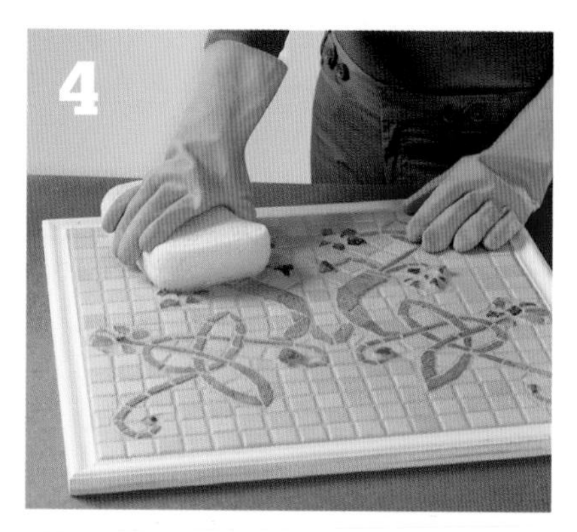

Mezcle una pequeña tanda de lechada y espárzala sobre el mosaico. Déjela secar por varios minutos y luego limpie la superficie con una esponja humedecida. Deje secar todo y luego limpie el resto de la lechada con un trapo limpio y seco.

Pansy
Snapdragon
Tall Maximum Blend

Bases embaldosadas para lavamanos

Partiendo de la base de una antigua máquina de coser, hasta la baldosa y la taza del lavamanos hechas a mano, este proyecto es único en su diseño. Otras versiones similares pueden ser llevarse a cabo con baldosa vendida en almacenes y con uno de los muchos lavamanos similares disponibles en el mercado.

No es necesario utilizar la base de una máquina de coser. Otras piezas únicas e interesantes pueden servir como base. Tampoco destruya una valiosa antigüedad. Trate de encontrar un mueble sin la base superior o un pequeño armario con una cubierta averiada. De todos modos tendrá que remover la cubierta para reemplazarla por contrachapado resistente al contacto diario con el agua.

Después de escoger la base, seleccione la taza del lavamanos y los grifos especiales ya sean para instalarse sobre la pared o sobre la superficie de la base. Embaldose la pared por detrás de los grifos y abra los orificios para montarlos sobre la base. Aún con los grifos instalados sobre la base, como lo muestra este ejemplo, debería instalar una pequeña pared trasera (ver la página 184).

Si no le agrada dejar el contrachapado expuesto por debajo del lavamanos, píntelo antes de iniciar el ensamble de la base. Combine el color de la pintura con el de la baldosa y lavamanos para mantener uniformidad desde cualquier ángulo.

Herramientas y materiales ▸

- Sierra circular
- Taladro y sierra para abrir agujeros
- Sierra de vaivén
- Navaja / Escuadra
- Grapadora para trabajo pesado
- Navaja para paredes
- Palustre con muescas
- Llana para lechada
- Esponja para la lechada
- Brocha de espuma
- Pistola para silicona
- Cinta métrica
- Contrachapado para uso exterior de ¾"
- Tira de plástico de 4-mil
- Cinta para empacar
- Tablero de cemento de ½"
- Cinta de malla de fibra de vidrio
- Tornillos para tablero de cemento de 1½"
- Cemento delgado
- Baldosa / Separadores
- Lechada y aditivo de látex
- Silicona / Grifos
- Base del lavamanos
- Lavamanos en forma de taza
- Accesorios de plomería
- Soportes en "L" o ángulos de hierro
- Protección para ojos
- Tornillos para madera
- Sellador para lechada
- Herramientas para cortar baldosa

Cómo embaldosar la base para un lavamanos

Mida la base y el lavamanos y determine el tamaño de la base de contrachapado. Córtelo a esa medida.

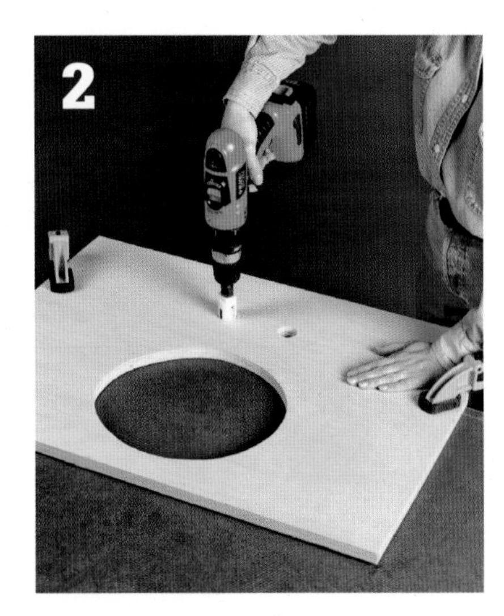

Haga la marca para el corte del lavamanos. Abra los agujeros iniciales, luego utilice una sierra de vaivén para hacer el corte. Use la plantilla suministrada con los grifos para hacer esas marcas. Use la sierra para abrir esos orificios.

Corte el tablero de cemento del mismo tamaño que el contrachapado, luego use el contrachapado como plantilla para hacer los cortes sobre el tablero de cemento.

(continúa)

Coloque una tira de plástico sobre la base de contrachapado doblándola sobre los bordes. Clave el plástico con grapas. Si usa más de una tira, traslápela unas 6" y cubra las uniones con cinta para empacar.

Coloque el contrachapado sobre la base del lavamanos y clávelo con tornillos desde la base hacia arriba. Utilice soportes en forma de "L" o ángulos de hierro dependiendo de la base seleccionada. Los tornillos no deben atravesar la superficie del contrachapado.

Coloque el tablero de cemento (la parte burda hacia arriba) sobre el contrachapado y clávelo con tornillos de 1½". Deje las cabezas a ras con la superficie. Corte tiras de tablero de cemento de 1¼" de ancho y clávelas sobre los bordes del contrachapado usando tornillos.

Cubra todas las uniones con cinta de malla de fibra de vidrio Aplique tres capas de cinta donde la cubierta se junta con el borde. Llene todos los espacios vacíos con una capa de cemento delgado. Esparza el cemento hacia los extremos con suavidad para crear una superficie plana.

Coloque las piezas sueltas usando los separadores. Después que haya creado el diseño, haga marcas a lo largo de las hileras vertical y horizontal. Dibuje líneas de referencia a lo largo de las marcas y use una escuadra para dejar las líneas perpendiculares.

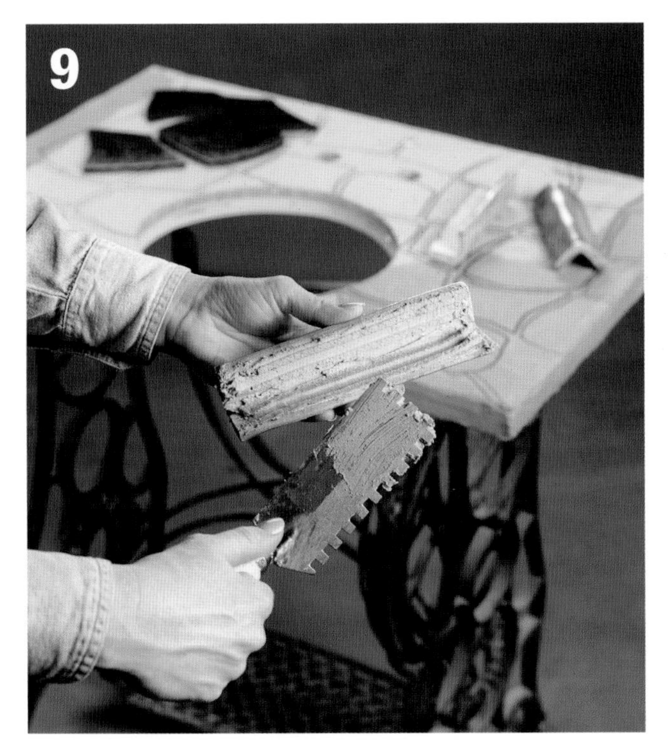

Instale las baldosas sobre el borde y déjelas secar. Corte las piezas que sean necesarias. (Vea las páginas 170 a 179 para mayor información de cómo instalar baldosa sobre la encimera).

Mezcle una tanda de lechada combinada con aditivo y aplíquela con una llana de caucho. Limpie el exceso de la mezcla con una esponja humedecida. Una vez se haya curado la lechada, aplique sellador con una brocha de espuma.

Aplique una capa de silicona sobre el lado del lavamanos, apenas por debajo del borde de la base. Coloque el tazón sobre el borde del corte. Asegúrese que todo el borde del lavamanos esté cubierto con silicona.

Instale todo el sistema de desagüe siguiendo las instrucciones del fabricante.

Baldosa hecha a mano

Fabricar baldosa a mano es un acto terapéutico para muchas personas ya que requiere de paciencia, tiempo y dedicación. Después de crear la baldosa, debe dejarse secar al aire libre por un período de dos a tres semanas para luego ser horneada un par de veces antes de estar lista para usarse. Antes de comprometerse a realizar este proyecto, vaya a un almacén especializado donde puedan hornear la baldosa. Averigüe sobre los costos y las reservaciones por anticipado para usar los hornos.

Mida el área donde planea usar la baldosa y calcule la cantidad que va a utilizar en el proyecto. Es recomendable fabricar más piezas de las necesarias en caso de que algunas salgan defectuosas. También debe tener en cuenta las especificaciones del fabricante en cuanto al encogimiento de la baldosa (o haga este tipo de prueba antes de comprar el material). Averigüe cuánta arcilla debe comprar para fabricar las piezas requeridas. Si va a fabricar baldosa para instalar en una cocina o cerca de un lavamanos, elija material vidrioso diseñado para estos lugares.

Aún cuando puede encontrarse todavía en la fase experimental, ensaye con diferentes tipos de baldosa vidriosa y con las posibilidades de diseño.

Primero que todo, compre arcilla a fuego lento y ensaye creando toda clase de impresiones. Luego compre unas cuantas baldosas blancas con superficie vidriosa. Pinte las piezas con capas vidriosas y póngalas a hornear. Después de estar satisfecho con los resultados, estará listo para fabricar su propia baldosa.

Herramientas y materiales ▸

Regla / Cuchillo
Navaja / Espátula
Rodillo pastelero
Utensilio para alisar arcilla
Navaja para tallar
Brochas para pintar
Cobija o envoltura de burbujas
Cartón fuerte
Lona o lienzo
Arcilla a fuego lento
Conchas u otros objetos de impresión
Retazos de contrachapado
Sustancia vidriosa
Regla o cinta métrica

Construya sus propias baldosas con arcilla y luego hágalas hornear en algún centro de producción de cerámicas.

Cómo fabricar baldosa a mano

Dibuje una plantilla para crear la baldosa sobre un pedazo fuerte de cartón. Mídala con cuidado y deje espacio para el encogimiento. Por ejemplo, una plantilla de 4⅝ × 4⅝" debe producir una baldosa de 4 × 4" teniendo en cuenta un radio de 12% de encogimiento). Mida la plantilla en forma diagonal de esquina a esquina. Si las medidas son iguales, indicará que la plantilla está completamente cuadrada. Corte la pieza con una navaja y una regla derecha.

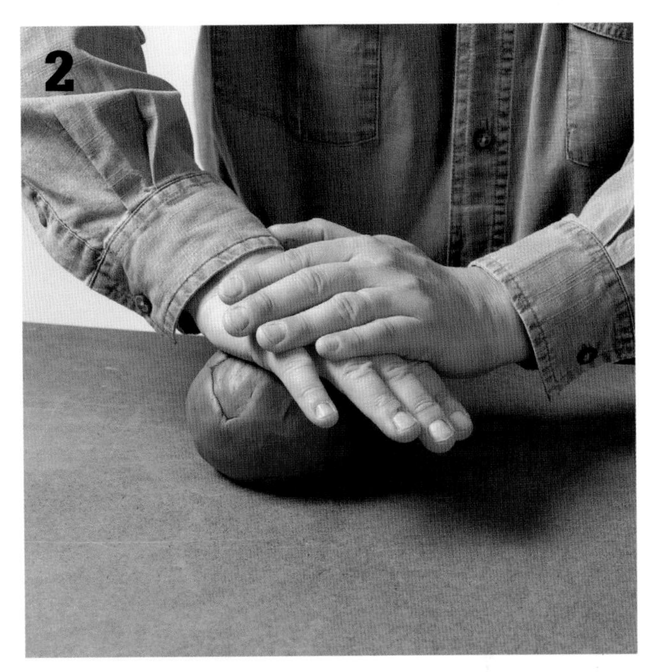

Comience a trabajar con una libra de arcilla y forme una bola. Cierre bien el empaque para evitar que se seque el resto de la arcilla. Coloque el material sobre una superficie de trabajo y golpéela con la palma de la mano hasta aplanar la bola. No doble la arcilla en sí misma porque va a atrapar el aire en su interior.

Cubra la arcilla con un trozo de lona o lienzo. Pase un rodillo sobre la arcilla para crear un espesor uniforme. Cambie el rodillo de dirección a medida que lo pasa para distribuir en forma pareja las partículas del material. Si todas sus partículas quedan en una misma dirección la baldosa se encogerá en forma dispareja cuando se hornee. Coloque dos pedazos de contrachapado de ½" como guía sobre la mesa. Ver foto anexa.

Moje con agua el borde del utensilio para alisar la arcilla. Quite la lona de la arcilla y pase la herramienta sobre la misma suavizando la superficie. Trabaje sólo en una dirección y enjuague el utensilio lo necesario para mantener el borde limpio.

(continúa)

Coloque la plantilla con cuidado sobre la arcilla. Sosténgala con firmeza con una mano y use la navaja para cortar alrededor de la plantilla. Quite los sobrantes y pase la navaja sobre los bordes una vez más.

Mueva la arcilla a un lado para evitar que se pegue a la superficie de trabajo. Moje el dedo índice y suavice las esquinas y los lados de la baldosa. Presione suavemente una concha al interior de la arcilla para crear el diseño deseado.

Levante la baldosa con una espátula y siéntela sobre un trozo de contrachapado para secarla. Si la pieza se ha deformado, dóblela hacia la posición correcta.

Continúe cortando la baldosa. Colóquela directamente bajo la luz del sol para secarla.

Seque las baldosas por uno o dos días hasta que tengan la consistencia del cuero. Utilice un cuchillo para cortar los bordes sobresalidos. Deje secar las baldosas por completo por dos a tres semanas. Si el aire es muy seco, las piezas pueden secarse más rápido y crear a su vez rajaduras. Cubra las piezas con un trapo para retardar el proceso de secado.

Coloque las piezas sobre una superficie dura o un trozo de contrachapado y luego envuélvalas con una cobija o con un plástico de envoltura con burbujas. Lleve con cuidado todas las piezas al lugar de horneo.

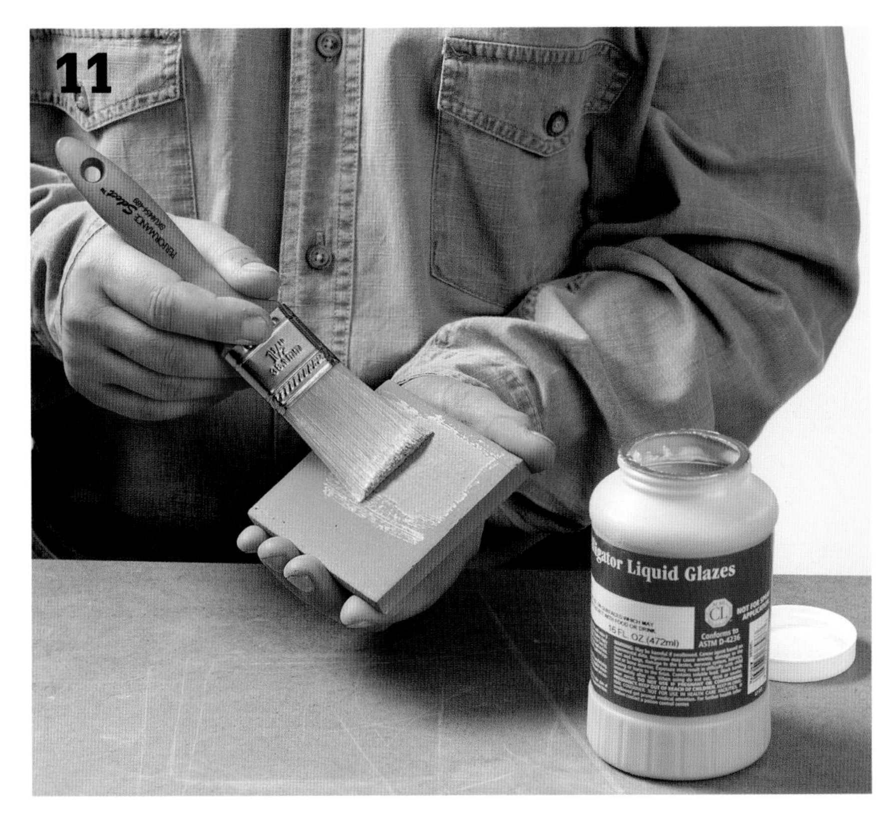

Aplique dos o tres capas delgadas de la sustancia vidriosa sobre la baldosa horneada (y fría). Deje secar cada capa al tacto. Hornee las piezas por segunda y última vez.

Banco embaldosado para el jardín

Este es un buen ejemplo de una buena inversión. Cuatro baldosas decorativas y varios elementos bien organizados producen un muy buen impacto. La combinación de lo anterior junto con unas docenas de baldosas de 4 × 4 transforma esta simple silla en un ornamento atractivo para el jardín. Este tipo de proyecto puede completarlo sólo en un fin de semana.

Fabricar este tipo de banco requiere de algo de creatividad y una cantidad razonable de cortes, pero el resultado es bello e interesante.

Herramientas, materiales y lista de cortes

Herramientas
Cinta métrica
Sierra circular
Taladro
Grapadora
Sierra eléctrica o manual (opcional)
Navaja
Cuerda de tiza
Paño
Palustre con muescas de 1/4"
Pinzas de punta
Llana para lechada
Esponja
Bloques de 1½"
Herramientas para cortar baldosa
Brocha para pintar
Protección para ojos

Materiales
Tiras de plástico
Tornillos galvanizados para terraza de (2", 3")
Tornillos para tablero de cemento de 1¼"
Sellador transparente para madera
Baldosas normales y decorativas
Cemento delgado
Separadores
Lechada
Sellador para lechada
Papel de lija #150

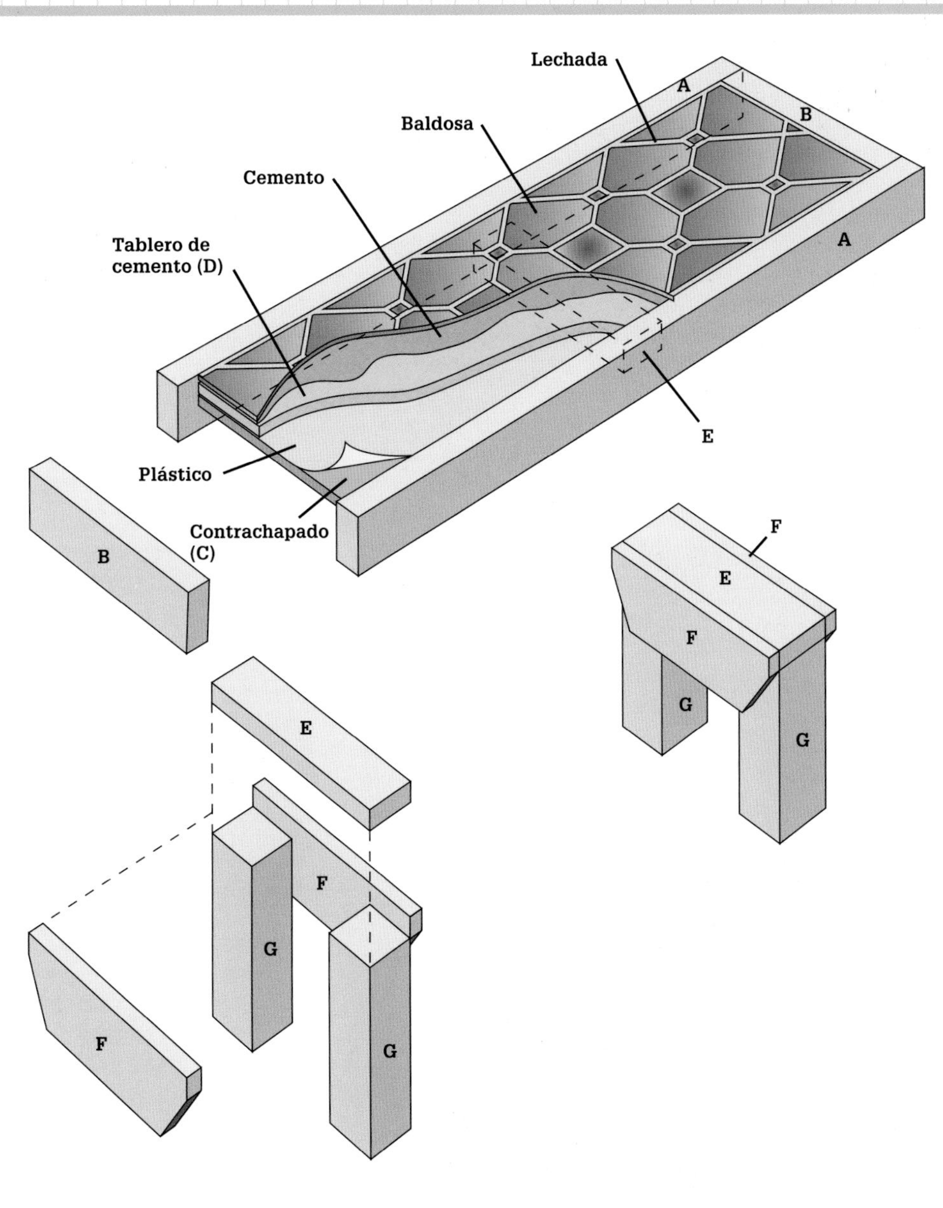

Lista de cortes

Letra	Parte	Dimensión	Piezas	Material
A	Lados	1½ × 3½ × 51"	2	Cedro
B	Puntas	1½ × 3½ × 16"	2	Cedro
C	Base	15 × 48"	1	Contracha. ext. ¾"
D	Base	15 × 48"	1	Tab. de cemento ¾"
E	Extensores	1½ × 3½ × 16"	3	Cedro
F	Soportes	1½ × 5½ × 16"	4	Cedro
G	Patas	3½ × 3½ × 13"	4	Cedro

Cómo construir un banco embaldosado para el jardín

Corte los lados anchos y angostos, y luego coloque los angostos entre los anchos dejando todas las puntas a ras. Perfore un agujero guía de ⅛" desde los lados largos hacia la punta de los angostos. Clave tornillos de 3" al interior de los huecos.

Corte tres extensores. Marque su posición dejándolos separados 4½" desde el interior de cada pieza. Coloque bloques de 1½" como separadores por debajo y ubique los extensores dejándolos a nivel. Abra agujeros guía para conectarlos al marco con tornillos de 3".

Corte la base de 15 × 48" usando un contrachapado para uso exterior de ¾" y un tablero de cemento de las mismas dimensiones. Cubra el contrachapado con plástico envolviendo los bordes. Coloque el tablero de cemento sobre el contrachapado con la cara burda hacia arriba y clávelo con tornillos para tablero de 1¼" incrustados cada 6". Deje la cabeza de los tornillos a ras con la superficie del tablero.

Coloque el marco del banco boca abajo sobre la base de contrachapado y tablero de cemento. Abra agujeros guía y luego clávelo con tornillos galvanizados de 2" a través de los extensores y al interior del contrachapado.

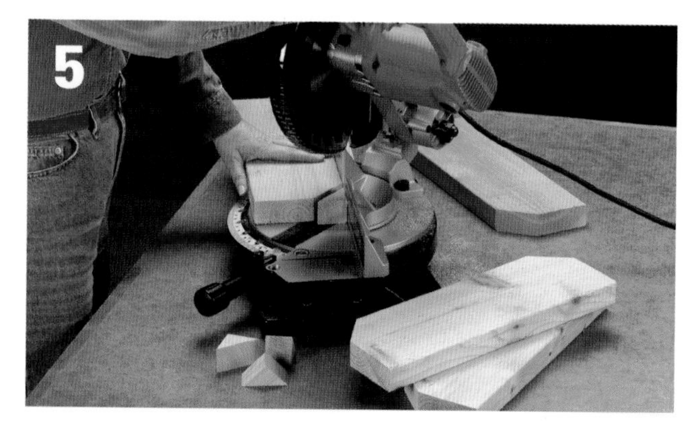

Corte cuatro soportes de un madero de cedro de 2 × 6. Marque el ángulo de cada punta de los soportes midiendo 1½" desde el borde superior y 1½" a lo largo del borde inferior. Dibuje una línea entre ambos puntos y haga el corte sobre la línea con una sierra manual o una circular para cortar en ángulos.

Mida ¾" en cada soporte a partir del borde superior y dibuje una línea de referencia a lo largo del extensor para señalar la posición de los tornillos. Abra agujeros guía de ⅛" sobre la línea de referencia. Coloque un soporte a cada lado de los extensores y clávelo con tornillos de 3" a partir de los soportes y al interior de los extensores.

Corte cuatro patas de 13" de largo de un madero de 4 × 4. Coloque cada pata entre los soportes y contra los lados del marco del banco. Abra agujeros guía a través de cada soporte y conecte las patas con tornillos de 3" clavados a partir de los soportes. Repita el proceso en cada pata. Lije toda la superficie con lija #150 y luego selle la madera con sellador transparente.

Marque líneas perpendiculares de referencia para señalar el centro del largo y ancho del banco. Comenzando desde el centro del banco, coloque piezas sueltas de baldosa incluyendo los separadores de plástico. Coloque también las piezas de decoración y marque las baldosas que necesita cortar.

Corte las baldosas necesarias y continúe colocándolas sueltas sobre la superficie del banco, incluyendo las piezas de adorno. Cuando haya creado el diseño deseado, quite las piezas y aplique una capa de cemento delgado sobre el tablero de cemento usando un palustre con muescas.

Coloque las piezas sobre la mezcla, girándolas un poco a medida que las sienta. Siga instalando las piezas hasta cubrir por completo el banco. Quite los separadores. Deje secar la mezcla siguiendo las recomendaciones del fabricante. (Vea las páginas 170 a 179 para mayor información de cómo instalar la baldosa).

Mezcle la lechada y use una llana para presionar la mezcla al interior de las uniones. Quite el exceso de mezcla con una esponja humedecida. Deje secar un poco la lechada y luego limpie la superficie con un paño seco y limpio para remover la capa delgada. Después que la superficie se haya secado, selle todas las uniones con sellador para lechada.

Proyectos de reparación

La baldosa es un elemento muy durable, pero al igual que cualquier otro material de construcción, requiere de mantenimiento y reparaciones ocasionales. El siguiente capítulo lo guiará a través de los proyectos de reparación más comunes: reemplazar lechada, quitar y reemplazar una baldosa rota, y reemplazar accesorios como una jabonera de cerámica.

Reemplazar la lechada es uno de los trabajos de reparación más frecuente porque la masilla es la parte más vulnerable en los pisos de baldosa. Una pequeña rajadura o un orificio en una unión puede parecer algo sin importancia, pero en pisos y paredes expuestos al agua y la humedad, puede crear filtración y ser la causa de serios problemas con el tiempo. Así como con otro tipo de arreglos, reparar los daños en el momento que aparecen puede prevenir y evitar problemas grandes más adelante. Este capítulo presenta la información necesaria para cuidar y mantener en forma adecuada los pisos y las paredes de baldosa, al igual que la lechada, instalada en toda la casa.

En este capítulo:

Mantenimiento de los pisos de baldosa

Aún cuando la baldosa de cerámica es una de las cubiertas de piso más fuertes y durables, pueden ocurrir algunos problemas. A veces las piezas se rompen y deben ser reemplazadas. Por lo general esto es un simple proceso de quitar la baldosa averiada e instalar una nueva. Sin embargo, si aparecen rajaduras en las uniones a lo largo de toda la superficie, es un indicio que el piso se ha movido y ha deteriorado la capa de cemento por debajo. En este caso la superficie de cemento debe ser reemplazada para reparar la base en forma permanente.

Cada vez que quite una baldosa revise la base. Si no está suave, sólida y nivelada, repárela o cámbiela antes de instalar la nueva baldosa. Tenga cuidado de no averiar las piezas adyacentes cuando quite baldosas o arregle las uniones. Siempre lleve puesto gafas protectoras al trabajar con martillos y cinceles. Siempre tenga a la mano piezas de sobra cuando lleve a cabo una reparación grande.

Herramientas y materiales ▸

Aspiradora / Cincel
Protección para ojos
Espátula / Martillo
Palustre de muescas cuadradas
Mazo de caucho
Llana para lechada
Cemento delgado
Baldosa de reemplazo
Lechada / Tarro
Tintura para lechada
Sellador para lechada
Esponja para lechada
Aditivo para nivelar el piso
Sierra con cuchilla de carbono
Papel de lija
Utensilios para limpieza
Bloque de madera
Retazo de alfombra
Vinagre blanco

Aplicar una capa nueva de lechada puede parecer como un proyecto de reparación (y no es algo agradable de hacer), pero es más que todo un trabajo de mantenimiento. La lechada averiada permitirá que el agua y la humedad penetren al interior del piso creando más problemas.

Cómo reparar una baldosa en el piso

Usando una sierra con punta de carbono para cortar masilla, aplique presión firme pero suave a lo largo de la unión hasta exponer los bordes opacos de la baldosa. No raje la superficie vidriosa de la cerámica. Si la masilla está muy pegada, utilice un martillo y un punzón para golpear la baldosa primero (ver paso 2).

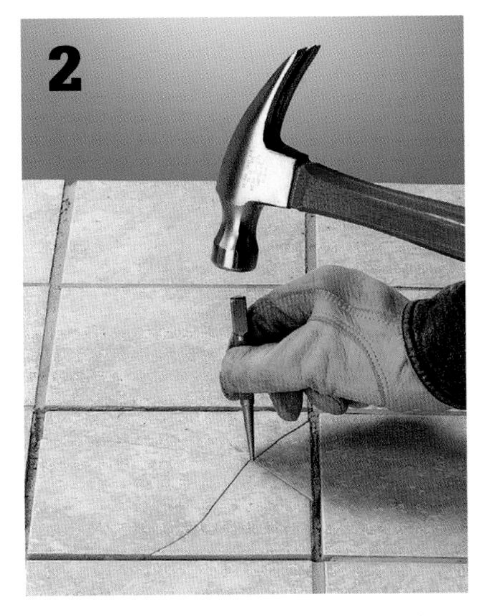

Si la baldosa no está quebrada, use un martillo y un punzón para golpear en el centro de la misma. Si la pieza ya está muy rajada, utilice un formón para levantar la pieza.

Inserte el formón dentro de una de las rajaduras y luego golpee suavemente la pieza. Comience en el centro y corte hacia los bordes para no averiar las piezas adyacentes. Tenga en cuenta que la base de tablero de cemento es muy parecida al cemento cuando esté quitando las piezas. Descarte todas las piezas rotas y lleve puesto gafas de protección.

Utilice una espátula para remover la capa delgada de adhesivo y un formón para quitar el cemento usado en la instalación. Si la base está cubierta con una malla, no será posible dejar el área completamente lisa, sólo límpiela lo mejor que pueda. Después de quitar el adhesivo, use papel de lija para suavizar las partes burdas. Si hay vacíos sobre la base, llénelos con cemento delgado a base de resina epóxica (para la placa de cemento), o con nivelador para pisos (para contrachapados). Deje secar el área por completo.

Instale la nueva pieza. Use un palustre con muescas cuadradas para aplicar el cemento delgado por detrás de las baldosas. Limpie bien el piso. Utilice un mazo de caucho y un bloque de madera cubierto con un retazo de alfombra para golpear por encima la pieza de cerámica.

Llene las uniones con lechada que empate el color de la instalada en el resto del piso. Debido a que la lechada se oscurece con el tiempo, escoja una un poco más oscura que el color original.

Aplicar nueva lechada en las uniones de baldosa

El proceso de quitar la lechada vieja, limpiar las uniones, y llenarlas con nueva lechada es el mismo para la mayoría de las instalaciones de cerámica y porcelana (incluyendo las paredes, pisos y encimeras). Utilice lechada mezclada con polímeros modificados para mejorar la adhesión y la impermeabilidad de la masilla.

Es importante anotar que la aplicación de nueva lechada será efectiva sólo si la baldosa está adherida en forma correcta sobre la base. Si encuentra bastantes piezas sueltas en una misma área, es un indicio que el cemento de la base ha perdido su capacidad de adherencia (por lo general debido a la humedad) sobre la base. En este caso quizás la única opción es embaldosar todo el piso otra vez. Si el piso está en buenas condiciones y puede conseguir lechada similar a la ya instalada, puede reparar sólo las áreas afectadas. De lo contrario será mejor reemplazar toda la lechada alrededor.

Utilice cuchillas de carbono para remover la lechada averiada.

La lechada en malas condiciones deja penetrar agua por debajo de las baldosas causando daños que se expanden con rapidez. Si las uniones de lechada están cayéndose, o encuentra algunas piezas sueltas, la mejor solución es aplicar lechada sobre todo el piso.

Cómo aplicar nueva lechada sobre las uniones

Quite la masilla vieja con una sierra especial o con otro tipo de herramienta. Tenga cuidado en no rayar las piezas adyacentes o quebrar los bordes. Puede aplicar nueva masilla sólo en las uniones de la pieza reemplazada, pero para un acabado más uniforme, quite la masilla alrededor de todas las baldosas y aplique nueva en todo el piso.

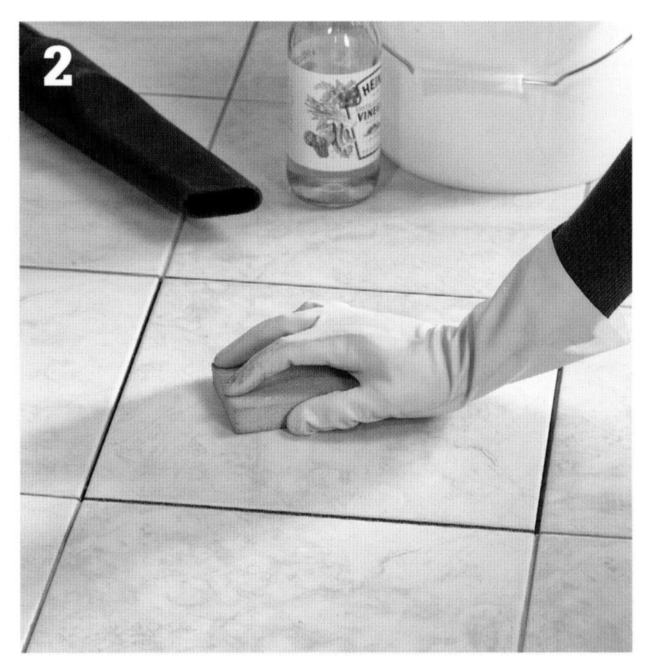

Lave todo el piso con una mezcla 1:1 de agua y vinagre blanco poniendo atención especial a las áreas alrededor de las uniones. Aspire primero la superficie para quitar toda la mugre y desperdicios.

Aplique la nueva lechada. Prepare la masilla siguiendo las instrucciones estampadas en el paquete. Use una llana para incrustar bien la masilla al interior de las uniones. Sostenga la llana inclinada sobre la superficie en un ángulo de unos 30°.

Limpie en forma diagonal a través de las uniones para remover el exceso de lechada y suavizar las uniones. Cubra las uniones con sellador después que se hayan secado por más o menos una semana. *Nota: Sellar todas las uniones ayudará a dejar un color de lechada más parejo en todo el piso si va aplicar la mezcla sólo en unas uniones.*

Colorante para lechada

El colorante para la lechada está disponible en gran variedad de colores. Es un material a base de agua y aplicado en forma controlada diseñado para colorear, rejuvenecer y sellar las uniones de lechada de las baldosas ya instaladas.

El colorante se combina muy bien con la lechada arenosa convirtiéndolo en una buena solución para mejorar la vieja cerámica de los pisos. En el caso de baldosas porosas o cubiertas con hoyos, utilice cinta para enmascarar para cubrir los bordes de las piezas y así evitar que el colorante penetre en su interior. Los colorantes más claros aplicados sobre lechadas de tonos oscuros pueden requerir más de una aplicación.

Para empezar, limpie el área de trabajo por completo. Remueva todo tipo de grasa que pueda impedir la función de la lechada. También quite los depósitos de calcio de la superficie de la baldosa y las uniones. Lave todo con agua limpia y deje secar el área por completo. Las uniones bien preparadas tendrán un aspecto poroso y absorberán agua de inmediato.

Utilice una brocha de espuma para aplicar el colorante con cuidado al interior de las uniones. Quite de inmediato el exceso dejado en los bordes usando un trapo mojado. También puede usar una almohadilla blanca de nylon.

Herramientas y materiales ▸

- Colorante para lechada
- Cinta para enmascarar
- Brochas de espuma
- Trapos desechables
- Almohadilla blanca para limpiar
- Productos de limpieza
- Cepillo de dientes

La lechada que todavía está en buenas condiciones pero se ha manchado o perdido el color con el tiempo, puede ser rejuvenecida con una aplicación de colorante sobre las uniones.

Cómo aplicar el colorante de lechada

Aplique el colorante para la lechada en capas delgadas usando una brocha de espuma. Primero limpie por completo las baldosas y las uniones. Deje secar primero las uniones.

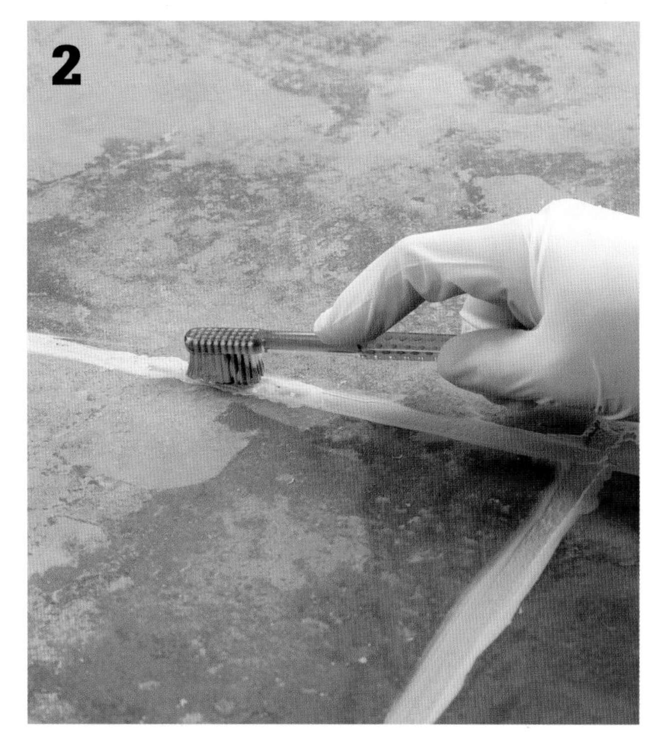

Instale el colorante sobre las uniones con un cepillo para dientes viejo y limpio.

Utilice un trapo mojado o una almohadilla blanca de nylon para quitar el exceso de colorante de los bordes y alrededores. Deje secar el colorante por completo.

Pintar la lechada ▸

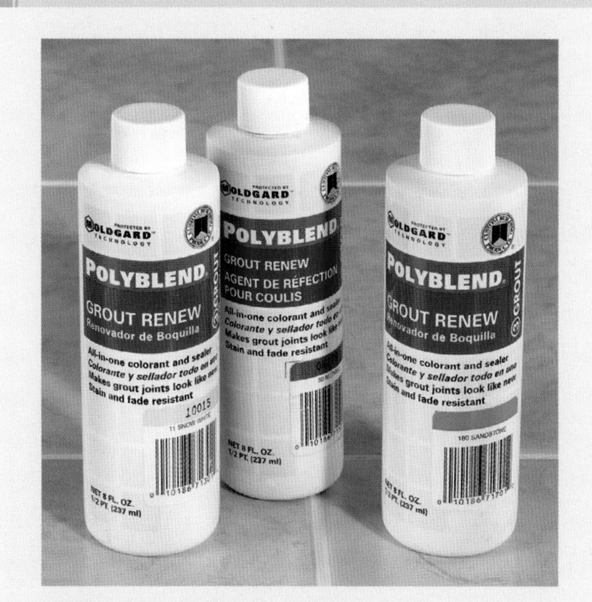

El colorante para las uniones puede transformar un piso viejo de baldosa en uno nuevo y vibrante con sólo una pequeña inversión. El material viene en variedad de colores y puede comprarlo en centros de distribución especializados.

Reparar baldosa en la pared

Como lo hemos venido afirmando a lo largo de este libro, la baldosa de cerámica para paredes es un material muy durable que prácticamente no necesita mantenimiento, pero al igual que los demás materiales al interior de la vivienda, puede presentar algunos problemas. El más común es el relacionado con el deterioro de la lechada. Cuando se avería, pierde su atractivo natural, pero el verdadero problema radica en la posibilidad de crear un punto de filtración de agua, especialmente en sitios como los baños. Si esto sucede, el agua es capaz de destruir la base de la cerámica y con el tiempo afectar la instalación completa. Es de vital importancia aplicar nueva lechada sobre las uniones de la cerámica tan pronto como muestre señales de daño.

Otro posible problema se relaciona con la silicona averiada. Las uniones entre las baldosas y los accesorios de los baños, alrededor de los lavamanos y paredes traseras de las encimeras son selladas con silicona. Con el tiempo, el material se deteriora dejando un punto de entrada para la filtración del agua. Si las uniones no se cubren de nuevo, el agua que penetra destruirá la base de toda la pared.

Los colgantes para las toallas, jaboneras y otros accesorios al interior de los baños pueden soltarse de las paredes si no fueron instalados correctamente o no son sostenidos en forma adecuada. Para un mejor funcionamiento, clave accesorios nuevos contra las vigas o bloques de la pared. Si no puede hacerlo, utilice anclajes especiales, como tornillos acodados o con plásticos de expansión, para sostener los accesorios directamente sobre la pared. En el caso de cerámicas, abra agujeros guía e inserte los plásticos de expansión que se abren al introducir tornillos.

Herramientas y materiales ▸

Punzón / Navaja
Palustre con muescas
Llana para lechada
Martillo / Cincel
Barra pequeña
Protección para ojos
Accesorios de reemplazo
Adhesivo para la baldosa
Cinta para enmascarar
Lechada / Esponja
Paño o trapo
Masilla de silicona o látex
Herramientas para la montura
Herramientas para cortar baldosa
Baldosas de reemplazo

Cómo aplicar nueva lechada sobre la baldosa de pared

Utilice un punzón o una navaja para raspar y quitar por completo la lechada vieja dejando un espacio abierto y limpio para la nueva masilla.

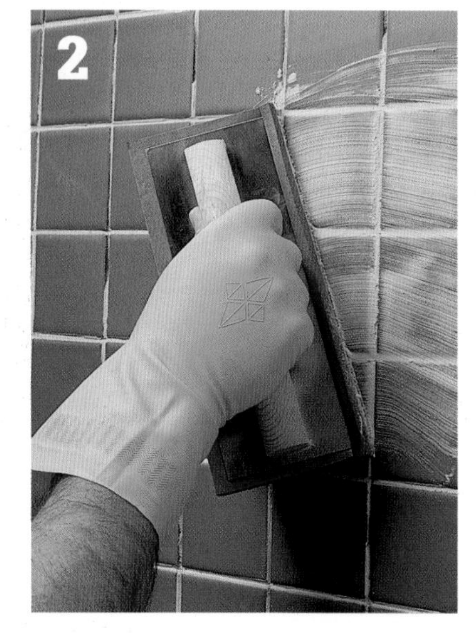

Limpie y enjuague las uniones luego esparza lechada sobre toda la superficie con una llana o una esponja. Penetre la lechada al interior de las uniones y luego déjela secar un poco.

Limpie el exceso de lechada con una esponja humedecida. Después que se haya secado, quite el residuo y limpie toda la baldosa con un paño seco.

Cómo reemplazar los accesorios conectados a la pared

Remueva con cuidado el accesorio averiado. Raspe el cemento o lechada restante. Aplique adhesivo para pegado en seco sobre la parte trasera del nuevo accesorio y presiónelo firmemente sobre la pared.

Utilice cinta para enmascarar para sostener el accesorio en su lugar mientras se seca el pegamento. Deje secar el cemento por completo (de 12 a 24 horas), luego aplique lechada y sellador en el área.

Cómo reemplazar los accesorios montados sobre la pared

Saque el accesorio de la placa de montaje. Si la placa está clavada con tornillos sobre alguna viga al interior de la pared, simplemente cuelgue el nuevo accesorio. Si no, utilice anclajes especiales como tornillos acodados o con plásticos de expansión.

Coloque un poco de silicona sobre los agujeros guía y sobre la punta de los tornillos antes de introducirlos. Deje secar la silicona y después instale el nuevo accesorio sobre la placa de montaje.

Cómo quitar y reemplazar baldosas rotas en la pared

Quite con cuidado la lechada alrededor de la baldosa averiada usando una navaja o un punzón. Rompa la pieza en fragmentos pequeños con un martillo y cincel. Quite los pedazos rotos y raspe el cemento en el área a remendar.

Si la baldosa averiada es una pieza cortada, corte la nueva a esa medida. Pruébela hasta dejarla al tamaño correcto. Esparza adhesivo en la parte trasera y colóquela en el sitio de remiendo. Gírela un poco a medida que la instala. Use cinta para enmascarar para sostenerla en posición por 24 horas hasta que el adhesivo se seque.

Quite la cinta para enmascarar, luego aplique lechada premezclada con una esponja o una llana. Deje secar un poco la masilla y luego redondee los bordes con un utensilio redondo o el mango de un cepillo de dientes. Limpie el exceso de lechada con un trapo mojado.

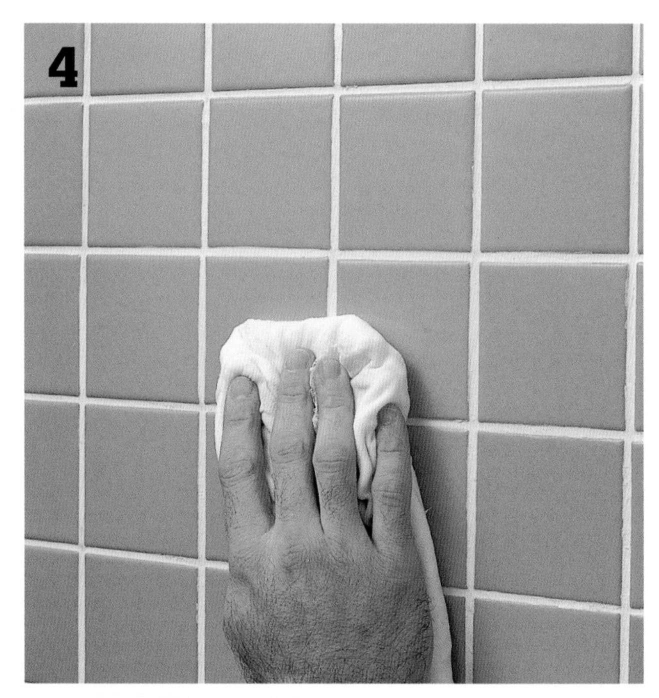

Deje secar la lechada por una hora, luego límpiela con un paño limpio y seco.

Reemplazar silicona ▸

Reemplace toda la silicona instalada alrededor de los bordes de la tina en el piso y en general en todos los sitios donde se encuentran un par de superficies. No adicione una capa de silicona encima de otra. Esto puede crear más problemas y puede esconder áreas donde la silicona vieja se está desprendiendo sin crear la adecuada impermeabilización.

Casi que cualquier bañera o ducha vieja puede beneficiarse de una nueva y limpia capa de silicona.

Cómo reemplazar silicona

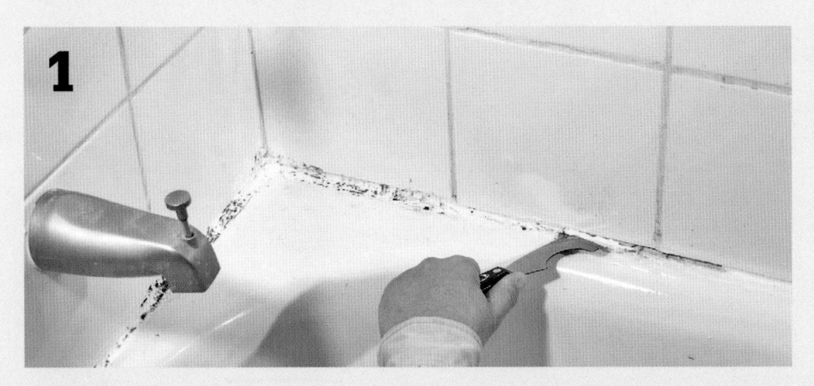

Los juegos de herramientas combinadas (5 en 1) son mejores accesorios para remover la silicona. Utilice la navaja filuda de la herramienta para cortar la silicona al interior de las grietas.

Limpie el área con alcohol desnaturalizado para remover la mugre y la capa transparente de silicona del área.

Llenar, pero no sobrepasarse, la unión es la clave para instalar una buena capa de silicona. Suavice la silicona fresca con la punta del dedo humedecido sin aplicar demasiada presión.

Limpieza de la baldosa y la lechada ▸

Después que ha gastado una suma considerable de tiempo y dinero en la instalación de la nueva baldosa, es de esperarse que quiera proteger su inversión. La baldosa es un material muy duradero que requiere de poco mantenimiento, y con el cuidado apropiado lucirá como nueva durante muchos años.

Compre un trapero y barra los pisos a diario. Coloque tapetes en las puertas de entrada y a lo largo de los pasillos para ayudar a recolectar el polvo y la mugre. Sacúdalos con frecuencia. Utilice un utensilio de caucho para limpiar vidrio o toallas de papel para quitar el exceso de agua de las paredes después de usar la ducha. Esto ayuda a evitar la acumulación de manchas debido al moho.

El polvo y la mugre se acumularán con frecuencia sobre superficies con texturas. Utilice un cepillo con cerdas de plástico para remover los depósitos más fuertes. Las aspiradoras para uso casero con brochas giratorias limpian los pisos sin averiar su superficie o la lechada. Evite utilizar los limpiadores a vapor ya que las altas temperaturas pueden afectar la lechada y remover las tinturas aplicadas.

El uso extendido de muchos de los productos de limpieza puede afectar la baldosa y la lechada. Un limpiador de buena calidad debe tener un PH balanceado, debe ser no-abrasivo y seguro a su vez para la superficie de los pisos. La lechada utilizada en la piedra natural y productos porosos son especialmente vulnerables a los productos de limpieza que contienen ácidos. Nunca debe utilizar esta clase de limpiadores sobre la piedra natural, y deben usarse en forma limitada sobre la baldosa de cerámica y lechada.

Mantenimiento de la baldosa

Para determinar si la lechada necesita una nueva capa de sellador, pruebe el sellador viejo colocando unas cuantas gotas de agua sobre la línea de lechada. Si el agua permanece en la superficie, el sellador todavía está funcionando. Si se absorbe en la unión, necesita aplicar una nueva capa de sellador.

En el caso de manchas fuertes, o baldosa de piedra natural, aplique un cataplasma hecho para limpiar materiales de piedra porosa. Cubra la mancha con el cataplasma, tápela con un plástico, deje sentar el cataplasma según las instrucciones del fabricante, y luego remuévalo.

Glosario

Absorción de agua o permeabilidad — La cantidad de agua que penetrará en la baldosa cuando está mojada. Las medidas varían desde no-vidriosas a semi-vidriosas, y de semi-vidriosas a impermeables.

American National Standards Institute (ANSI) — Una organización que crea las normas para la impermeabilización de las baldosas.

Baldosas artísticas — Piezas hechas a mano con diferentes diseños, fotografías y patrones. Por lo general son usadas para acentuar un área embaldosada.

Baldosa central — Las baldosas principales instaladas en un diseño (lo opuesto a baldosas decorativas para acentuar).

Baldosa con auto-separación — Piezas con lengüetas de separación para mantener los espacios consistentes.

Baldosas con cubiertas en forma de "V" — Piezas en forma de "V" o "L" para cubrir los bordes expuestos de las encimeras.

Baldosa con cuerpo de cemento — Baldosa hecha de concreto vertido en moldes.

Baldosa de cantera — Baldosa creada para imitar la piedra de cantera.

Baldosa de metal — Baldosa fabricada de hierro, acero inoxidable, cobre o bronce. Por lo general es usada para acentuar los diseños.

Baldosa de moldura — Baldosas para la base en forma de molduras usadas para reemplazar piezas de madera. Baldosa con bordes terminados para completar las instalaciones.

Baldosa de mosaico — Piezas pequeñas de baldosas de colores utilizadas para crear diseños o fotos sobre las paredes y pisos.

Baldosa de piedra natural — Baldosa cortada del mármol, laja, granito, u otras piedras naturales.

Baldosa de piso — Cualquier tipo de baldosa diseñada para utilizarse en los pisos. También puede usarse en las paredes o en encimeras.

Baldosa de porcelana — Baldosa fabricada de arcilla blanca refinada horneada a altas temperaturas. La porcelana por lo general es pintada en lugar de vidriada y el color hace parte de todo el espesor de la pieza.

Baldosa de vidrio — Baldosa fabricada de vidrio traslúcido. Por lo general es usada para acentuar diseños.

Baldosa para pared — Baldosa fabricada para usar en paredes. Es por lo general más delgada que la baldosa de pisos y no debe usarse en pisos o encimeras.

Baldosa terracota — Baldosa fabricada de arcilla no refinada. La terracota es horneada a baja temperatura. Los colores varían dependiendo del origen de la arcilla.

Baldosas angostas — Usadas para contrastar diseños en línea en las embaldosadas.

Cementar la baldosa — Esparcir cemento en la parte trasera de la baldosa antes de presionarla sobre la base.

Cemento, o cemento delgado — Una mezcla de cemento Portland y arena, y ocasionalmente con un aditivo de látex o acrílico para mejorar su capacidad de adhesión.

Cerámica vidriosa — Baldosa fabricada de arcilla refinada cubierta con partículas vidriosas y luego fundidas en un horno.

Coeficiente de fricción — Grado de resistencia de la baldosa a las resbaladas. Las baldosas con números altos son más resistentes.

Decorativa — Baldosa con diseños, fotografías o relieves. Son usadas por lo general para acentuar áreas cubiertas con baldosa de un solo color.

Grado — Las clasificaciones aplicadas a ciertos tipos de baldosa indican la calidad y consistencia del fabricante. Grado 1 es una baldosa estándar adecuada para la mayoría de los trabajos; grado 2 puede ser menos vidriosa y con defectos de tamaño; grado 3 es delgada y sólo adecuada para paredes o decoraciones.

Horno — Un horno a alta temperatura usado para endurecer la baldosa de arcilla.

Impermeable — Baldosa que absorbe menos del .5% de su peso en agua.

Lechada o masilla — Un polvo seco, por lo general a base de cemento, mezclado con agua y aplicado con presión al interior de las uniones entre baldosas. También se consigue combinado con látex o acrílico para mayor adhesión e impermeabilidad.

Líneas de referencia — Son las líneas marcadas sobre la base para indicar la instalación de la primera hilera de baldosas.

Listello — Una baldosa de borde por lo general con un diseño en relieve. También son llamadas "listel".

Mastic, o 'mastic' orgánico — Un tipo de pegamento proveniente de un árbol del mismo nombre usado para embaldosar. Viene pre-mezclado y se cura a medida que se va secando. Es adecuado para baldosas de pared de menos de 6 × 6, pero no es recomendable para los pisos.

Membrana a prueba de agua — Un material flexible a prueba de agua instalado en tiras o con cepillos para proteger el subsuelo de daños por agua.

Membrana aislante — La membrana aislante es un material flexible instalado en tiras o aplicado sobre un subsuelo o una base de piso inestable o averiada, o una pared antes de instalar la baldosa. La membrana previene el movimiento en la base el cual afecta la baldosa en la superficie.

No-vidriosa — Baldosa muy permeable. Este tipo de baldosa absorbe más del 7% del total de su peso en agua. No es recomendable para instalaciones en el exterior.

Piezas con bordes redondeados — Baldosa con un lado redondeado creada para dejarse expuesta.

Piezas sueltas — Instalar baldosas sin cemento para ensayar el diseño deseado.

Porcelain Enamel Institute (PEI) — Una entidad que estipula las clasificaciones de las baldosas en cuanto a su resistencia al uso.

Saltillo — Baldosa terracota de México. Los Saltillos tienen una apariencia rústica distintiva.

Selladores — Los selladores protegen las baldosas no vidriosas y semi-vidriosas de las manchas y la filtración de agua. También son importantes para proteger la lechada.

Semi-vidriosa — Baldosa moderadamente permeable. Absorbe de 3 a 7% de su peso total en agua. No recomendables para el uso en exteriores.

Separadores — Accesorios de plástico para insertar entre piezas para mantener una separación uniforme en la instalación.

Sistemas de calefacción para el piso — Es un sistema de elementos de calefacción instalados directamente por debajo del material del piso. Son usados para calentar el piso de la habitación.

Subsuelo — La superficie fabricada por lo general de contrachapado y conectada a las vigas del piso.

Sustratos o bases — Una superficie instalada encima del piso existente, subsuelo o pared. Esto crea una superficie adecuada para embaldosar. Los materiales pueden ser tableros de cemento, contrachapado, corcho, tableros de pared, tableros verdes, o membrana a prueba de agua.

Unión de expansión — La unión de expansión es el espacio entre baldosas cubierto con material flexible como silicona en lugar de lechada. La unión de expansión permite que las baldosas se muevan sin rajarse.

Vara para medir — Un madero de 1 × 2 marcado con la separación de la baldosa en una instalación determinada.

Vidriosa — Baldosa algo permeable. Absorbe de .5 a 3% de su peso total en agua.

Vigas — Los miembros de la estructura de soporte del piso.

Fotografías y reconocimientos

Cortesía de Ceramic Tiles of Italy
pág. 8 (abajo), 9 (arriba), 11 (arriba a la izquierda)

Crossville Porcelain Store
pág. 13 (arriba a la izquierda)

Eric Roth
pág. 12 (arriba)

Cortesía de Hakatai Enterprises, Inc.
pág. 9 (abajo a la izquierda y derecha)

Cortesía de Ikea Home Furnishings
pág. 10 (abajo a la derecha)

Angela Lanci-Macris
pág. 11 (arriba a la derecha), 12 (abajo)

Cortesía de National Kitchen & Bath Associations
pág. 13 (abajo)

Cortesía de Oceanside Glasstile ™
pág. 10 (abajo a la izquierda), 24-25 (todas)

Shutterstock
pág. 56 (arriba), 57 (todas), 58 (todas), 59 (todas), 124 (abajo a la izquierda), 125 (ambas), 126 (todas), 127 (abajo a la derecha)

Stephen Saks / Index Stock Imagery Inc.
pág. 11 (abajo)

Tim Street-Porter
pág. 8 (arriba), 10 (arriba a la derecha)

Van Robaeys / Inside / Beateworks.com
pág. 13 (arriba a la izquierda)

Brian Vanden Brink
pág. 10 (arriba a la izquierda)

Recursos

American Society of Interior Designers
202-546-3480
www.asid.org

Black & Decker
Herramientas eléctricas y accesorios
800-544-6986
www.blackanddecker.com

Ceramic Tiles of Italy
www.italiatiles.com

Clay Squared to Infinity
612-781-6409
www.claysquared.com

Construction Materials Recycling Association
630-585-7530
www.cdrecycling.org

Cool Tiles
1-888-TILES-88 (888-845-3788)
www.cooltiles.com

Crossville Porcelain Stone
931-484-2110
www.crossvilleceramics.com

Daltile
800-933-TILE
www.daltile.com

Energy & Environmental Construir Alliance
952-881-1098
www.eeba.org

EuroTile Featuring Villi®Glas
866-724-5836
www.villiglasusa.com

Fireclay Tile, Inc.
408-275-1182
www.fireclaytile.com

Hakatai Enterprises, Inc.
888-667-2429
www.hakatai.com

IKEA Home Furnishings
610-834-0180
www.Ikea-USA.com

KPTiles
Kristen Phillips
248-853-0418
www.kptiles.com

Laticrete
Tapetes de calefacción para el piso y accesorios
800-243-4788
www.laticrete.com

Meredith Collection
330-484-1656
www.meredithtile.com

Montana Tile & Stone Co.
406-587-6114
www.montanatile.com

National Kitchen & Bath Association (NKBA)
800-843-6522
www.nkba.org

Oceanside Glasstile™
760-929-5882
www.glasstile.com

Red Wing Shoes Co.
Zapatos y botas de trabajo mostradas en todo el libro
800-733-9464
www.redwingshoes.com

Snapstone
Floating Porcelain Tile System
877-263-5861
www.snapstone.com

The Tile Shop
888-398-6595
www.tileshop.com

Walker & Zanger, Inc.
www.walkerzanger.com

US Environmental Protection Agency, Indoor Air Quality
www.epa.gov/iedweb00/pubs/insidest.html

Tablas de conversión

Dimensiones de los maderos

Nominal - USA	Actual - USA (en pulgadas)	Métrico
1 × 2	¾ × 1½	19 × 38 mm
1 × 3	¾ × 2½	19 × 64 mm
1 × 4	¾ × 3½	19 × 89 mm
1 × 5	¾ × 4½	19 × 114 mm
1 × 6	¾ × 5½	19 × 140 mm
1 × 7	¾ × 6¼	19 × 159 mm
1 × 8	¾ × 7¼	19 × 184 mm
1 × 10	¾ × 9¼	19 × 235 mm
1 × 12	¾ × 11¼	19 × 286 mm
1¼ × 4	1 × 3½	25 × 89 mm
1¼ × 6	1 × 5½	25 × 140 mm
1¼ × 8	1 × 7¼	25 × 184 mm
1¼ × 10	1 × 9¼	25 × 235 mm
1¼ × 12	1 × 11¼	25 × 286 mm

Nominal - USA	Actual - USA (en pulgadas)	Métrico
1½ × 4	1¼ × 3½	32 × 89 mm
1½ × 6	1¼ × 5½	32 × 140 mm
1½ × 8	1¼ × 7¼	32 × 184 mm
1½ × 10	1¼ × 9¼	32 × 235 mm
1½ × 12	1¼ × 11¼	32 × 286 mm
2 × 4	1½ × 3½	38 × 89 mm
2 × 6	1½ × 5½	38 × 140 mm
2 × 8	1½ × 7¼	38 × 184 mm
2 × 10	1½ × 9¼	38 × 235 mm
2 × 12	1½ × 11¼	38 × 286 mm
3 × 6	2½ × 5½	64 × 140 mm
4 × 4	3½ × 3½	89 × 89 mm
4 × 6	3½ × 5½	89 × 140 mm

Conversiones métricas

Para convertir:	En:	Multiplique por:
Pulgadas	Milímetros	25.4
Pulgadas	Centímetros	2.54
Pies	Metros	0.305
Yardas	Metros	0.914
Pulgadas cuadradas	Centímetros cuadrados	6.45
Pies cuadrados	Metros cuadrados	0.093
Yardas cuadradas	Metros cuadrados	0.836
Onzas	Mililitros	30.0
Pintas (USA)	Litros	0.473 (Imp. 0.568)
Cuartos (USA)	Litros	0.946 (Imp. 1.136)
Galones (USA)	Litros	3.785 (Imp. 4.546)
Onzas	Gramos	28.4
Libras	Kilogramos	0.454

Para convertir:	En:	Multiplique por:
Milímetros	Pulgadas	0.039
Centímetros	Pulgadas	0.394
Metros	Pies	3.28
Metros	Yardas	1.09
Centímetros cuadrados	Pulgadas cuadradas	0.155
Metros cuadrados	Pies cuadrados	10.8
Metros cuadrados	Yardas cuadradas	1.2
Mililitros	Onzas	.033
Litros	Pintas (USA)	2.114 (Imp. 1.76)
Litros	Cuartos (USA)	1.057 (Imp. 0.88)
Litros	Galones (USA)	0.264 (Imp. 0.22)
Gramos	Onzas	0.035
Kilogramos	Libras	2.2

Diámetros de los agujeros guía, la altura y abertura de la cabeza

Tamaño del tornillo	Diámetro de la abertura para la cabeza del tornillo (en pulg.)	Profundidad del hueco para el enroscado (en pulg.)	Diámetro del hueco guía	
			Madera dura (en pulg.)	Madera suave (en pulg.)
#1	.146 (9⁄64)	5⁄64	3⁄64	1⁄32
#2	¼	3⁄32	3⁄64	1⁄32
#3	¼	7⁄64	1⁄16	3⁄64
#4	¼	⅛	1⁄16	3⁄64
#5	¼	⅛	5⁄64	1⁄16
#6	5⁄16	9⁄64	3⁄32	5⁄64
#7	5⁄16	5⁄32	3⁄32	5⁄64
#8	⅜	11⁄64	⅛	3⁄32
#9	⅜	11⁄64	⅛	3⁄32
#10	⅜	3⁄16	⅛	7⁄64
#11	½	3⁄16	5⁄32	9⁄64
#12	½	7⁄32	9⁄64	⅛

Índice

Otras obras Creative Publishing international

Black & Decker®
La Guía Completa sobre Instalaciones Eléctricas

ISBN: 978-1-58923-485-7

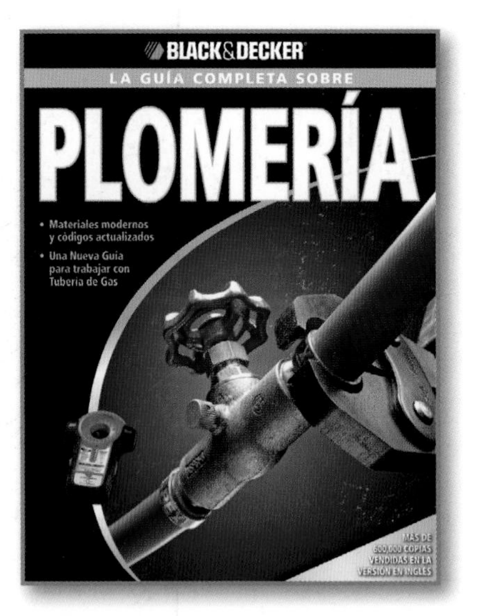

Black & Decker®
La Guía Completa sobre Plomería

ISBN: 978-1-58923-486-4

Black & Decker®
La Guía Completa sobre Terrazas

ISBN: 978-1-58923-490-1

Black & Decker®
La Guía Completa sobre Albañilería y Mampostería

ISBN: 978-1-58923-491-8

¡Pronto a Publicarse en Español!

Black & Decker
La Guía Completa sobre Puertas y Ventanas

ISBN: 978-1-58923-548-9

- Reparar
- Renovar
- Reemplazar

Black & Decker
Las Guía Completa sobre Decoración con Baldosa de Cerámica

ISBN: 978-1-58923-517-5

- Técnicas modernas y diseños para pisos, paredes, cocinas, baños y otros acabados atractivos

Black & Decker
La Guía Completa sobre Pisos

ISBN: 978-1-58923-547-2

- Incluye nuevos productos y técnicas de instalación
- Reparación y acabados de pisos de madera
- Pisos laminados, de baldosa, alfombra y otros